여성과 몸

엮은이

경상대학교 여성연구소

글쓴이

고영남 高榮男, Ko, Young-Nam 인제대학교 공공인재학부 교수

김선화 金善和, Kim, Seon-Hwa 수원지방법원 판사

송윤진 宋倫珍, Song, Yoon-Jin 조선대학교 의과대학 간호학과 강사

심귀연 沈貴蓮, Sim, Gui-Yeon 경상대학교 인문대학 철학과 강사

이연 李燕, Li, Yan 시안공정대학교 인문사회과학원 교수

장시광 張時光, Jang, Si-Gwang 경상대학교 인문대학 국어국문학과 교수

차영길 車永吉, Cha, Young-Gil 경상대학교 사범대학 역사교육과 교수

최정혜 崔貞惠, Choi, Jeong-Hye 경상대학교 사범대학 유아교육과 교수

여성과 몸

초판인쇄 2019년 1월 17일 **초판발행** 2019년 1월 31일

엮은이 경상대 여성연구소 **펴낸이** 박성모 **펴낸곳** 소명출판 **출판등록** 제13-522호

주소 서울시 서초구 서초중앙로6길 15, 1층

전화 02-585-7840 **팩스** 02-585-7848

전자우편 somyungbooks@daum.net **홈페이지** www.somyong.co.kr

값 17,000원

ISBN 979-11-5905-336-8 03330

경상대학교 여성연구소 기획도서 3

여성과 몸

경상대학교 여성연구소 엮음

THE WOMEN AND BODY

소명출판

서문

여성과 남성의 몸은 생물적으로 다른 것에 불과하다. 즉 여성의 몸은 대체로 출산을 하고, 일정 기간 동안 수유 가능하다. 그리고 통계적으로 여성의 몸은 남성의 몸보다 작고 근력이 약하다. 이런 간단한 생물적 차이가 있을 뿐이다. 그런데 현실에서 성별에 따른 사회적 역할과 지위는 생물적 차이를 넘어서 여성에 대한 억압과 지배로 나타난다. 즉 여성은 출산과 양육 역할 담당자로 우선되고, 이 외 역할에서는 주변에 놓이거나 배제된다. 예컨대 경제적으로 여성이 남성보다 훨씬 가난하고, 정치영역에서 여성 선출자가 남성보다 훨씬 적다. 과학기술의 발달로 근력보다 지성과 감성이 더 요구되는 사회인데도 여성이 남성보다 가난하며, 정치영역은 근력과 무관한데도 정치영역에서 여성의 수는 남성보다 적다. 이는 각종 통계조사를 통해서 분명히 나타나 있다. 하물며 여성의 성적 자기 결정권과 출산결정권은 여성의 자율에 있는 것이 아니라 사회문화적으로 통제되어 있다. 한국사회는 오랫동안 여성에게만 특별히 남성보다 더욱 더 정조를 요구해 왔고, 심지어 현재까지도 여성이 자신의 자궁 속에 품고 있는 아이에 대한 출산 여부를 여성 자신이 결정할 수 없다. 여성과 남성은 생물적으로 차이가 있는 것에 불과하다.

그런데 여성에 대한 사회문화적인 억압은 너무도 끈질기게 지속되고 있다. 이는 여성과 남성의 생물적 몸 차이에 대한 사회문화적 해석과 관련이 있다. 그러므로 여성과 남성의 사회 · 문화 · 정치 · 경제적 평등을 위하여 그러한 차별의 시작인 여성과 몸에 대한 그동안의 이해를 점검하고 다시 논의하는 것이 필요하다. 그래서 경상대 여성연구소는 기획도서 3의 주제를 '여성과 몸'으로 정하였다.

이 책은 8명의 집필진이 '여성과 몸'을 대주제로 하여 자신의 전공분야에서 세부 주제를 정하고 집필하였다. 제1장 「여성의 몸은 출산기계인가」에서 고영남은 '저출산 사회'라는 인구 절벽의 시대, 그 해답을 향하여 미궁을 헤매는 정책과 재정 집행을 보다 보면 답답하고, 재정을 더 투입해야 하는 것은 아닌지, 정책의 방향이 어긋난 것은 아닌지의 물음에서 여전히 되돌이표만 찍고 있다고 하면서, 이것도 저것도 아니라며 '저출산'을 문제시한 의식과 그 통념에 어떤 문제가 있는 것은 아닌지를 성찰해야 한다고 지적하며, 출산의 기계로 전락한 여성의 몸에 관한 편견을 극복하여 '저출산'을 하나의 새로운 사회현상으로 이해하는 담론을 이끌고 있다.

제2장 「그들은 정말 서로 사랑했을까? – 아동 · 청소년 대상 성범죄 판단에 있어 피해자의 의사해석 문제」에서 김선화는 아동 · 청소년 대상 성범죄 판단에서 피해자의 의사해석 문제와 관련하여 대법원 2017. 11. 9 선고 2015도17068 판결과 그 하급심 판결들이 구체적으로 어떤

측면에서 동일한 사실관계에 대한 법적 판단을 달리했는지 살펴보고, 이를 통해 아동·청소년을 대상으로 한 성범죄에서는 피해자가 폭행, 협박이나 위계, 위력과 같은 가시적이고 명확한 외부적 유형력의 행사가 없는 상태에서 자의적으로 성적 관계에 이른 것처럼 보일지라도, 구체적인 여러 외부적, 간접적 정황들을 고려해 보면 실제로는 여전히 강압적인 의사결정이 이루어졌을 가능성이 상존한다는 점 및 실제 재판에서 아동, 청소년의 정서에 내재된 혼란스럽고 모호한 특성들을 섬세하게 포착하면서 심리에 나아갈 필요가 있다는 점을 지적하고 있다.

제3장 「생명공학 기술과 여성의 몸」에서 송윤진은 재생산 기술의 발달에 따라 제기될 수 있는 윤리적 쟁점들을 여성의 몸과 관련하여 비판적으로 조망하는데, 핵심적으로 여성은 새로운 재생산 기술을 이용하는 몸의 주체로서 재생산에 대한 자율적 권리를 가지며, 적극적으로 미래의 모성을 형성해 나가야 할 역할을 가지면서, 아울러 재생산 기술들이 여성의 몸에 미치는 해악과 부작용에 대해 면밀히 파악하고, 이를 제거하고 예방하기 위한 재생산 신기술에 관한 공적 관리 체계를 도입하는 것의 필요성을 강조한다.

제4장 「가부장적 구조 속에 나타난 타자화된 여성」에서 심귀연은 철학 전통에서 남성만이 주체였고, 여성은 배제되어 왔으며, 이러한 남성 중심의 사유 기조에 여성을 출산하는 몸과 일치시키고, 자연과 연결하여 소유의 대상으로 여기면서 여성을 객체화하고 타자화했으며,

결혼제도를 통한 가부장제는 남성에 의한 여성의 소유관계로 진행되어 왔다는 것을 밝히고, 이러한 것은 몸과 정신을 분리 구별하고 몸을 사물로 사유한 것과 관련있다고 하면서, 이제 몸과 정신을 분리 구별하여 사유할 수 없으며, 몸은 사물로 환원될 수 없다고 하면서 여성의 성적 주체성 회복과 가부장적 구조의 해체를 주장하고 있다.

第5장 「중국 계획출산정책 배경하의 여성노동권익보호 현황」에서 이연은 여성의 노동참가율의 상승은 출산율의 하강과 긴밀한 연관이 있고, 노령화를 대비하여 국가에서 2자녀 정책을 제기하였지만 출산이 여성의 노동참가율을 하강시키고 남녀평등의 경제 기초를 해할 수 있기에 정부는 모성을 보호하는 동시에 출산과 육아기 여성의 수익 및 노동권을 보장하는 구체적인 대책을 마련해야 한다고 한다.

第6장 「한국 고전 대하소설의 강간 모티프 연구」에서 장시광은 대하소설에서 강간 서사가 반복적, 지속적으로 등장한다는 점을 '강간 모티프'로 명명하고, 강간 모티프의 범주로 '성기에의 직접적인 삽입 외에 삽입하기 위해 성기에 접촉하거나 성기에 접촉하지는 않았어도 성관계를 하기 위해 강제로 물리력을 행사하는 경우를 포괄하는 것'으로 정의하고, 대하소설에서 남성 인물은 여성을 성욕 해소의 도구로, 혹은 자신의 지배권을 확립하기 위해, 또는 상대에게 모욕감을 주기 위한 목적으로 강간하며, 이 과정에서 여성들의 목소리와 성적 자기 결정권은 묵살되며, 남성 중심의 지배 이데올로기가 드러나면서도, 한편 강간하는 남성 인물에 대한 비판적 시각이 보이기도 하는데, 이러한 이중적 시각은 여성의 입장을 부각하면서도 가부장제를 옹호하는 줄타기를 서사에서 드러내고 있다고 한다.

제7장 「팩션 – '세계사 법정'에 선 클레오파트라」에서 차영길은 여성의 몸Body과 권력Power의 가장 유명한 사례의 하나가 클레오파트라라고 하면서 로마 역사가들이나 셰익스피어처럼 '유혹의 정치'나 '비극적 사랑'의 코드로 역사 속의 한 여인을 조망하지 않고, 기원전 1세기 로마적 세계 패권의 새로운 질서 속에서 독립과 번영을 꿈꾸던 한 약소국 정치가의 현실주의적 권력정치의 행보를 클레오파트라를 통해 읽어내려 가고 있다.

제8장 「여성의 성性의식, 성性행동 다시보기」에서 최정혜는 여자 청소년, 여자 대학생, 미혼 여성, 기혼 여성을 대상으로 성의식과 성행동이 어떠한지에 대한 그 동안의 연구논문을 중심으로 고찰하고, 남녀 청소년들에게 성의식과 성 가치관에 대한 사고 정립 교육의 필요성, 여대생에게 성적 자기 결정권에 대한 교육의 필요성, 기혼 여성에게 혼외관계 및 낙태에 관한 자각 교육의 필요성을 주장하면서, 결혼제도가 여성을 정서적으로나 성적으로 억압하는 성규범으로 인하여 남편과의 성관계에서 여성이 자신의 성적자기 결정권을 포기하고 남편의 성관계 요구를 의무적으로 수동적으로 수용하면서 결혼제도 내에서 여성 자신을 수동적으로 위치지우면서 살아가고 있다고 진단하고, 남

녀의 성이 은밀하고 감추어야 하는 금기적인 행위가 아니라는 점과 여성의 성의식과 성행동에 대한 성담론을 활성화하면, 우리 사회에 만연해 있는 이중적인 성규범이 바람직하게 바뀔 수 있을 것이라고 한다.

이 책은 다음과 같은 의문을 품어 본 여성과 남성 모두가 흥미를 가질 수 있는 책이다. 사회문화적으로 여성과 남성에게 요구/허용되는 삶의 태도가 다른데, 과연 그것이 각자의 삶을 완성시키기 위한 것으로 맞는가? 한국사회는 여성을 자녀 양육과 가사 업무 책임자로, 남성을 경제적으로 가족 부양의 책임자로 지나치게 정형화하고 있다. 이러한 견고한 틀에서 여성과 남성 모두 벗어나야 할 것이다. 우린 우연히 여성과 남성으로 태어났을 뿐이다. 자신과 맞지 않은 고정된 성역할에서 벗어나 자신의 특성을 사랑하고 그것을 그대로 사회에 발현할 수 있는 자유롭고 다채로운 사회를 우리가 만들어 가는 데 이 책이 조금이라도 보탬이 되길 바란다.

끝으로 이책이 발간될 수 있도록 후원해 주신 경상대학교 학교기업 GAST Gyeongnam Animal Science and Technology와 이 책의 출간을 맡아 주신 소명출판 측에도 깊은 감사를 드린다. 또한 이 책의 출간을 위하여 옥고를 보내 주신 집필진 모두에게 감사드린다.

2019년 1월

경상대학교 여성연구소장 엄순영

차례

여성의 몸은 출산기계인가

고영남

잘못 설정된 의제

'저출산 고령화 사회'라는 문구는 갑자기 사라졌다 살아나기를 반복하는 매우 희귀한 정치적 구호이다. 이런 문구는 신생아의 통계가 매년 발표되는 시기나 고령인구의 증가가 확연해지면서 매번 등장하고 있다. 언론은 떠들고 정부당국자와 기업은 큰일이라며 매번 호들갑이지만, 개인으로서의 여성에게는 그저 자신의 몸에 대한 국가의 협박처럼 들릴 뿐이다. '불꽃페미액션' 회원들이 한국보건사회연구원의 출산 제고 대책을 규탄하는 기자회견을 정부서울청사 앞에서 열면서(2017.2.27) 내걸었던 현수막의 문구가 압권이다. 그 문구가 "정부야 네가 아무리 나대봐라, 내가 결혼하나 고양이랑 살지"였을 정도로 냉소

적이었다.

때마침 2017년 1년 동안 태어난 신생아 숫자가 공표되었다. 2016년 대비 11.9% 줄어든 357,700명으로 확인되면서 처음으로 40만 명 아래로 내려갔다. 아울러 '합계출산율'(여성 1명이 평생 동안 낳을 수 있는 평균 자녀 수)도 1.05명으로 세계적으로도 유례가 없는 낮은 출산율을 기록하였다. 이는 경제협력개발기구OECD 국가 중 꼴찌를 뜻한다. 현재의 인구 규모를 유지하려면 이론상 '합계출산율'이 2.1명 정도는 되어야 하는데 2017년생의 조부모인 1958년생(개띠)이 100만 명, 부모인 1987년생이 61만여 명이라고 하니 1세대가 지날 때마다 3분의 1정도씩 사라졌다.

이른바 '저출산'이 본격 시작된 2002년생부터 '출생아 40만 명대'로 떨어졌고, 합계출산율도 1.3명으로 낮아졌다. 2002년생들이 고등학교에 진학하는 2018년부터 본격적으로 고교 학생수가 줄기 시작했으며 그들이 대학에 진학하는 2021년 즈음에는 4년제 대학만 보더라도 그 단순경쟁률이 1대1에 그칠 것이다. 대학서열화만 없다면 대학입시는 사실상 존재할 수 없는 셈이다. 이처럼 이른바 '저출산'을 한국사회의

〈표 1〉 출생아의 수와 합계출산율 추이

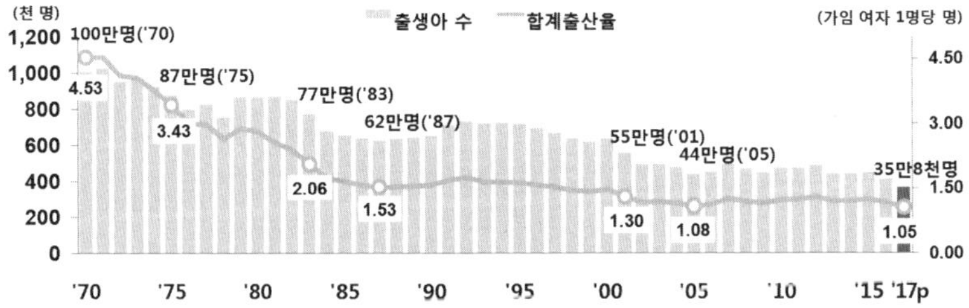

가장 큰 문제라고 인식한 정부의 대응책은 2006년 「저출산 · 고령사회 기본법」을 제정하면서 비로소 시작되었다고 볼 수 있는데, 2005년 출산율 1.08명을 기록한 이후 12년간 저출산 대책에 126조 4천억 원의 예산을 쏟아 부었다. 2017년에만 24조 원을 투자했다. 무엇보다도 지금까지 예산의 약 70%를 보육환경을 개선하는 데 투입하였다. 그럼에도 불구하고 한국의 합계출산율은 반등의 기미를 보이지 않았고, 급기야 2017년 1.05명으로 떨어졌다.

그렇다면 '돈'으로도 해결되지 않는 미궁 속의 난제를 어떻게 풀 것인가? 더 많은 재정을 투입해야 하는 것은 아니었을까? 혹시 정책이나 그 방향이 잘못된 것은 아니었을까? 아니면 '돈'으로 해결할 문제가 아니었던 것은 어쩌면 돈으로 해결할 문제가 아니었을지도 모른다는 번민에 빠진다. 혹시 이것도 저것도 아니라면 '저출산'을 문제시한 의식 그 자체에 어떤 문제가 있는 것은 아닌지도 곱씹어 볼 때가 되었다.

출산을 둘러싼 편견들 – 여성의 몸은 출산기계

'저출산'을 둘러싼 논쟁을 따져보기 전에 검토할 쟁점이 있는데, 출산에 대한 편견이 매우 넓게 퍼져 있다는 것이다. 첫째, 출산의 주체는 과연 누구인가의 질문이다. 여성이 자신의 몸을 통하여 출산의 고통을 호소하지만, 세상 사람들은 태어나는 아이의 숫자에만 관심을 갖는다. 물론 태어나는 아이의 성별을 따지며 남자아이를 선호하던 시대도 있었지만 여전히 출산을 둘러싼 전쟁의 승자는 언제나 여성보다는 아이였기 때문이다. 한국의 여성은 분명 호주제로부터 해방된 것은 맞지만 여전히 삶의 주체로서 당당하게 인정된다고 평가하기에 부족하다.

임신 또는 출산 뒤 숨지는 여성의 비율이 경제협력개발기구의 국가 평균(모성사망비 7.0명)보다 높다는 조사결과가 있다(〈표 4〉). 이와 관련해서는 '모성사망'이라는 고유한 개념을 사용하여 설명하는데, 이는 임신기간 또는 부위와 관계없이 우연 또는 우발적인 원인으로 인하지 않고 임신 또는 그 관리에 관련되거나 그것에 의해 악화된 어떤 원인으로 인하여 임신 중 또는 분만 후 42일 이내에 발생한 사망을 말한다. 또한 출생아 10만 명당 임신이나 출산으로 숨지는 여성비율을 '모성사망비'라고 부르는데, 지난 2011년에는 17.2명으로 최고점을 기록한 적 있다. 최근 10년의 추이는 아래의 〈표 2〉와 같다. 충분히 예상할 수 있는 것처럼, 한국에서의 모성사망비는 그 산모의 연령과 비례하고 있음을 〈표 3〉에서 확인할 수 있다.

'출산의 주체는 누구인가'의 질문은 지하철의 어떤 문구에서도 제기된다. 전국의 지하철이나 경전철에는 임신 여성을 위한 별도의 좌석을 확보하고 있는데, 옆의 사진처럼 서울교통공사는 지하철 5호선과 8호선에서 한때 '핑크카펫'라는 이름을 단 임산부 배려좌석을 운영하기도 하였다. 그런데 그 주인공은 여성이 아니다. "내일의 주인공을 위한 자리"라는 문구야말로 저출산의 책임이 누구에게 있는지를 그대로 대변하고 있다. 임신한 여성은 그저 '내일의 주인공'을 10개월 동안 잘 품고 있어야 하는 도구일 뿐이다. 이 문구에 대한 시민들의 문제제기가

〈표 2〉 모성사망비 추이

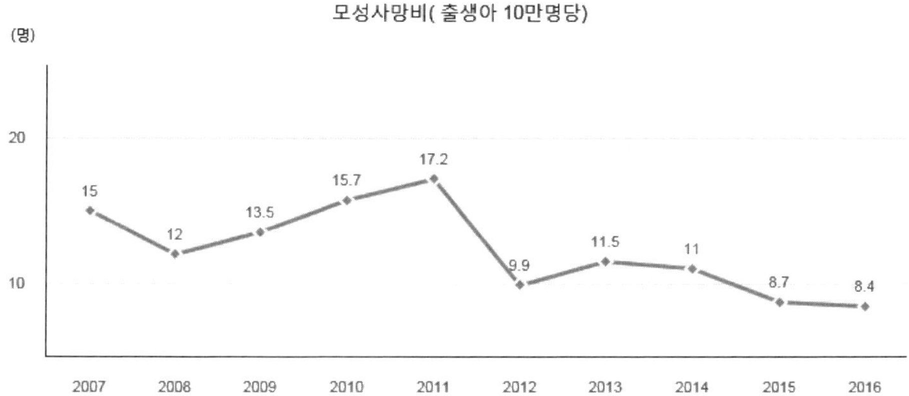

〈표 3〉 연령별 모성사망비

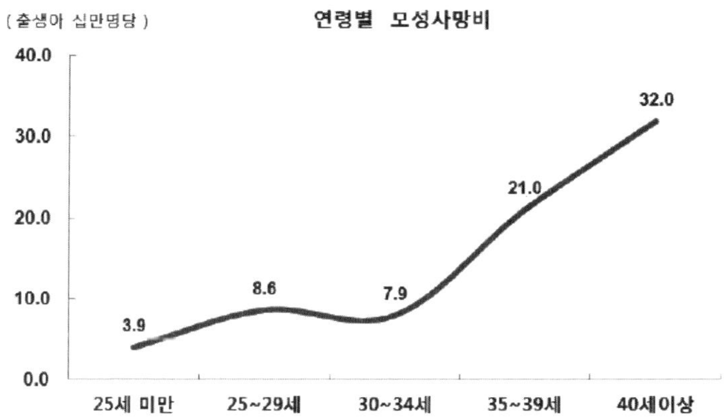

많아지자 서울교통공사는 "이 자리는 임산부를 위한 자리입니다. 양보해주세요"라는 문구로 변경하여 부착하였다. 다행스럽긴 하지만 개운하지 않았던 기억이다.

두 번째 편견은 저출산과 관련하여 '선진국에서는 여성의 사회 참여

〈표 4〉 연령별 모성사망비

(단위: 출생아 10만 명당)

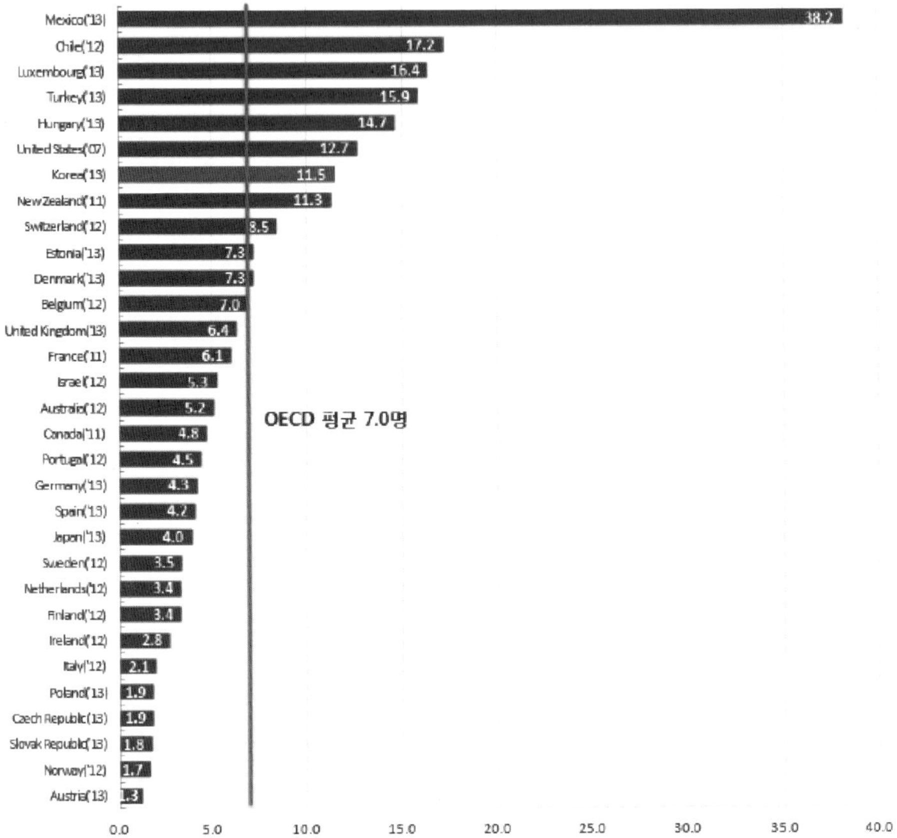

〈그림 1〉 임산부 배려석(핑크카펫)

가 증가하면서 출생률이 낮아지고 있다'는 주장이다. 백 보 양보하여 저출산을 사회위기의 증거라고 생각하더라도 출산율이 감소한다거나 저출산의 원인은 다양한 사회·경제적 요소나 그 흐름에 있음에도 불구하고 저출산의 원인을 여성의 사회 진출 증가에 있다고 단정해버리면 저출산의 '책임'을 여성에게 전가하려는 정치적 의도를 노골적으로 내비치는 꼴이 되어버린다.

'여성의 높은 스펙이 저출산의 원인'이라는 한국보건사회연구원의 보고서(2017) 역시 저출산에 대한 편견을 보여주며 그 책임을 여성에게 전가하고 있다. 이 보고서에 따르면, 저출산의 원인은 혼인율이 낮은 데 있으며 혼인율의 감소는 결국, 여성의 초혼 연령이 높아지는 것임과 동시에 가임 기간 내내 독신으로 지내는 여성이 늘어나고 있음을 의미한다. 특히 학력과 소득수준이 높은 이른바 높은 스펙의 비혼 여성들이 기회비용을 따져 결혼시장 진입이 늦어지고, 이는 비혼, 만혼과 저출산을 심화시키기 때문에 이들의 불필요한 스펙 쌓기를 막아야 한다고 주장한다. 심지어는 기업이 채용할 때 휴학, 연수, 학위, 자격증, 언어 능력 등의 불필요한 스펙에 불이익을 줘야 한다고까지 주장한다.

혼인시장에서 소외된 낮은 스펙의 남성과의 짝짓기를 통해 혼인율을 높이면 저출산의 문제를 해결하는 데 도움이 될 것이라는 황당한 주장 역시 같은 흐름 속에서 나왔다. 출산의 당사자이면서 고통의 당사자인 여성을 외면하고 오히려 이들에게 저출산의 책임을 전가하려는 움직임은 저출산담론을 이해하는 데 전혀 도움이 되지 않는다. 이와 관련하여 국가인권위원회 역시 유엔의 '인권이사회'에 제출한 국가별 인권상황 정기 검토보고서에서 "저출산 문제를 개인이나 여성 탓으로 돌리는 한국사회의 인식이 바뀌어야" 한다고 강조하였다.

한편 출산의 도구화를 넘어 여성의 몸에 대한 총체적 대상화를 시도했던 당혹스런 사건이 있었다. 논문 조작이라며 희대의 사기극으로 판명된 황우석의 세포줄기연구에 가려진 여성의 몸에 관한 이야기를 하고자 함이다. 황우석의 연구를 위하여 벌어진 난자 기증'운동'은 연구윤리와 여성인권 자체를 배제한 여성들을 향한 폭력이었다고 봐도 무방하다. 난자를 제공하였다는 점은 그 기증자가 여성으로서의 재생산권리를 스스로 제한 또는 포기할 수 있다는 전제가 깔려 있다. 하지만 난자를 채취함으로써 발생할 수 있는 불임 등 후유증과 부작용에 대한 정보 제공은 턱없이 부족하였다. 황우석의 연구에 기꺼이 사용하라며 자신의 난자를 기증하는 여성이 등장할 때마다 '무궁화 꽃이 피었다'는 식의 퍼포먼스가 이어졌고, 2005년 12월 당시 서울대 수의대학에서 이루어진 '1천명 난자기증의사 전달식'(〈그림 2〉)에서는 난자기증희망자들을 "성녀"로 호명되었다.

〈그림 2〉 난자 기증의사희망자에게 나눠준 무궁화

과배란 유도제를 며칠 자신의 복부에 투입하고 난자를 뽑는 수술까지 마친 '성녀'는 황우석이 칭송하는 '천사'가 되어 있었지만 난자기증자가 수술 후 겪을 후유증이나 고통 등에 대해서는 어떠한 언급도 없었다. '일상생활이 어려울 정도로 후유증이 동반되고 질 외벽이 헐고 세균이 과다 형성되는 등 질에 염증이 발생해 난자기증수술 뒤 회복되지 않은 건강 때문에 결국 직장을 그만두게 된' 이야기는 소설이 아니라 난자 29개를 한꺼번에 추출당한 어느 여성 기증자의 인터뷰를 실은 『오마이뉴스』 기사의 줄거리다. 무엇보다도 이 사건의 본질은 더 깊은 곳에 있었는데, 당시 이민정 기자가 인터뷰한 그 난자 추출 여성이 여성의 몸과 난자에 관한 자신의 견해가 이 수술을 계기로 성찰적으로 변화하였다며 밝힌 대목이다.

> 애초 내가 난자를 제공할 때도 어차피 버려지는 난자라고 생각했다. 한 달에 한 번 자연스럽게 생기는 것인데, 나에게는 쓸모가 없다고 여긴 적이 있다. 인위적으로 배출시킨다 해도 다른 생명을 살리는 일에 쓰인다면 난자 제공이 생명파괴 행위라고까지 생각하지는 않았다. 그러나 지금은 바뀌었다. 한 달에 한 번 있는 생리가 놀라운 신체 매커니즘임을 깨달았고, 난자도 하나의 생명이라는 사실을 알게 됐다. '난자, 그까짓 것'이라는 사고는 여성의 몸이나 난자를 가볍게 보는 무지이다. 난자는 아이를 낳기 위한 출산의 도구가 아니라 소중한 생명현상 자체임을 알아야 한다.

결국 여성의 몸은 출산의 도구나 기계가 아닐 뿐만 아니라 여성의 몸을 구성하는 그 어느 것도 출산의 목적에 희생되어야 하는 대상이 결코 아님을 알 수 있었다. 더욱이 여성이 출산을 생각하고 결정하여 실천하더라도 그 주체는 태어나는 아이가 아니라 출산을 몸소 경험하고 있는 여성이라는 데 그 본질이 있음을 기억한다면, 저출산의 배경이나 원인을 여성의 신체적 또는 사회적 구조에서 찾을 수 없음은 당연하다.

국가주의의 통념

여성을 출산기계로 취급하는 편견은 저출산에 대한 민족국가주의의 통념과도 연결된다. '대한민국 출산지도' 논란에서 이를 충분히 읽을 수 있다. '대한민국 출산지도'(〈그림 3〉)는 2016년 12월 말 행정자치부가 17개 광역지자체와 243개 모든 기초지자체의 임신 · 출산통계와 출산지원 서비스를 시민들이 쉽게 찾을 수 있도록 구축하려고 기획한 홈페이지를 가리키는 명칭이었는데, 이 서비스를 시작하자마자 논란에 휩싸여 하루 만에 홈페이지가 폐쇄되었다. 이 논란의 핵심은 다름 아니라 '출산지도'에서 확인할 수 있는 지역별 '가임기 여성 인구수'와 그 순위였는데, 이에 대한 시민들의 항의는 엄청났다. 당시 언론에서 소개한 항의를 인용하면 이렇다.(『노컷뉴스』 2016.12.29; 『여성신문』 2017.1.2; 『프레시안』 2016.12.29 참고)

출산지도는 정부가 사람을 양계장 닭으로 보는 것이다, 출산지도를 본 뒤 국가로부터 성희롱을 당한 기분이다. 끔찍한 나라다, 정부가 출산지도라는 말도 안 되는 걸 만들어서 여자를 임신하는 기계로 만들어버리네, 내 조국 대단하다, 출산지도는 여성을 도구화하고 모욕감을 느끼게 한나, 출

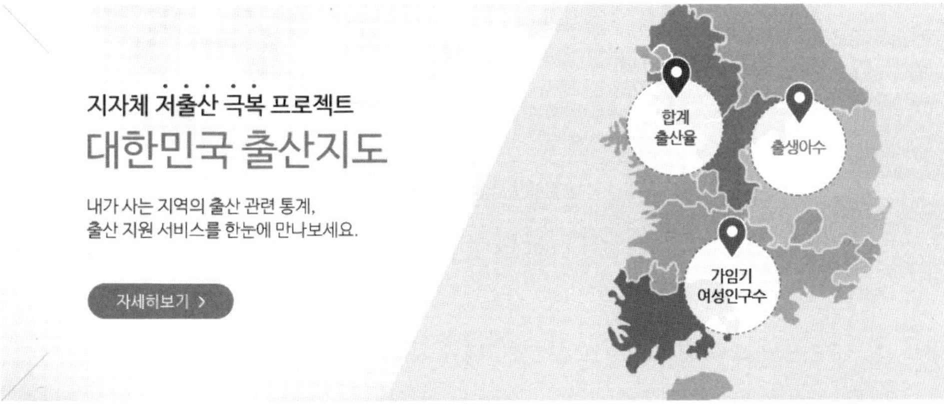

가임기 여성수 - 전국

시도	가임기 여성수	순위
경기	2,320,164명	1위
서울	1,985,977명	2위
부산	595,310명	3위
경남	545,362명	4위
인천	537,632명	5위
대구	427,345명	6위
경북	403,235명	7위
충남	328,519명	8위
전북	285,074명	9위
대전	281,053명	10위
광주	271,718명	11위
전남	263,953명	12위
충북	253,983명	13위
강원	229,830명	14위
울산	206,477명	15위
제주	102,149명	16위
세종	35,314명	17위

〈그림 3〉 대한민국 출산지도

산지도는 국가에게 여성이라는 존재는 그저 임신할 수 있는 자궁을 가진 출산정책의 객체일 뿐이다.

이 사건은 출산기계, 저출산의 책임이 여성에게 있다는 식의 정도를 넘었다. '대한민국 출산지도'는 여성의 몸에 대한 여성의 권리를 깡그리 무시하거나 배제한 인식에 기초한 국가의 정책이었다는 점이다. 일제강점기의 여성들을 일본군 성노예로 끌고 갔던 경우와 그 본질에서 전혀 다르지 않다. 아울러 '출산지도'는 여성의 건강권이나 출산의 자유를 애초 부정한다. 앞에서 언급했던 모성사망비가 경제협력개발기구 국가의 평균치보다 높게 나오는 것과 결코 무관하지 않는데, 여성의 건강권은 안중에도 없는 셈이다. 결국 이러한 정부의 일방적 횡포는 여성인권의 가치를 인지조차 하지 못한 채 저지르는 혐오의 극치라고 볼 수 있다. 이와 관련하여 국가인권위원회도 "출산지도 사업이 여성들에게 부정적 파급 효과를 미치고 정부의 중요 정책에 대한 불신을 초래했는데, 정책추진 과정에서 성 인지적 관점이 부족"했다며 "저출산 정책 수립 때 성평등 관점을 고려해야" 한다고 지적하였다.

저출산을 바라보는 민족국가주의의 통념은 다른 곳에서도 확인된다. 저출산 관련 통계가 발표될 때마다 언론과 전문가들은 향후 한국사회의 가장 큰 문제점으로 저출산을 꼽으며 "국가적 재앙을 막을 특단의 대책"이 빨리 마련되어야 한다고 주장한다. 대통령도 예외는 아니었다. 문재인 대통령이 2017년 8월 말 여성가족부 등의 업무보고를 받으러 정부세종청사를 방문한 때 점심식사를 함께 한 사람들이 4

명 이상의 아이를 둔 부모와 육아휴직에서 막 돌아온 공무원들이었는데, 대통령은 이들을 "애국자들"이라고 추켜세웠다. 이어서 문재인 대통령은 2017년 12월 대통령 자신이 그 위원장으로 되어 있는 '저출산고령사회위원회'에서 "이제는 생산가능인구가 줄고 경제가 어렵다는 차원이 아니라 대한민국의 근간이 흔들리는 심각한 인구 위기 상황을 맞게 될 것"이라며 인구 위기 상황을 지금 해결하여야 한다고 강조하였다. 여전히 출산의 주체가 여성이라는 점이 가려지고 그로부터 태어난 아이가 장차 군인이 되기도 하고 세금도 잘 납부하여 국가의 충실한 구성원이 된다는 의미의 '애국자'라고 한다면 그렇지 않은 사람들은 그 얼마나 억울하고 애석한 일인가?

이러한 국가주의적 경향은 저출산이 극명해질수록 노골적으로 드러나고 있다. 통계청이 2018년 2월 28일 「2017년 출생 · 사망통계 잠정결과」를 발표하자 많은 언론들이 저출산의 원인과 배경 그리고 향후 대책 등을 기사로 쏟아내고 의미심장한 사설들을 발표하였다.

> 혼인과 출생이 동반 감소하는 악순환이 이어지면서 나라의 미래가 걱정스러운 지경이다, 대한민국의 근간이 흔들리는 인구 위기는 우리 모두의 문제다, 저출산 · 고령화 대책은 국가적 과제로 국운이 달려있다고 해도 과언이 아니다, 문제 해결을 위해 국민 모두가 참여하는 범국가적 특단의 대책이 절실한 때다, 저출산을 극복해야 성장동력인 노동인구 확보가 가능하다. 대한민국에 다가오는 재앙을 방관할 때가 아니다, 최악의 인구 절벽이 이 상태로 계속된다면 대한민국의 미래는 없다, 단순히 경제에 미

치는 악영향을 넘어 국가 위상이나 안위에 치명적 해악을 끼친다는 것은 상식이다. 10년 이내 대한민국은 인구 자연감소 국가가 된다는 얘기다. 저출산 문제가 최악의 시나리오를 넘어 재앙으로 흘러가고 있다. 저출산·고령화는 먼 미래 국가 존망의 문제일 뿐만 아니라 당장 경기를 좌우할 핵심 변수가 됐다. 사람들이 이렇게 아이 낳기를 꺼리는 나라에 과연 미래가 있겠는가. 국가의 총체적 실패를 드러낸 것이다.

더욱이 문재인 정부에서 새롭게 구성된 '저출산고령사회위원회'에서는 민간위원과 여성위원들이 대거 참여하고 인구학자를 배제하였는데도 언론들은 여전히 인구학자들의 논리를 마치 마법인 양 인용하기도 한다.

어느 인구학자의 예언에 의하면 대한민국은 앞으로 100년 뒤 지구상에서 사라질 것이라고 한다. 인구학자들은 적정 규모의 인구 유지가 국가 존망에 직결되는 문제라고 말한다.

무엇보다도 저출산을 극복하려는 기존의 정책이 '출산율 올리기'에 치우쳐 있다고 비판하면서도 국가주의의 통념은 끝내 사리지지 않는다. 『경향신문』의 사설도 그런 통념에서 자유롭지 않은데, 저출산 대책은 구태의연한 기존의 방식으로는 해결할 수 없다고 지적하면서도 "무모할 정도로 획기적인 대책이 필요하다. 아이를 낳으면 국가가 책임지고 키운다는 확실한 보장이 없는 한 출산율 제고는 요원하다"고

하였다.

앞에서 언급했던 '대한민국 출산지도'의 발상 역시 국가주의의 정확한 모습 중 하나이다. 저출산 또는 저출산율이라는 용어 자체가 하나의 국가를 전제로 신생아를 수식화한 관념이므로 출산에서 여성 또는 생명이라는 가치를 제거할 경우 우리에게 남는 것은 '낮다'고 하는 정량적 평가지 수밖에는 없다. 마치 학업성적표와 비슷한 이 낮은 점수는 모든 사회경제 정책의 저성과 또는 실패를 의미하는 정치적 함의를 드러낼 수밖에 없다. 이처럼 '저출산' 담론은 이 낮은 수치를 극복하려는 국가주의의 통념에 구속될 수밖에는 없는 운명을 지녔음에도 불구하고 정책이 구현될수록 본질에서 멀어지고 있으므로 '저출산'을 극복한다는 것은 그 진실 속으로 가지 않으면 안 됨을 의미한다.

'저출산' 극복 움직임 – 미봉책과 총체적 접근

위에서 살펴본 '저출산'의 배경과 원인 그리고 그 의미 등에 이어 이를 극복하려는 다양한 움직임을 살펴보고자 한다. 전문가들과 정책담당자들만 그 답을 내놓는 데 그치지 않고 많은 언론과 시민들도 나름의 대책을 비판적으로 제시하고 있다.

'저출산'을 극복하는 데에는 본질에 접근하는 경우와 그렇지 않은 경우, 구체적으로 저출산의 현상에 대한 이해당사자의 미시적 목소리를 경청한 미봉책들이 제시되는 경우가 있다. 이 미봉책들은 주로 출산보조비, 보육비 보조, 교육정책의 개선, 의료비 보조정책 등이 단편적으로 제시된다. 후자의 사례들을 먼저 살펴본다.

한때 4마리의 용이라고 불리며 동아시아의 고도성장을 이끈 한국, 홍콩, 대만과 싱가포르는 최근 합계출산율의 하락이 확연해지면서 '인구절벽'의 시대를 함께 맞이하고 있다. 각 정부는 지금까지 나름의 대책, 구체적으로 한국은 1차 · 2차 · 3차 저출산고령사회기본계획(2006년 이후), 대만은 인구정책백서(2008), 홍콩은 인구 전망 및 전략 기획(2007), 싱가포르는 아기 보너스제도(2001) 등을 기획하여 추진하였지만 결과적으로 저출산을 극복하는 데 실패하였다. 이와 관련하여 2017년 7월 『중앙일보』 주최로 4개국의 정부 당국자와 전문가들이 '동아시아 4개국 저출산 정책 국제포럼'을 열고 인구 위기에 대한 분석과 대안을 마련하였다. 이 내용을 보도한 『중앙일보』의 기사와 참가자들의 블로그를 종합해보면, 대만은 셋째를 출산한 가구에 대한 보조금 지급, 아동 · 여성 대상으로 한 무상의료서비스 확대 등을 포함하여 특히 6세 미만 아동의 보육에 대한 정부의 책임이라고 강조하였다. 그리고 지역사회에서의 공공보육센터를 획기적으로 확대하고 베이비시터의 역할을 강화한다고 하였다. 한국처럼 교육열이 상당히 높은 싱가포르에서는 교육시스템 개편을 1순위의 정책적 목표가 되어야 한다고 주장하였는데, 학교 기반의 프로그램 확대 등을 통해 경쟁구조를 완화시키고 부모들의 교육비를 낮추는 등 전반적인 교육 체계를 개혁해야 한다고 강조하였다. 또한 홍콩은 보육서비스가 미약한데 보육훈련을 받은 가사도우미(8가구 중 1가구, 33만 명)를 활용한다면 부모들이 안심하여 자녀를 맡길 수 있기 때문에 저출산을 해소하는 데 도움이 될 수 있다고 하였다.

비록 미봉책이라고 하더라도 일관성을 갖고 성찰적 추진이 이루어졌다면 종합적 대책을 마련하는 데 기여하겠지만 관점이 제대로 형성되지 않은 정책은 비판에 앞서 비난의 대상이 될 뿐이다. 이런 사례는 앞에서 다루었던 한국보건사회연구원의 2017년 보고서에서 쉽게 볼 수 있다. 이 보고서는 유배우 출산율 제고에 초점이 맞추어져 있는 기존 정책을 비판하며 '저출산'의 원인을 혼인율 감소에서 찾았는데, 특히 저출산의 책임을 학력과 소득수준이 높은 이른바 '높은 스펙' 비혼 여성에게 돌렸다. 보고서는 "고학력 여성의 비혼율이 높으니 고학력 여성을 아예 줄여버리자"는 결론을 도출하였다. 더 경악스러운 것은 "상대적으로 높은 교육 수준과 소득수준을 가진 여성의 눈을 낮춰 하향 결혼을 유도하기 위해 사회관습 또는 규범을 바꿀 수 있는 문화적 콘텐츠 개발이 이루어져야 한다며, 이는 단순한 홍보가 아닌 대중에게 무해한 음모수준으로 은밀히 진행될 필요가 있다"고까지 하였다.

황당한 미봉책은 '짝 찾기 프로그램'의 구상에서도 확인되는데, 위 보고서에 의하면 "교육투자를 마치고 사회에 진출한 남녀가 서로 원하는 상대를 만날 수 있는 기회를 IT 기술과 연계하여 높여줄 수 있는 정책개발이 필요하고, 가상현실 기술을 이용하여 가상공간에서 자신을 대신하여 배우자를 탐색할 수 있는 정보기술을 개발하여 대학에 보급하는 방안도 고려해 볼 수 있다"고 한다. 이런 발상은 정부 주도 '맞선 프로그램'과 너무나 비슷하다. '만사결통萬事結通(만사는 결혼으로 통한다) 프로젝트'라고 하는데, '맞선 자리에서 만난 남녀가 함께 자원 봉사 활동을 하고 여가·문화 프로그램 등에 참여하면서 인연을 맺을 수 있도록 도울 계획'이라고 한다. 더욱이 '3차 저출산고령사회기본계획'(2016~2020)을 구현하는 2016년 지자체 시행계획을 보면 가관이다. 대전광역시는 미혼자를 연결하는 미혼남녀 맞선 프로젝트 외에도 공공기관의 직원을 대상으로 기관장이 중매하는 맞선을 추진하는 계획까지 수립하였다. 이를 비판적으로 보도한 시사주간지 『한겨레21』은 이주의 키워드로 '이건 대국민 축산정책'이라고 뽑았을 정도다.

'저출산'에 대응하는 당혹스런 미봉책은 또 이어진다. 2009년 서울의 어느 여대는 '저출산 사회에 새로운 등불을 밝힌다'는 모토로 '행복한 출산, 부강한 미래'라는 제목의 특강을 열었다. 출산홍보 동영상, '친구들이 필요해요'라는 제목의 유치원 원아들의 공연, 다출산 교수에 대한 공로패 수여 등이 이어지다 마지막으로 '행복선언문'이라는 제목의 출산서약서를 쓰는 프로그램이 이어졌는데, 이 서약서에는 적극적 출산, 낙태 방지, 가정의 화목에 여대생들이 앞장서겠다는 식의 내용이 있었다.

비슷한 사례는 캠페인이라는 미명 아래 대형마트의 마케팅(2015)에도 활용되고 있다. '출산서약서'를 작성하면 한자녀가구도 '다둥이클럽'에 가입해 분유나 기저귀 등 육아용품을 최대 30%가량 상시 할인하여 구매할 수 있다고 한다. '출산서약서'는 양심의 자유에 위배될 뿐만 아니라 출산을 강요함으로써 여성의 자기 결정권을 중대하게 침해하는 행위임에도 불구하고 대학과 생활터전에서 부끄러움 없이 벌어지고 있다. 서약서나 각서 한 장만 있으면 여성의 몸을 통제하고 출산을 기획하겠다는 발상 자체가 황당하기도 하지만 이 음흉한 의도를 제대로 인식함으로써 '저출산'담론의 핵심이 뭔지를 이해하는 데 여성 스스로 나서야 할 것이다. "정부야말로 이 출산서약서를 작성해야" 한다는 시민의 목소리는 여전히 유효하다고 생각한다.

다음으로, '저출산'을 극복하기 위하여 제법 그 본질에 접근하려는 노력들을 살펴보려 한다. 먼저 문재인 정부는 정권 교체 이후 '저출산고령사회위원회'의 정책 방향을 크게 바꿨다. '개인의 삶과 선택을 존중하는 사람중심 정책'으로 전환한다면서 "출산율, 출생아 수를 목표로 하는 정책에서 탈피해 미래를 보다 낙관적으로 전망할 수 있도록 근본적으로 구조를 개혁"하겠다고 한다. 위원회는 2017년 12월 '저출산 정책 패러다임 전환을 위한 토론회'를 열고 새로운 저출산 대책의 방향을 논의하였다. 주제를 발표한 정재훈(서울여대 사회복지학과 교수)에 의하면, "성평등과 보편적 복지를 실현하면서 개인의 삶의 질, 행복 수준을 끌어올려 아이 키우기 좋은 사회가 돼야 한다. 그러면 각 가정이 자발적으로 출산을 선택할 수 있다. 현재의 기본 계획을 재구성하고 제3차 저출산 대책의 목표인 출산율 1.5명을 폐기해야 한다"고 하였다. 또한 정재훈은 "국내총생산 대비 사회복지지출 비율이 15~20% 수준인 국가는 1.5명 이상의 출산율을 보인다며 한국은 10%에 불과해 복지지출을 더 늘려야 한다"고 주장하였다. 이날 토론회에서 특히 "저출산은 여성의 지위가 남성 수준으로 올라가는 것만으로 해결될 문제가 아니므로 새로운 남녀 성역할 모델을 만들어야 한다"는 토론(최슬기, KDI 국제대학원 사회학과 교수)이 있었는데 경청할 만한 주장이라고 생각한다.

정책 방향을 크게 전환한 '저출산고령사회위원회'는 '저출산고령화 포럼'이라는 학술행사를 연속으로 개최하기로 기획한 바 있는데 제1차 포럼(2018.2.28)에서 주제를 발표한 윤홍식(인하대 사회복지학과 교수)에 의하면, 만혼이나 비혼이 문제되는 게 아니라 사회가 직면한 특수한 삶의 질 문제 때문이라고 한다. 또한 그는 "과거 스웨덴 정부는 시민이 맞닥뜨린 삶의 어려움을 해결하는 정책을 추구했고 그 결과 출산율이 증가한" 역사를 소개하면서 "1980년대 이후 한국사회의 복지가 공적 사회보장 위주로만 확대된 점이 문제"라며 "(한국은) 상대적으로 임금수준이 높고 고용이 안정된 정규직 중심으로 사회보장 중심의 복지가 확대되는 역설적 상황이 벌어지면서 불평등이 심화되고 결과적으로 전체 노동인구의 절반이 넘는 자영업자나 비정규직의 삶의 질이 악화되었다"며 '낮은 출산율은 그 결과'일 뿐이라고 지적한다.

이와 관련하여 윤홍식이 제시한 유일한 대안은 "개별정책과 출산 사이의 관계는 무의미하여 국민 전반에 있어서 삶의 질을 높이는 총체적 대응"이라며 "아동수당이나 보육율 역시 출산율과 무관하며 이들 개별정책들이 모아지고 하나의 사회로서 한국사회의 삶의 질을 어떻게 개선할 것인지에 국가 역량을 집중해야 하는데, 결국 출산율은 한국사회가 어떤 복지국가를 지향하는지에 따른 결과"라고 한다. 아울러 "이를 위해 정부가 사회서비스 분야 등 부족한 공공부문 일자리를 늘리고 증세에 대한 구체적 계획을 밝혀야" 하는데 "재원은 누진적 보편적 증세를 통해 뒷받침되어야" 한다고 강조하였다. 이러한 견해는 '저출산고령사회위원회'의 신임 위원이 된 김창엽(서울대 보건대학원 교수)의 주장과도 일치한다. 그에 의하면, "저출산과 취약한 고령사회는 구조, 즉 어떤 근본 문제들의 결과이지 이 자체가 문제거나 문제의 원인이 아니"라며 "근본구조는 불평등"이므로 "새로운 패러다임은 저출산의 구조를 넘어 더 넓게 삶의 질을 결정하는 구조에 이르러야" 한다.

'복지국가가 지속하려면 많은 사람들이 노동시장에 참여해야' 한다는 전제 아래 이 포럼에서 토론자로 나선 이병희(한국노동연구원 선임연구위원)는 "저임금, 비정규직, 장시간 노동 등 만연한 노동시장의 문제들로 인하여 증가된 임금불평등"을 극복해야 "저출산 문제를 해결하는 복지국가의 방향과 노동시장의 정합성"이 도모될 수 있다고 한다. 마찬가지로 "직업을 안정시키고 양육비 부담을 덜어줘야 하는데, 그러려면 비정규직을 정규직으로 만들어주는 것, 비정규직의 해소가 출발점"이라는 보건복지부 장관의 언급(2017)도 같은 관점이다.

또한 저출산을 해소하기 위해서는 "일과 삶의 균형"이 우선적으로 갖춰져야 한다는 나탈리아 카넴(유엔인구기금(UNFPA) 사무총재)의 언급도 윤홍식이 위에서 지적한 맥락과 같다. 그는 출산휴가, 육아휴직제도, 가정친화적인 근무환경, 보건 · 의료적 지원, 양질의 일자리 창출도 중요하지만 "여성 스스로 아이를 낳는 선택을 하도록 지지해줘야 하며 무조건적인 출산 장려는 지양하여야 하고 단순히 더 많은 인구보다는 사회에 더 많은 기여를 할 수 있는 인구 계획이 필요"하다고 주장하였다.

한편 '국민의 삶의 질을 총체적으로 개선해야' 한다는 윤홍식의 결론에 동의하면서도 '불평등의 증가로 개인의 출산권이 막혔다'는 식의 결론보다는 구체적인 진단이 필요하다는 지적이 이어진다. 특히 양난주(대구대 사회복지학과 교수)는 젠더 분석이 추가되어야 한다며, "시민의 삶의 질과 소득분배와 불평등을 성별분석으로 다시 살펴볼 필요가 있다. 특히 남녀가 노동시장에서 평등하게 일하며 아이를 낳아 기르고, 평등하게 돌봄을 분담하고 권리를 나누는 사회모델이 만들어져야 젠더 불평등이 완화되고 자연스레 저출산도 해소될 수 있다"고 지적한다. 구체적으로 "가부장제 성차별주의를 해소하지 않는 저출산 대책은 반쪽자리 해법이 될 것"이라며 "2015년 경제 활동 참가율의 남녀 격차는 22% 정도지만 30대 이후 남성과 여성의 성별고용지위는 급격히 달라지는데 여기에 영향을 미치는 것이 결혼과 출산이다. 남녀임금 격차 또한 경제협력개발기구 국가 평균의 두 배가 넘는 열악한 상황에서 남성은 자녀 유무나 자녀 연령에 따라 고용율의 변화가 크게 없지만, 여성은 고용지위가 급격히 달라"진다고 한다. 아울러 "돌봄과 가사노동을 여성에게만 강요하는 문화도 문제"라며 "남성의 돌봄 책임을 강화하는 정책을 통해 성별로 분리되어 있는 현재의 노동과 돌봄을 재구성해야" 한다고 지적한다.

또한 남성은 생계를 위해 부양 책임을 지고 여성은 가사노동에 전담하는 등 성역할이 보수적인 국가일수록 출산 기피가 심하다는 연구는 양난주의 주장과 일맥상통한다. 김영미(연세대 사회학과 교수)의 논문[1]에 의하면, 고학력 · 고소득 여성일수록 출산을 하지 않을 것이라는 편견과 달리 성평등주의 사회일수록 자녀를 더 많이 출산하는 것으로 나타났다. "여성의 교육 수준이 높을수록 일반적으로 자녀수가 적지만, 이는 노동시장의 남녀 임금 격차가 낮은 사회에서 완화"되는데 이는 "여성의 경제적 성취와 출산 간의 부정적인 관계가 일시적인 현상일 뿐"이라는 점을 나타낸다고 한다. 논문에 의하면, "20세기 초 · 중반까지 여성들의 인적 개발이 진행되면 될수록 출산율이 낮아졌지만, 20세기 후반 이후로는 여성들의 인적 개발 및 사회 진출이 활발한 사회일수록 출산율이 높은 특징을 보이고 있다"고 지적했다. 논문에 의하면 결국 "이는 노동시장의 남녀격차가 완화되고 가족에 대한 공적서비스가 확장되는 등 성평등주의 사회 변화가 일어난다면 성평등주의에 민감하게 반응하는 고학력 취업 여성 집단의 출산율이 가장 빠르게 증가할 가능성이 있다는 의미"라고 한다.

그럼에도 불구하고 양난주의 주장이나 김영미의 논문에서 제기한 젠더분석의 한계를 지적하는 견해도 있다. "저출산 흐름이 특정 분야가 아닌 사회경제정책의 종합적 결과라는 시각에서 접근해야" 한다면서 "정부가 출산 장려대책에서 여성의 삶의 문제로 시야를 확대한 것은 바람직하지만, 저출산은 여성 개인의 선택이라고만 볼 수 없는" 문제를 내포하고 있다는 지적이다. 『민중의소리』의 사설(2017.12.27)에 따르면, "출산과 양육은 소득과 교육 수준이 높은 계층의 경우 상대적으로 이를 감당할 여력이 있지만 저소득층은 그렇지 못하다. 소득과 자산의 격차가 출산율로도 이어지고 있으므로 소득과 복지 확대로 불평등을 해소하기 위한 노력과 함께 가야" 한다.

'저출산'을 바라보는 인식의 한계

지금까지 '저출산'의 배경이나 원인, 그리고 이를 극복하려는 다양한 움직임을 소개하였다. 그럼에도 불구하고 '저출산'을 이야기하면서 여전히 그 주체인 여성을 가리거나 대상화하는 경향은 남아있다.

이와 관련하여 '비웨이브' 등 여성단체는 '저출산'이라는 용어에는 여성차별적인 사회인식이 내포되어 있으므로 이를 대신하여 '저출생'이라는 용어를 사용할 것을 요구하였다. '저출생의 개념은 신생아가 적은 현상을 연상하지만 저출산 문제는 여성들이 아이를 적게 낳는 바람에 인구가 감소했다는 의미를 내포하고 있어 그 책임을 여성에게 전가한다는 것'이 이들의 주장이다. 그럼에도 불구하고 보건복지부 관계자는 "저출산을 벗어나는 근본적인 대책이 행복한 가족과 가정을 만드는 데 있다고 보고 향후 출산 정책도 그런 방향에 중점을 두긴 하겠지만, 저출산이라는 용어를 다른 용어로 대체하겠다는 뜻은 아니"라고 한다.

'저출산'을 둘러싼 인식의 한계를 보여주는 또 하나의 귀중한 지적은 생명에 대한 관점이나 접근방식을 크게 바꿔야 한다는 데 있다. '저출산'을 인식하는 지금의 수준은 저출산의 지속은 인구감소로 이어지고 궁극에는 인구절벽을 맞이할 경우 생산과 소비 활동에 필요한 인구가 감축되면서 국가의 기능이 멈출 수 있다는 우려였다. 이는 인구학에 기초하여 사람을 경제성장주의의 인적 자본으로 보기 때문이다. 하지만 사람은 임신, 태아를 거쳐 태어나면서 하나의 생명으로 인식되어야 한다. 인구가 감소하여 비록 적은 수의 아이가 태어나더라도 그 생명은 존중되어야 한다. 생명은 하나인지 둘인지가 중요하지 않고 그 자체로서 존귀한 것이다. 출산 자체를 제한하던 시대든 출산을 장려하는 시대든 생명의 가치를 존중하지 않고서는 아무런 의미를 가질 수 없다는 말이다. 따라서 '저출산'을 걱정하며 그 정책을 마련하고자 하는 사람이라면 이 생명의 소리에 귀기우려야 하는데, 이런 관점에서 '저출산'을 바라보는 『가톨릭평화신문』의 사설(2016.6.4)을 소개한다.

> (교회가) 새 생명의 탄생을 축하하고 장려하는 것은 생명 자체가 하느님의 선물이기 때문이다. 많이 받을수록 좋은 것이 선물이다. 저출산 문제를 해결하기 위해선 돈이 아니라 생명과 가정을 최고의 가치로 삼는 근본적인 인식 전환이 필요하다. 정부의 모든 정책은 생명과 가정의 의미를 회복하는 데 초점을 맞춰야 한다. 시간이 오래 걸리겠지만 그 방법밖에 없다.

'저출산'은 새로운 현상

'저출산'의 배경이나 원인 그리고 그 극복방안 등을 고찰하면서도 그 출산의 주체인 여성을 놓치지 않으려고 노력하더라도 어느새 '여성'은 사라지고 만다. 동시에 그 여성에 의하여 태어난 새로운 생명마저 이 토론의 공간에서 사라지고 수십만 명의 숫자 속의 하나로 기록될 뿐이다. 출산을 숫자와 비율로 표 그리기를 하고 통계 속에 집어넣는 자가 누구인가? 국가가 그렇게 하고 기업이 그렇게 한다. 이 자유로운 민주공화국의 정치주체인 시민은 저 멀리 떨어진 채 '저출산'을 기록한 숫자의 책임만 추궁당한다.

이처럼 '저출산'의 기록은 누군가는 혼인에 대한 거부요 누군가에게는 출산파업이 아닐 수 없다. '노동당'의 정책실장 장흥배의 칼럼에 의하면, "높은 사회의 벽, 노동시장의 성별 분업 구조, 일과 가사의 이중부담에 대한 여성들의 저항은 결혼경제학이 전제하는 인간관이 엉터리라는 것을 증명"한다며 "여성과 그 배우자는 당장의 경제적 이해관계가 드러나는 복지정책 한두 개의 유용성보다는 나와 자녀들과 이웃들이 인간답고 안전하게 살 수 있는 사회인가에 대한 총체적 직관에 의해 결혼과 출산을 판단"한다고 주장한다. 『할배의 탄생』(2016)의 작가 최현숙의 주장도 마찬가지인데 그의 칼럼에 의하면, "가난한 계층과 여성 입장에서 저출산은 문제가 아니라 오히려 생존전략이다. 그동안 국가가 뭐라고 떠들든 이런 사회, 이런 형편으로는 아이를 낳지 않겠다는/못하겠다는 출산파업 현상은 오히려 덜 불행한 삶을 위한 개인의 불가피한 선택들의 총합이다. 더구나 시민 입장에서 출산율 감소는 노동력이 귀해진다는 것이고, 따라서 임금이나 인권 등 사람값이 올라간다는 이야기다".

이처럼 '저출산'을 현재의 삶을 그대로 보여주는 새로운 현상일 뿐이라는 관점은 『페미니즘의 도전』(2005)의 작가 정희진이 세명대 저널리즘스쿨의 '인문교양특강'(2017년 2학기)에서 강연한 내용으로 이어진다. "집안일은 하지 않으면서 아내가 바깥일도 잘하길 바라는 남편과 사느니 차라리 고양이와 살겠다는 것이 요즘 여성들의 생각"이라며 "여성들이 집에서는 현모양처 역할을 강조하고 사회적으로도 성공하길 바라는 남자들의 슈퍼우먼 기대심리 때문에 여성들이 자신을 위한 선택으로 아이를 낳지 않는"다는 것이다. 강연에 의하면, "한국은 저출산 문제를 겪고 있지 않다"고 한다. "우리나라는 한국 여성만 아이를 낳아야 한다고 생각하니까 저출산이라고 하는 것"이라며 미국의 사례를 들며 "1990년부터 2015년까지 미국 여성들의 신생아 출산율은 10% 급감했으나 이민자들의 높은 출산율로 출산율 감소가 4%에 그쳐 인구 성장세를 유지할 수 있었다"고 한다. 특히 "독일도 2015년 출산율이 1인당 1.5명으로 올라 33년 만에 최고를 기록했는데, 그 주요인이 난민 등 이주 여성 출산율은 1.95명으로 독일 여성보다 높았기 때문"이라고 한다.

'저출산'이야말로 오늘날 형성된 새로운 사회현상이기 때문에 이를 의지적으로 해결하고자 함은 적절하지도 않다고 생각한다. 이런 관점 아래에서 "국가정책을 구현하는 데 필요한 재원을 어떻게 마련할지도 분명하지 않다"고 지적하며 "고령사회와 저출산에 대한 해답으로 가족에 초점을 맞춰야 한다"는 주장이 있다. 현재 독일 일간지 『프랑크푸르트 알게마이네 짜이퉁』의 발행인을 맡고 있는 프랑크 쉬르마허가 쓴 『가족, 부활이냐 몰락이냐』(2006)에 의하면, "출산율 저하가 가족 형태를 변화시킬 것이며 궁극적으로는 가족의 붕괴를 초래할 수 있다"며 "우리 사회가 어쩔 수 없이 새로운 형태의 공동체를 구성할 수밖에 없는데, 혈연관계로 묶어 있는 가족 공동체가 아니라 여러 단계의 계약 관계로 얽혀 있는 사람들로 구성된 공동체에서 공동의 선을 이끌어내야 한다"고 강조한다.

이는 저출산을 인구학의 차원에서 고민하지 말 것을 의미한다. 법률혼으로만 묶인 혼인에 기초하여 이미 가정을 가진 사람들만 대상으로 보면 결코 '저출산'이라고 볼 수 없다. 통계청이 2017년 11월 발표한 생애주기별 주요 특성 분석 자료를 보면 2010년부터 2015년 사이 결혼한 부부 중 무자녀 비율은 37.2%로 집계되는 등 과거 20년 전과 비교하여 무자녀의 비율이 높아지긴 했지만, 현재의 출생아 수와 추가적으로 계획하는 자녀의 수를 더한 '기대 자녀 수'는 2010~2015년 2.07명으로 나타났다. 이는 현재 인구 수준을 유지할 수 있는 '합계출산율' 2.1명에 버금가는 수치이므로 화두를 '저출산'이 아니라 다양한 가족의 형태로 돌려야 한다는 주장은 현 상황에서 가장 설득력이 있다. 만약 제도가 필요하다면 여기에서 시작하여야 한다.

미주

1 김영미, 「출산과 성평등주의 다층분석」, 『경제와사회』 112, 비판사회학회, 2016.

그들은 정말 서로 사랑했을까?

아동·청소년 대상 성범죄 판단에 있어 피해자의 의사해석 문제

김선화

1. 들어가며

2014년 11월경 대법원은 연예기획사를 운영하는 피고인이 자신보다 27세가 어린 여중생을 강간하고, 위력으로 추행하였다는 내용 등의 공소사실로 기소된 사건에 대하여 각 징역 12년 및 징역 9년을 선고한 1심과 항소심(이하 대법원의 파기 환송 전 원심판결을 '환송 전 원심' 판결이라고 한다)의 판단과 달리, 피해자가 피고인에 대하여 적극적인 사랑의 감정을 느꼈고 그러한 감정에 기하여 이루어진 일련의 성관계는 피해자의 의사에 반하여 이루어졌다고 보기 어렵다고 하면서, 그와 상반되는 내용의 피해자 진술의 신빙성을 부정하여 환송 전 원심판결을 파기하였다.

아동·청소년에 대한 성범죄 판단에 있어 피해자가 '강간당하지 아니하였다는 것' 즉 피고인과 피해자 간의 성관계가 피고인이 피해자에게 성적 접촉을 강요하지 아니하였음에도 자발적인 동의의 의사에 기초한 성관계였다는 판단에 나아가기 위해서는 많은 요소들이 고려되어야 한다. 아동, 청소년들은 통상 자존감, 자신의 신체에 대한 인식, 학업에 대한 자신감 결여, 직접적 표현의 욕구가 급격히 떨어지는 극심한 위기의 시기를 겪기 때문에 자기 결정권의 행사나 성관계에 대한 동의 내지 승낙의 의사표시에 매우 취약한 상태에 놓여 있기 때문이다. 아동, 청소년이 폭행, 협박이나 위계, 위력과 같은 가시적이고 명확한 외부적 유형력의 행사가 없는 상태에서 자의적으로 성적 관계에 이른 것처럼 보일지라도, 구체적인 여러 외부적, 간접적 정황들을 고려해 보면 실제로는 여전히 강압적인 의사결정이 이루어졌을 가능성이 상존한다.

한편 최근에는, 가해자가 아동 · 청소년의 취약함과 발달 과정상의 미성숙함을 이용해 접근하여 피해자로 길들이는 과정들이 있었음에도 외형적인 동의 사실만에 주목하여 그 안에 내재된 성폭력을 포착하지 못하는 것을 비판적으로 고찰하는 개념으로서 '그루밍grooming(길들이기)'이 주목받고 있다. 그루밍은 '성착취를 수월하게 하고 폭로를 막으려는 목적을 가지고 신뢰를 쌓거나 성적 가해행동을 자연스럽게 받아들이도록 하기 위하여 대인관계 및 사회적 환경이 취약한 대상에게 다양한 통제 및 조종 기술을 사용하는 것'이라고 정의되는데, 이러한 그루밍에 의한 성폭력은 (비록 조작된 신뢰이기는 하나) 신뢰를 바탕으로 이루어지기 때문에 피해자는 스스로 학대당하는 것을 인지하지 못할 뿐만 아니라 심지어 가해자를 좋아하고 사랑한다고 느끼기도 하는 것이 그 중요한 특징이다. 아동, 청소년의 경우 단순한 동의나 합의가 아닌 성애적 욕망, 주목받고 사랑받고 싶은 마음, 친밀해지고 싶은 마음 등 여러 가지 복합적 요인으로 인하여 언어적으로 동의의 의사를 표시했다고 하더라도 실질적인 의미는 없는meaningless 경우가 있고, 아동, 청소년들은 종종 자신을 착취하고, 학대하며 해를 끼치는 성적 행위를 선택하고 그러한 성적관계에 동의하기조차 하는데, 이러한 아동·청소년기의 발달 과정에서 나타나는 취약함이 그루밍을 용이하게 만든다. 따라서 아동, 청소년을 대상으로 한 성범죄의 성립 여부를 심리함에 있어서는 무엇보다도 아동, 청소년의 정서에 내재된 그러한 혼란스럽고 모호한 특성들을 섬세하게 포착하면서 심리에 나아갈 필요가 있다.

이하에서는 위 대법원 판결과 하급심 판결들이 구체적으로 어떤 측면에서 동일한 사실관계에 대한 법적 판단을 달리했는지 살펴보고, 형법상 의제강간죄의 연령 기준과 아동, 청소년의 성보호와 관련한 외국의 입법례 및 입법론적 제언, 더 나아가 아동, 청소년 대상 성범죄를 판단함에 있어 기존의 형법상 강간죄에 대한 해석론을 고수할 경우에 발생하는 문제점 등을 살펴보고자 한다.

2. 공소사실

피고인은 연예기획사를 운영하는 자로, 2011년 8월 13일경 아들이 입원해있던 서울 강서구 등촌동 소재 병원에서 마찬가지로 입원 중이던 피해자 김○○(여, 96년생으로 당시 15세)를 병원 엘레베이터에서 우연히 마주쳤다. 피고인은 키도 크고 예쁘장하게 생긴 피해자가 연예인에 관심을 보이자 연예인을 시켜주겠다면서 명함을 주며 접근하였다. 그러나 피고인은 사실 연예인을 시켜줄 생각이나 의사는 전혀 없었고, 위와 같은 환심을 산 뒤 피해자를 간음할 생각이었다.

1. 피고인은 2011년 8월 14일 01:00경 한강 고수부지 주차장에서, 병원에 입원 중인 위 피해자에게 "아는 엔터테인먼트 회사에 유명한 연예인이 많다. 원하면 소개해주겠다. 바람을 쐬자"라고 말하며 피해자를 자신의 차량에 태워 위 주차장으로 데려가 피해자의 고민을 들어주다가 갑자기 피해자의 얼굴을 양손으로 감싸듯이 잡고 몸 쪽으로 당기는 등 위력으로 피해자를 추행하였다.
2. 피고인은 2011년 8월 14~15일 18:00경 피해자에게 입원 중인(실은 자신의 아들이었다) 자신의 조카를 소개시켜 주겠다며 위 병실로 오게 한 다음, 병실 침대에 앉아 있던 피해자의 얼굴을 양손으로 붙잡아 입술에 키스하는 등 위력으로 피해자를 추행하였다.
3. 피고인은 2011년 8월 중순 저녁경 피해자를 자신의 차량 조수석에 태운 채 위 주차장으로 간 다음, 조수석 의자를 뒤로 젖히고 피해자의 히

의를 벗기고 반항하는 피해자의 몸 위로 올라가는 등 폭행하여 반항을 억압한 후 피해자를 1회 간음하여 강간하였다.

4. 피고인은 2011년 8월 하순 저녁경 피고인의 집에서 반항하는 피해자의 입에 자신의 성기를 넣어 빨게 하고, 피해자의 옷을 벗긴 후 피해자의 몸 위로 올라가는 등 폭행하여 반항을 억압한 후 피해자를 1회 간음하여 강간하고, 피고인의 휴대폰으로 위와 같이 피해자가 자신의 성기를 입으로 빠는 장면을 동영상 촬영하여 성적 수치심을 유발할 수 있는 피해자의 신체를 피해자의 의사에 반하여 촬영하였다.

5. 피고인은 2011년 10월 중순경 피고인의 차량 안에서, 피해자의 음부를 만지며 강제로 자신의 성기를 빨게 하고, 반항하는 피해자의 하의를 벗기고 배 위로 올라가는 등 폭행으로 반항을 억압한 다음 피해자를 1회 간음하여 강간하였다.

6. 피고인은 2012년 2월 하순경 피고인의 집에서, 피해자로 하여금 자신의 성기를 빨게 하고 피해자의 하의를 벗긴 후 피해자 몸 위로 올라가는 등 폭행으로 반항을 억압한 다음 피해자를 1회 간음하여 강간하였다.

7. 피고인은 2012년 4월 29일 피해자가 피고인과의 성관계 결과 임신하였음을 알게 되자, 피해자가 집안 형편이 매우 어렵고 건강이 좋지 못한 부모에게 임신 사실을 차마 알리지 못하고 아직 나이가 어려 판단력이 부족함을 이용하여 자신의 집으로 데리고 가 계속 간음할 것을 마음먹고 피해자가 부모에게 스스로 가출한 것처럼 허위 편지를 쓰게 한 다음 집에서 나오자 피고인의 집으로 데리고 갔다. 피고인은 별건으로 구속된 2012년 5월 19일까지 피해자를 자신의 집에 머무르게 하

면서, 같은 기간 동안 임신한 상태의 미성년자인 피해자를 수시로 간음하였다.

이로써 피고인은 미성년자인 피해자를 유인하였다.

3. 1심과 환송 전 원심의 판결 이유

1심(서울남부지방법원 2014.1.6 선고 2013고합285, 2013전고9(병합)판결)과 항소심(서울고등법원 2014.7.1 선고 2014노230, 2014전노39(병합)판결)]은 아래와 같은 이유를 들어 공소사실을 모두 유죄로 판단하였다.

가. 피해자는 1996년생으로 피고인을 처음 만났을 당시 당시 중학교 3학년에 재학 중인 15세 여학생이었기에 1969년생으로 당시 42세였던 피고인보다 27세 어렸다. 피해자는 또래의 학생들과 비교하더라도 내성적이고 언어표현 능력 등이 미숙하였다. 특히 피해자는 종전에 성관계 경험이 없었던 것으로 보이고, 이성 관계에 대하여 전반적으로 매우 미숙하였으며, 피해자의 아버지는 오래 전부터 앓은 뇌종양으로 인하여 정상적인 인지 능력을 갖지 못하였고, 피해자의 어머니는 당시 유방암 진단을 앞두고 있는 등 건강이 매우 좋지 못하였으며 당시 가정의 경제적 형편도 매우 어려웠다.

나. 피해자는 2011년 7월 당한 교통사고로 왼쪽 무릎 및 인대 파열 등의

중한 상해를 입어 병원에 입원 중이었고, 상처 부위의 통증이 심하여 힘을 제대로 쓰지 못하였다. 피고인은 피해자를 처음 본 날 바로 전화를 걸어 밖으로 불러낸 후 자신의 차 안에서 피해자에게 키스하려다가 피해자의 거부로 실패하였고, 그로부터 며칠 지나지 않아 피해자를 다시 불러내 결국 자신의 차 안에서 첫 성관계를 가지게 되었으며, 그로부터 역시 며칠 지나지 않아 자신의 집에서 다시 성관계를 가지게 되었는데, 자신의 부모 또래이자 병원에서 우연히 알게 된 남성인 피고인을 피해자가 며칠만에 이성으로 좋아하게 되어 원만하게 성관계를 가졌다는 것은 수긍하기 어렵고, 결국 피해자는 몸이 아픈 상태에서 피고인의 갑작스런 강간 시도에 제대로 저항을 하지도 못하고 그대로 피해를 입은 것으로 봄이 타당하다.

다. 피해자는 피고인으로부터 강간 피해를 당한 사실이 학교 친구들이나 형편이 어려웠던 가족에게 알려질 경우 극도로 수치스러울 뿐 아니라 난폭한 성질의 피고인이 피해자의 부모나 여자 형제들에게 해를 가할 것을 염려하여 이를 알리지 못하였다는 취지로 진술하였는바, 그 진술의 신빙성이 높다. 피고인은 평소 피해자뿐만 아니라 피해자가 보고 듣는 장소에서 제3자에게도 욕설, 폭언 등을 자주 행한 것으로 보이는바, 당시 중학생에 불과했던 피해자로서는 심리적으로 크게 위축되어 피고인에게 추가 강간 피해를 당하더라도 제대로 저항하기 어려웠을 것으로 봄이 타당하다. 더군나나 피고인은 당시 피해자의 인적사항, 가족관계, 학교, 학원 등 개인정보를 거의 다 알고 있었고, 때로는 학교 앞으로 피해자를 데리러 오기까지 했기 때문에 피해자가 피고인을 신고하는 것이 더욱 어려웠을 것이다.

라. 피고인은 수사기관 이래 이 법정에서, 자신과 피해자의 관계는 순수한 사랑이었고, 피해자가 스스로 가출을 한 것이라는 취지로 주장하였다. 그러나 피고인은 2012년 3월 사랑하는 사이였다는 피해자가 임신한 사실을 알게 되자 피해자에게 크게 화를 내면서 앞으로 당분간 연락하지 말라는 취지로 말하는 등 피해자를 방치하였고, 이에 극도의 스트레스를 겪던 피해자가 자신의 손등을 커터로 그은 사진을 카카오톡 프로필 사진으로 올리자 이를 본 후 비로소 피해자에게 다시 연락하여, 부모에게 거짓말을 하고 가출하도록 종용하였다. 당시 피고인은 피해자가 가출하면서 집에 남겨 놓을 거짓된 편지 문구까지 상세하게 작성하여 피해자에게 카카오톡 메시지로 전송하기도 하였고, 피해자로 하여금 CCTV가 없는 특정 장소를 지정한 후 그곳으로 나와 있으라고 하는 등 피해자의 가출 과정에서 부모의 신고나 경찰의 추적을 따돌리기 위하여 치밀한 계획을 세워 이를 실행하였다. 그러나 피고인은, 자신이 그토록 사랑하였다는 피해자가 자신의 아이를 임신하여 위와 같이 가출을 할 당시, 길거리에서 알게 된 여자들을 상대로 지속적으로 이성관계를 시도하고 있었던 정황 등에 비추어 보면, 피해자와의 관계가 순수한 사랑이었고 피해자 스스로 가출을 한 것이라는 피고인의 주장을 믿을 수 없다.

마. 피해자가 2012년 4월 29일 가출하여 피고인의 집에 들어온 이후 약 3주 정도 지난 시점에서 피고인은 별개의 범죄로 인하여 구속되었고, 결국 징역형을 선고받아 확정되어 수형생활을 하였다. 피해자는 피고인

이 구속된 직후부터 2012년 9월 21일 자신이 출산을 하기 직전까지 피고인의 집에 거주하면서 거의 매일 피고인의 면회를 가고 피고인을 사랑한다는 취지의 내용이 담긴 편지를 여러 번 주었다. 그러나 피해자는, 피고인이 구속된 뒤 임신하여 배가 부른 상태에서 자신의 임신 사실이 노출될 것을 감수하고 집으로 다시 돌아가기는 어려웠고, 자신이 그러한 내용으로 편지를 적지 않으면 피고인이 자신에게 크게 화를 내곤 했기 때문에 인터넷에 떠도는 글 등을 참고하여 마음에도 없는 내용을 적었을 뿐이지 당시 피고인에게 애정을 가지고 있었던 것이 아니라는 취지로 진술하였고, 이러한 진술이 경험칙이나 당시 정황상 신빙성이 높으므로, 위와 같은 면회나 편지 내용 등의 사정만으로는 피고인의 연인 관계에 관한 주장을 쉽게 믿을 수 없다. 또한, 이는 판시 범죄사실에 기재된 피고인의 일련의 범행 이후의 사정에 불과하다. 설령 피해자가 피고인으로부터 지속적으로 강간 등의 피해를 당하면서도 피고인에 대하여 이와 동시에 연민 · 애정과 같은 감정을 갖게 되었다고 가정하더라도, 나이가 어린데다가 또래에 비하여도 비교적 미숙하였던 피해자가 이미 피고인에게 여러 차례 경험해 보지 못한 범죄 피해를 당하여 피고인의 아이를 임신까지 하게 된 당시 상황을 고려하면, 이러한 감정이 정상적으로 형성된 것으로 보기는 매우 어렵다. 이는 피해자에 대한 피고인의 거짓말에 현혹되어 생긴 감정이거나, 가해자의 지속적인 폭력으로 도저히 저항할 수 없는 상황 등 특수한 범죄 상황 하에서 피해자가 가해자에게 종종 갖는 것으로 알려진 긍정적인 감정에 불과하다고 할 것이므로, 이 사건 범죄의 성립과 양립 불가능한 것이 아니다.

바. 피해자의 진술 내용은 전반적으로 매우 일관되고 구체적이며, 피해자가 스스로 만들어 냈다거나 수사기관 종사자, 부모, 법률조력인 등 특정인의 유도나 암시에 따라 핵심 부분이 왜곡되었다고 볼 만한 근거가 없다. 일부 내용의 불일치나 모호함은 이 사건 발생 이후부터 첫 조사가 이루어지기까지의 장시간이 경과한 점, 이 사건으로 인하여 중학교 3학년의 피해자가 엄청난 정신적 충격과 혼란을 겪었을 것인 점 등 이 사건 고유의 사정을 고려하면 충분히 이해할 수 있고, 오히려 자연스러운 일이다.

4. 대법원의 파기환송 이유

그러나 대법원은 아래와 같은 이유를 근거로 원심판결을 파기 환송하였다.

가. 피해자는 피고인이 구속된 동안에 거의 매일 피고인을 접견하였고, 피고인에게 많은 접견민원서신, 인터넷서신을 보냈는데, 그 서신은 피해자의 소소한 일상생활 이야기와 함께 '피고인을 사랑한다, 많이 보고 싶다, 함께 자고 싶다, 함께 살고 싶다, 고맙다, 힘내라'는 내용, 당시 임신 중이던 피고인의 아이를 낳아서 잘 키우고 싶다는 내용 등으로 가득 채워져 있다. 피해자는 피고인의 비위에 맞추어 허위 내용의 서신을 보냈다고 진술하지만 피해자가 피고인을 접견한 횟수나 접견 시

의 대화 내용, 서신을 보낸 횟수, 서신의 내용, 색색의 펜을 사용한 것은 물론 하트 표시 등 각종 기호를 그리고, 스티커를 사용하여 꾸미기도 한 점 등에 비추어 보면, 그 내용은 피해자의 감정을 솔직하게 표현한 것으로 보이고, 이와 달리 마음에 없는 허위의 감정 표현을 하였다는 피해자의 진술을 그대로 믿기 어렵다.

나. 피고인과 피해자는 처음 만난 후부터 피고인이 구속되기 전까지 많으면 하루에도 수백 건의 카카오톡 문자메시지를 주고받았는데 피해자가 피고인에게 보낸 문자메시지는 피고인을 오빠, 자기, 남편으로 호칭하면서 연인 사이에나 주고받을 법한 일상생활 이야기와 함께 사랑한다는 내용, 보고 싶다는 내용, 절대 헤어지지 말자는 내용 등이 대부분이다. 피해자는, 피고인이 문자메시지마다 사랑한다는 표현을 하라고 했고, 답장을 바로 하지 않으면 소리를 지르며 화를 내기 때문에 피고인의 비위에 맞추기 위하여 허위 내용의 문자메시지를 보냈다고 진술하나 문자메시지의 내용 또한 피해자의 감정을 솔직하게 표현한 것으로 보일 뿐이고, 이와 달리 피고인의 강요 때문에 허위 내용의 문자메시지를 보냈다는 피해자의 진술 역시 그대로 믿기 어렵다.

다. 피해자는 피고인을 처음 만난 순간부터 사랑의 감정을 느꼈고, 피고인이 구속된 뒤에도 그 감정은 계속된 것으로 보인다. 서신의 내용에 의하면, 피해자는 피고인을 처음 만났을 때의 옷차림까지 상세하게 기억하고 있는 것은 물론이고 처음 봤을 때 피고인을 귀엽다고 생각했으며, 피고인의 승용차를 타고 한강 고수부지에 갔을 때 가슴이 두근거리는 사랑의 감정을 느꼈고, 그날 이후 피고인을 쭉 사랑해 왔으며, 앞으로도 영원히 사랑하겠다고 다짐하고 있음을 알 수 있다. 그런데 공소사실 1항은, 피해자가 위와 같이 피고인에게 처음 사랑의 감정을 느꼈다고 하는 바로 그날 한강 고수부지 승용차 안에서 피고인이 위력 추행 범행을 저질렀다는 것인바, 서신의 내용 등에 비추어 보면, 당시 피고인이 피해자의 의사에 반하여 공소사실과 같은 각 범행을 저질렀다는 피해자의 진술을 선뜻 믿기 어렵다.

라. 피해자는 자신보다 27세나 많은 부모 또래의 피고인이 새벽에 자신을 승용차에 태워 한강 고수부지 주차장에 데리고 가서 위력으로 추행하려고 하였는데도 그 사실을 아무에게도 알리지 않았을 뿐만 아니라, 같은 날 저녁에 피고인을 다시 만났으며, 그날 피고인이 또다시 위력으로 키스하여 추행하고 며칠 뒤에는 피고인이 승용차 안에서 자신을 강간하였는데도 역시 그와 같은 사실을 아무에게도 알리지 않았음은 물론, 그 뒤에도 피고인과 함께 교회에 가는 등 만남을 계속 가졌다. 또한, 피해자는 피고인이 피해자의 집, 가족관계, 다니는 학교, 학원 등의 정보를 알고 있었으므로 피해자가 추행사실이나 강간사실을 다른 사람에게 알리거나 고소를 했다가는 피고인이 보복할까 두려웠고, 피해자가 학교에서 왕따를 당하거나 엄마가 충격을 받아 쓰러지실까 봐 걱정되기도 하여 그렇게 하지 못했고, 위와 같은 것들이 무서워서 피고인을 계속 만났다고 한다. 그러나 피해자의 진술에 의하더라도 피고인이 피해자에게 직접적으로 추행사실이나 강간사실을 알리면 보복하겠다는 내용의 협박을 하거나, 피해자를 폭행하지는 않았다는 것이고, 피고인이 만남을 강요하였다는 점을 인정할 다른 증거도 전혀 없다.

마. 미성년자유인죄와 관련하여서도, 가출하는 것이 겁은 나지만 배 안에 있는 아이를 버릴 수 없으므로 후회 없는 선택이라는 점, 엄마를 보고 싶겠지만 참겠다는 각오, 피고인에게 자신을 지켜달라는 바람 등이 주요 내용이고, 가출이 임박한 시점에 이르러서는 "앞으로 12시간 뒤면 보는 거져?", "빨리 오빠야 보고 싶다. 앞으로 8시간만 참으면 된다"라는 문자메시지를 보내기도 하였으며, 피해자는 가출한 후에도 얼마든지 피고인의 집을 떠나 자신의 집으로 돌아갈 수 있었을 것으로 보이는데도 그렇게 하지 않았고, 더욱이 피고인이 구속된 이후에도 피고인의 집에 거주하면서 피고인의 업무를 대신 처리하고, 피해자보다 두 살 어린 피고인의 아들을 돌보기도 한 점, 피해자는 가출 후 피고인의 집에 거주하는 기간에 경찰관이나 피해자의 어머니를 만나기도 하였고, 경찰관이 피해자에게 집으로 돌아갈 것을 권유하기도 하였으나, 피해자는 어머니를 따라 집에 돌아가기는커녕 오히려 피고인을 따라 피고인의 집으로 간 점, 피해자의 어머니는 경찰에서 피해자가 임신하여 배가 불러오는 상태였기 때문에 피해자의 동생들이나 이웃의 눈치도 있고 해서 피해자를 집으로 데려올 수 없었고, 피해자가 출산할 때까지는 있을만한 곳이 피고인의 집밖에 없었기 때문에 어쩔 수 없이 피고인의 집에 머물게 할 수밖에 없었다고 진술하였으며 피고인의 집에 살고 있던 피해자에게 반찬, 미역국, 과일쥬스 등 음식을 챙겨주기도 한 점 등을 알 수 있는바, 그러한 여러 사정을 종합하면, 피고인이 피해자를 기망 또는 유혹하여 피해자를 자신의 물리적 · 실력적인 지배관계 아래에 두었다고 단정하기 어렵다.

5. 이후 재판의 경과

대법원의 파기환송 판결 이후 서울고등법원(이하 '환송 후 원심'이라 한다)에서는 대법원의 파기환송 판결의 취지에 따라 피고인에 대하여 무죄를 선고하였다. 환송 후 원심에서는 '상고심으로부터 사건을 환송받은 법원은 그 사건을 재판함에 있어서 상고법원이 파기이유로 한 사실상 및 법률상의 판단에 대하여 새로운 증거가 제시되어 기속적 판단의 기초가 된 증거관계에 변동이 생기지 않는 한 이에 기속된다'는 법리를 기초로, 환송 후 원심의 심리 과정에서 제출된 추가적인 증거만으로는 대법원이 파기이유로 삼은 기속적 판단의 기초가 된 증거관계에 변동이 생겼다고 보기 어렵고, 공소사실에 부합하는 직접 증거로는 피해자의 진술이 유일한데 피해자 진술을 믿기 어려워 공소사실이 합리적 의심의 여지가 없을 정도로 증명되었다고 보기 어렵다'고 판단하였다. 특히 환송 후 원심은 '피고인이 거의 매일 접견을 오면서 서신을 보내는 피해자에게 감사나 미안함을 표시하거나 사랑한다면서 앞으로 잘하겠다거나 필요한 것이 있으면 이야기하라는 취지로 이야기하였고, 피해자는 피고인의 그런 말에 감사하다거나 피고인이 웃어줘서 기분 좋다는 취지의 서신을 보내는 등 인터넷서신과 접견민원서신에 일상생활 이야기와 피고인을 사랑한다는 내용을 적었던 점 등을 고려하면, 피해자가 피고인의 강요 또는 피고인에 대한 두려움으로 인하여 피고인을 접견하고 허위의 감정 표현이 담긴 서신을 보냈다는 진술을 믿기 어렵다'고 판단하였다. 환송 후 원심 판결에 대하여 검사가 재차 상고하였으나, 대법원은 상고를 기각함으로써 환송 후 원심의 무죄 판결을 확정하였다.

6. 형법상 의제강간죄의 연령 기준과 아동, 청소년의 성보호

1) 아동, 청소년 대상 성범죄의 특성

대법원 판결은 1심과 환송 전 원심 판결과는 달리 피고인이 피해자의 의사에 반하여 위력 추행 범행을 저질렀고 그 이후에도 피해자의 의사에 반하여 공소사실과 같은 각 범행을 저질렀다는 피해자 진술의 신빙성을 부정하고, 피고인의 행위가 아청법상 강간의 정도에 이르렀다고 보기에 부족하다는 점을 넘어 더 적극적으로 피해자가 피고인에 대한 사랑의 감정으로 완전하고 확정적인 동의하에 피고인과의 성적 접촉을 가진 것이라고 판단하였다.

동일한 사실관계를 염두에 두고 1심, 환송 전 원심과 대법원의 판단 사이에서 이렇게 큰 괴리가 발생한 이유는 무엇일까. 이는 결국 아동, 청소년 대상 성범죄에서 피해자의 의사를 어떻게 해석할 것인지와 관련하여 아동, 청소년의 성서적, 심리적 특성에서 발현되는 차이에 대한 민감도, 직접적이고 가시적인 폭행, 협박 행위가 없다고 하더라도 피고인과 피해자 간에 존재하는 일정한 관계나 피고인의 우월한 지위에서 피해자가 정신적, 육체적으로 피고인에게 이미 종속되어 있어 적극적인 항거의 의사표시를 정상적으로 표출할 수 없는 상태에 놓일 수 있다는 점에 대한 인식, 폭행이나 협박을 통해 피해자가 반항불능 상태에 놓일 것을 강간죄 구성요건의 표지로 새김으로써 피해자의 동의에 의한 성관계였는지 여부보다는 피고인의 강요에 대한 적극적인 저항이 있었는지를 강간죄 성립 판단에 더 중요하게 여겼던 형법상 강간죄에 대한 해석론 등에서 기인하는 차이일 것이라고 여겨진다.

아동, 청소년은 성적관계 및 성관계의 상대방을 선택하는 사회규범, 성적 행위에 대한 상호반응에 대해 충분히 알지 못하기 때문에 실제로 성적 자기 결정권을 행사하고 자신을 보호할 능력이 부족하다. 폭행, 협박, 위력 등 강제력에 의한 성행위와 동의 내지 합의에 의한 자의적 성적관계는 동전의 양면처럼 완전히 상반되는 개념이 아니고, 양자 사이에 명확한 경계가 드리워져 있는 것도 아니다. 현실 속에서의 성관계는 외견상 합의에 기한 것처럼 보인다고 할지라도 그 안에 폭력성이나 강제성이 내재되어 있을 개연성이 농후하다. 강제력이 없어도 동의하지 않는 성관계가 있고, 특히 아동, 청소년의 경우 피고인이 특별히 강제력을 행사하였다는 증거가 없는 경우일지라도 피해자의 가족관계나 피해자가 처한 경제적 상황, 피해자가 장소적으로 격리되거나 정신적, 신체적으로 궁박한 상태에 놓여 피고인 이외에는 도움을 줄 수 있는 사람이 없거나 피고인의 간섭이나 영향력하에서 도망칠 수 없어 사실상 피고인에게 종속된 상황, 피고인의 사회적 지위, 피해자의 심리상태 등 피고인의 영향력이 피해자에 대하여 쉽게 효과를 발휘할 수 있는 외부적 정황 등에 의하여 피해자가 합의한 듯 보이지만 사실은 이미 저항할 수 없는 상태에 빠져 있는 포괄적이고 거시적인 항거불능 상태에서 일련의 성적 공격들에 노출되었을 여지가 크다. 이러한 점을 고려하여, 최근에는 아동, 청소년과의 성관계를 처벌하는 형벌법규가 보호하고자 하는 법익이 아동이나 청소년의 '성적 자기 결정권'이 아니라 '아동, 청소년 성의 건강하고 온전한 발달과 성장'이라는 견해가 유력하게 제기되고 있다. 이렇게 보호법익을 파악할 경우, 성적 자기 결정권의 존중이라는 명목으로 외형상 존재하는 아동, 청소년의 성관계에 대한 동의를 자발적인 성관계로 의제하는 것을 피할 수 있고, 피해자가 가해자에게 의지해야만 생활할 수 있는 등 가해자의 요구를 거부하기 어려운 사정이 있거나 외로움, 지적장애 등 정서적 취약함을 이용한 성범죄에서의 그루밍과 성폭력 행위 간의 연결고리를 파악함으로써 사건의 본질에 한발 더 다가갈 수 있을 것이다. 아동, 청소년 성폭력 사건의 수사 및 재판 과정에서 여전히 많은 경우 가해자가 피해자의 정서적 취약함을 이용하여 피해자를 자신의 인적, 물적 지배 하에 놓는 과정에 해당하는 '그루밍'에 대한 천착 없이 성관계 자체에만 초점을 맞추어 그것이 자발적인 성관계였는지를 파악하는 경향이 있음을 부인할 수 없다.

한편, 피해 아동, 청소년과 가해자 간의 연령 차이가 큰 경우 위와 같은 외부적인 요소들의 영향도 함께 증대하여 양자 간의 합의에 의해 성적 관계가 이루어졌다고 보기 어려운 경우가 많다. 관련하여 미국 연방양형 기준은 행위자가 불법적 성적 행위를 하도록 부당하게 영향을 준 경우에 대한 판단에서, 행위자가 피해자보다 10년 이상 연상인 경우 부당한 영향을 미쳤다는 사실이 추정된다고 규정하여, '현저한 연령차이로 인한 부당한 영향력의 추정'을 통해 그러한 현실인식을 반영하고 있다(US Federal Setencing Guideline, 2A 3.2.).

2) 외국의 의제강간죄 최저연령 기준

각국 형법상 의제강간죄의 연령 기준, 즉 성적 자기판단능력이 인정되는 최저연령 기준은 다음과 같다. 약 200개 국가들 중 16세를 기준으로 규정한 경우가 가장 많으며, 평균적으로도 16세가 최저연령이다. 한국과 같이 13세를 최저연령으로 규정한 나라는 일본, 나이지리아, 시리아 정도이고, 의제강간죄의 연령 기준을 가장 낮게 정한 경우는 12세로, 콜롬비아, 파나마, 스페인이 이에 해당한다.

캐나다, 호주 퀸스탠드주의 경우처럼 성교 행위 동의에 대해 16세를 최저연령으로 규정하면서, 유사성교(항문성교)행위에 대해서는 18세로 구분하여 규정하는 사례도 있다. 볼리비아는 남자는 14세, 여자는 16세로 규정하는 반면, 콜롬비아는 여자는 12세, 남자는 14세, 과테말라, 인도네시아는 여자는 16세, 남자는 19세로 분별하는 경우도 있다. 미국은 주마다 14세에서부터 18세까지 각각 다르게 규정하고 있다. 이처럼 성적 자기판단능력을 인정하는 최저연령의 형법적 기준은 각국의 사회문화적 배경에 따라 다양하게 규정되고 있다. 최소연령 기준 법정의 의미는 일정 연령 미만의 연소자를 성인의 성적 착취나 학대로부터 절대적으로 보호하는 한편으로 개인 간의 합의에 의한 모든 성적 행위가 사적 자유의 영역에 있을 수 없음을 법적으로 선언하는 것이다. 그 기준 법정의 근거는 과학적 · 의학적 근거를 가진 객관적 기준이라기다는 역사적으로 가변적이며 사회문화적으로 상대적인 기준이다.

의제강간, 강제추행죄에서 13세 미만이라는 연령 기준은 간음 또는 추행에 대한 동의 내지 승낙할 능력을 부정한다는 소극적 의미를 가진다. 즉 13세 미만의 아동은 육체적, 심리적으로 성행위에 대한 저항이나 거절이 불가능한 상태에 있다고 보는 것이며, 폭행, 협박이나 위계,

최저 연령 기준	국가
12세	콜롬비아, 파나마, 스페인
13세	일본, 나이지리아, 시리아
14세	알바니아, 보스니아, 불가리아, 중국, 에콰도르, 그루지야, 헝가리, 아이슬란드, 이탈리아
15세	아르헨티나, 코스타리카, 체코, 덴마크, 에티오피아, 프랑스, 독일, 오스트리아, 그리스, 모나코, 폴란드, 루마니아, 슬로바키아, 스웨덴, 우루과이, 북한
16세	알제리, 안도라, 아르메니아, 호주, 바하마, 벨기에, 브라질, 브루나이, 캄보디아, 캐나다, 칠레, 홍콩, 쿠바, 도미니카, 핀란드, 이스라엘, 자메이카, 요르단, 라이베리아, 룩셈부르크, 말레이시아, 네덜란드, 뉴질랜드, 포르투갈, 러시아, 스리랑카, 싱가포르, 남아공, 스위스, 대만, 영국, 베네수엘라, 짐바브웨, 미국(앨라배마, 알라스카, 코네티컷, 조지아, 하와이, 캔자스, 켄터키, 매사추세스, 메릴랜드, 메인, 미시건, 미네소타, 미시시피, 몬태나, 네바다, 뉴햄프셔, 뉴저지, 노스캐롤라이나, 오하이오, 오클라호마, 펜실베이니아, 로드아일랜드, 사우스캐롤라이나, 사우스다코타, 버몬트, 웨스트버지니아 주)
17세	아일랜드, 미국(텍사스, 루이지애나, 네브래스카, 뉴멕시코, 뉴욕, 미주리, 일리노이 주)
18세	아프가니스탄, 부탄, 이집트, 가봉, 아이티, 인도, 필리핀, 세르비아, 터키, 우간다, 베트남, 미국(애리조나, 캘리포니아, 아이다호, 노스다코타, 오리건, 테네시, 버지니아, 위스콘신 주)
20세	튀니지
21세	카메룬
남녀 연령 구분	볼리비아(남자 14/여자 16), 콜롬비아(남자 14/여자 12), 과테말라(남자 16/여자 14), 인도네시아(남자 19/여자 16), 파키스탄(남자 18/여자 16), 파나마(남자 14/여자 12)

위력을 수단으로 하지 않은 상태에서 성관계가 이루어졌다 하더라도 저항이나 거절이 없다는 사실이 동의를 의미하여서 강간죄나 강제추행죄를 구성하지 않는 것이 아니다. 이러한 관점에서 본다면 개별적인 심신상실 또는 항거불능 상태와 무관하게 일정 연령 미만의 자를 모두 성적 동의능력 없는 것으로 보고 후견주의적인 보호를 절대화하면서도 형법상 이를 친고죄로 규정했던 것은 부당한 입법이었다.

3) 최저연령 기준의 복합규정

한편, 위와 같이 의제강간, 강제추행죄의 최저연령 기준만을 단순규정하는 법체계와 달리 아동, 청소년에 대한 성적 행위의 상대방이 신뢰보호의 관계에 있는 자일 경우, 상대방이 대상 아동의 미성숙 상태(성적 행위에 대한 이해부족)를 이용했을 경우, 대가의 지급을 약속하고 유인한 경우 등의 요건을 최저연령 기준의 상향과 함께 복합적으로 규정하는 법체계들도 있다. 이와 관련한 유럽 국가들의 입법례는 다음쪽의 표와 같다.

4) 소결

위와 같이 최저연령 기준에 더하여 아동 청소년에 대한 성적 행위의 상대방이 대가를 지급하거나, 우월적 지위를 이용하거나 해당 청소년의 성적 미성숙 상태를 이용할 것 등의 요건을 복합적으로 규정하는

국가	최저연령 기준	요건
오스트리아	16세	미성숙 상태의 이용, 상당한 나이차[1]에 따른 우월적 지위의 이용, 대가지급의 유인
키프로스	18세	음란한 행위, 자극이나 도발적 행위
덴마크	18세	나이와 경험에 따른 우월적 지위의 악용
핀란드	18세	미성숙 상태의 이용, 대가지급의 약속이나 지급
독일	16세	성적자기판단능력 미숙상태의 이용
그린란드	18세	나이와 경험에 따른 우월적 지위의 악용
이탈리아	17세	대가의 지급
네덜란드	18세	금전이나 물품의 지급, 우월적 지위의 이용, 위계
포르투갈	16세	미성숙 상태의 이용
루마니아	18세	혼인빙자
스페인	16세	우월적 지위의 이용, 위계
스웨덴	18세	음란물 제작, 대가의 지급

입법례는 일률적으로 일정 연령 미만의 청소년에 대한 강간을 무조건적으로 처벌함으로써 피해자의 객관적 상태나 주관적인 의사와 무관하게 처벌범위가 확대되는 문제점을 보완할 수 있다고 여겨진다. 반면 일괄적으로 성행위동의 능력의 연령 기준을 상향조정한다면 미성년자 간 합의에 의한 성행위의 경우까지도 모두 처벌대상이 됨으로써 소년 범죄자를 양산할 우려도 있다.

아동, 청소년 보호의 형사정책적 필요성과 아동, 청소년의 성적 자유와 성숙에 대한 사회문화적인 존중의 필요 사이에서 합리적인 균형점을 찾는 것이 중요할 것이다. 일정 연령 기준 이하의 청소년들에게는 성적 행위를 이해하고, 합의하고, 행위할 능력을 무조건적으로 부인한다면 국가의 과도한 규제가 될 소지도 있기 때문이다. 입법론적으로는 의제강간죄의 연령을 일률적으로 상향조정하기보다는 13세 미만자에 대해서는 절대적으로 보호하되, 18세 미만의 아동, 청소년에 대해서는 신뢰관계에 있는 자에 의한 간음과 추행을 처벌하고, 아동, 청소년의 연령 기준이 높아질수록 적용 요건을 강화하는 방식이 바람직하다고 생각한다. 예컨대, 독일 형법은 연령에 따라 구별하여 14세 미만자에 대해서는 절대적으로 보호하되, 18세 미만의 아동, 청소년에 대해서는 신뢰관계에 있는 자에 의한 간음과 추행을 처벌한다. 16세 미만인 경우에는 단지 양육, 훈육, 교육의 대상일 것을 요하지만 18세 미만의 경우에는 우월적 지위를 이용할 것을 요건으로 한다.[2] 아동, 청소년의 경우 '동의' 여부에 따라 범죄 성립 여부가 좌우될 여지가 큰 성적 자기결정권보다는 외부로부터의 부적절한 성적 자극이나 물리력의 행사가 없는 상태에서 심리적 장애 없이 성적 정체성 및 가치관을 형성할 권익을 주된 보호법익으로 파악하는 것이 타당하다고 생각한다.

7. 강간죄 해석론의 변화 요청

위 사안에서 대법원이 피고인의 행위를 형법상 강간으로 평가하지 않았던 주요 이유는 피해자가 피고인에 대하여 계속적으로 연락을 취하면서 사랑한다는 내용의 문자메시지를 보냈던 점, 피고인에게 강간을 당했다고 아무에게도 알리지 않았고 피고인을 계속 만났으며 피고인이 피해자에게 직접적으로 추행사실이나 강간사실을 알리면 보복하겠다는 내용의 협박을 하거나, 피해자를 폭행하거나, 만남을 강요하지는 않았던 점 등이다.

아동, 청소년 이외에 성인을 대상으로 하는 강간죄의 보호법익을 피해자의 성적 자기 결정권이라고 하면서도 실제 대다수의 재판실무에서는 강간죄 성립 여부를 심리할 때 피고인의 폭행, 협박으로 피해자가 항거불능 상태에 빠졌는지, 적극적으로 저항했는지 여부를 중점적으로 살펴보고 있다. 실로 항거불능 상태에 봉착하여 별다른 저항의 흔적조차 남기지 못한 사안에서 피해자의 적극적인 저항이 없었다고 하여 강간죄 성립을 소극적으로 판단하는 것은 모순적인 법해석 방식이다. 폭행, 협박이 있는 상황에서 피해자가 적극적이고 필사적인 저항을 하지 않았다고 하여 이를 묵시적 동의에 의한 간음으로 판단한다면 피해자가 적극적인 저항을 하지 못한 채 이루어지는 모든 성적 행위를 화간으로 간주하게 된다. 가시적인 폭행, 협박이 없었더라도 피해자와 가해자 간의 권력관계로 인한 지배종속적 관계에서 강요된 성관계는 비동의에 의한 일방적, 강제적 간음으로서 강간에 해당된다고 하여야 하고, 원치 않는 간음 행위 자체가 폭행이자 협박이 될 수 있음에도 불구하고 가해자 입장에서 폭행, 협박이 없었고 피해자의 필사적인 저항이 없었다는 사정이 피해자의 구체적이고 일관된 진술보다 더 신빙할 수 있는 것으로 판단되는 것은 지양되어야 할 것이다. 대법원은 2004년 주한 미여군 성폭행 사건에서 "강간죄의 폭행 또는 협박이 피해자의 항거를 불능하게 하거나 현저히 곤란하게 할 정도의 것이었는지 여부는 유형력을 행사한 당해 폭행 및 협박의 내용과 정도는 물론이고 유형력을 행사하게 된 경위, 피해자와의 관계, 범행 당시의 정황 등 제반 사정을 종합하여 판단하여야 한다"(대법원 2004. 8. 20. 선고 2004도3164 판결)고 판시하여 강간죄 성립 여부 판단에 있어 피해자에 대한 저항의 요구 정도를 완화시키는 태도를 보였음에 반해, 약 10년이 지난 시점에서 강간죄 성립 여부를 판단함에 있어 피해자의 '궁극적 저항'의 흔적이 보이지 않는다면 죄가 성립하지 않는다는 취지의 판단을 한 것은 위와 같은 기존 대법원 판결의 태도에 명백히 역행하는 것일 뿐만 아니라 강간죄의 보호법익이 성적 자기 결정권의 보호라는 기본 법리에도 반하는 것이다.

수잔 에스트리치Susan Estrich는 미국에서 최초로 강간을 비면식범강간Stranger Rape과 실제강간Real Rape으로 분리하여 체계적으로 연구하였다. 이후 비면식범강간은 단순강간Simple Rape의 개념으로, 실제강간은 면식범강간Acquaintance Rape의 개념으로 발전하였는바, 비면식범강간이란 낯선 사람(다수 또는 흑인)이 한밤 중 갑자기 나타나 흉기로 피해자(백인 여성)를 위협하고, 심한 폭행을 가한 후 강간하는 경우를 말한다. 이러한 강간유형은 전통적으로 법률이 규정하고 있는 강간의 전형적인 형태로서 피해자는 경찰 · 검사 · 배심원 · 판사의 동정심을 받게 되고, 가해자는 어려움 없이 강간죄로 기소되며, 유죄 판결과 함께 무거운 형벌을 받게 된다. 반면, 실제강간은 가해자가 이미 피해자를 알고 있으며, 주로 혼자이며 흉기나 심각한 폭행을 사용하지 않은 상태에서 발생하는 강간을 의미한다. 기존의 전통적인 강간범죄를 기초로 한 법률과 형사법체계에서 실제강간의 피해자는 동정심을 받을 수도 없었을 뿐만 아니라, 그 사건자체가 형사사건화가 되는 것조차 어려우며, 설사 기소가 이루어진다 해도 강간이 유죄로 인정되기는 더욱 어렵다는 것이다. 따라서 에스트리치는 강간 개념이 이러한 실제강간을 기준으로 재정립되어야 하며 특히 '저항'의 요소를 삭제하고 '동의' 여부에 의해서만 강간을 판단해야 한다고 주장한다. 이러한 그녀의 지적은 '아는 사람'에 의한 성적 폭력을 '강간'으로 규정하는 데 인색했던 우리나라의 법 해석실무에도 많은 시사점을 준다.

8. 결론

대상판결의 사안에서, 피고인이 얼마나 강력하게 피해자를 자신의 지배종속관계하에 두고 있었는지는 여러 사정을 통해 충분히 추단할 수 있다. 우선, 피해자는 교통사고를 당하여 병원에서 치료를 받고 있었던 병원에서 자신보다 27살 많은 피고인을 처음 만났고, 당시 피해자의 부모는 모두 중병을 앓고 있거나 경제적으로 어려워 피해자를 충분히 보호할 수 없는 상태였으며 피고인은 피해자에게 연예인을 시켜주겠다면서 접근한 것으로 보이는데 15세의 여자중학생에게 이러한 제안은 매우 신선하고도 피고인에 대한 호감을 증진시키는 데 기여했을 것이고 피고인의 의사에 따라 자신이 연예인이 될 수 있는지 여부가 결정된다는 생각은 피해자를 한층 더 피고인에게 종속적인 존재로 만들어갔을 것이다. 피해자는 피고인과 처음으로 성관계를 가진 후 급기야는 피고인의 아이를 임신하는 상황에까지 이르렀는데, 이전에 성경험이 없었던 피해자에게 임신이라는 경험은 감당할 수 없는 당혹감을 주었을 것이 분명하고, 피고인과의 일을 어머니를 비롯한 외부에 발설하는 것은 피해자 스스로도 감당하기 힘든 일이었을 것이며 점차 배가 불러오는 상황에서 피해자가 선택할 수 있는 길은 이러한 사태의 유발자이자 동시에 자신의 현 상태를 가장 정확하게 알고 있는 피고인을 찾아가 도움을 요청하는 길 뿐이었다. 유일한 피난처가 되어 버린 피고인에게 의탁하는 과정에서 피해자로서는 피고인에게 거슬리거나 거절당할 만한 여지를 주지 않기 위해 여러 가지로 노력할 유인이 있었고, 피고인이 처음 자신의 임신 사실을 알자 크게 화를 내면서 연락하지 말라는 취지로 말하는 등 피해자를 방치하였음에도 갈 곳이 없었던 피해자로서는 피고인에게 매달리는 방법 이외에는 다른 생존방식을 찾기 어려웠을 것이라는 사정을 종합하여 보면, 피해자가 외견상 피고인에게 사랑한다는 이야기를 하고 있다고 하더라도 그 행간에 내재되어 있는 첫 성경험과 임신이라는 예상치 못한 상황에 직면하여 어찌할 바 모르는 심리, 피고인의 보복이나 다른 사람에게 소문이 나면 자신에게 가해질 사회적 낙인이 두려워 결국 피고인에게 완전히 복속되는 것을 선택하고야 마는 체념의 정서를 읽을 수 있다. 과연, 그들은 정말 서로 사랑했을까?

신체에 대한 직접적인 폭언, 폭행이나 협박이 매개되지 않았다고 하더라도 그러한 유형력의 결여로 인한 저항의 부재가 당해 성행위가 동의에 기한 화간이었음을 의미하는 것은 아니다. 아동, 청소년 대상 성범죄에서 피해자 의사를 해석함에 있어서는 앞서 언급한 피해자의 연령이나 피고인의 지위에서 파생되는 사회경제적 종속관계 등을 고려하여 피해자의 동의에 기한 성관계였다고 평가할 수 있는지를 섬세하게 살펴보아야 한다. 현실 속에서 일어나는 많은 강간 행위의 구체적 양상을 살펴보면, 단순강간보다는 오히려 아는 사람에 의한, 기존의 신뢰관계를 이용한, 가시적인 유형력의 행사보다 더욱 체계적이고 구조적인 억압이 될 수 있는 사회경제적 지위에 따른 영향력을 이용한 강간 행위가 만연하고 있음에도 불구하고, 이러한 실제적인 강간 행위를 형사법이 강간이라고 명명하지 못한다면 이는 정의롭지 못한 일이다. 형법의 문언 자체를 보더라도 강간죄의 성립 요건으로 '피해자가 극력 저항하였을 것'을 규정하고 있지 않다. 실제 강간사건에서 힘이나 위협의 결여가 동의가 있었다는 점을 암시한다는 무의식적 선입견은 강간상황에 직면한 피해자들에게 온 힘을 다해 저항해야 한다는 부당한 부담을 지우는 동시에 직접적인 폭행, 협박보다 훨씬 더 거역할 수 없는 체계적인 권력을 행사하여 상대방을 제압한 행위자들에게는 사실상 면죄부를 주는 것이다. 특히 대상판결에서 살펴볼 수 있듯이, 매우 미묘하고도 지속적, 계산적인 심리적 조종을 포함하여 피해자에 대한 그루밍에 나아가는 아동, 청소년 대상 성범죄에서 성관계에 이르기 이전에 가해자와 피해자 간에 형성된 감정적 착취의 고리에 주목하고, 이를 수사와 재판 과정에서 반영할 수 있다면 향후 형사법적으로 강간 개념을 재정립하고 실제 현실 속에서 일어나는 강간 행위의 양상들을 좀 더 면밀하고 정의롭게 다룰 수 있게 되리라고 기대한다.

미주

1 여기서 '상당한 나이차'가 구체적으로 어느 정도인지 명확한 기준은 제시되고 있지 않다. 다만 의제강간, 의제강제추행죄의 최저연령 기준이 상향되어 그 적용 범위가 확대될 경우 조숙한 애정관계에 빠진 십대 소년소녀를 성범죄자를 낙인찍는 결과를 낳을 수 있다는 문제의식하에 미국의 경우 가해자와 피해자 간의 연령 차이를 규정하여(즉 일정한 수준 이상으로 나이차이가 나는 경우에만 범죄가 성립한다고 보는 것) 의제강간죄 규정 적용에 한계를 두고 있다. 이를 'Romeo and Juliet law'라고 하는데, 연방형법상은 가해자와 피해자의 연령 차이를 5살 이상, 모범형법전은 4살 이상으로 규정하고 있다.

2 여기서 '우월적 지위의 이용'이라 함은 보호자, 양육자, 교육자와 같은 일반적인 권위 외에도 상호친밀한 관계에서 비롯된 신뢰에 기하여 미성년자의 판단과 의사결정에 영향을 미치는 행위를 의미한다.

생명공학 기술과 여성의 몸

송윤진

1. 첨단 생명공학 기술의 발달과 인간 재생산의 의미

1985년 10월 서울대병원에서 한국 최초로 시험관 아기가 출생한 이래로 체외인공수정술IVF, in vitro fertilization에서 시작된 생식보조 기술Assisted reproductive technology은 급속하게 발달하여 단순히 불임 · 난임 문제를 해결하는 수준을 넘어 인간 생식과 관련한 다양한 연구들에서 광범위하게 활용되고 있다. 이러한 경향은 전통적으로 자연의 영역으로 여겨져 온 인간 생식human reproduction에 대한 사람들의 인식을 변화시킨다. 임신과 출산은 신비롭고 연속된 생명 현상으로서 경외감을 느끼게 하는 자연의 영역이기보다는, 그 어느 단계에서 기술적으로 조작하고 개입할 수 있는 의 · 과학연구의 대상으로 인식되기에 이르렀다. 기계공이 고장 난 기계의 부품을 수리하거나 새것으로 교체하듯이, 의생명공학자들은 자연적인 수정이 어려운 정자나 난자 세포를 인간 몸으로부터 분리·추출하여 인공적으로 수정시킬 수 있으며, 유전적 질환이 있는 생식세포의 경우 원인을 찾아 제거하거나 기증자의 생식세포를 이용하여 완전히 혹은 부분적으로 대체할 수도 있다. 인간의 생식에 대한 이러한 생명공학 기술의 개입은 인간 생명과 윤리에 대한 심각한 도전과 위협이 될 수 있음에도, 이러한 윤리적 성찰의 속도를 앞질러 빠르게 그 기술의 발달과 활용을 확대해 가고 있다.

특히 체외인공수정술을 비롯한 생식보조 기술은 현재 한국의 주요 이슈 중 하나인 저출산 문제와 맞물려 난임 및 불임 문제 해결을 위한 대안으로 떠오르고 있다. 오늘날 한국사회는 심각한 저출산 문제를 안고 있으며, 그 주요 원인의 하나로 만혼 현상이 지적되곤 한다. 왜냐하

〈표 1〉 연도별 난임 관련 진료 실인원 추이(2004~2015) (단위 : 명)

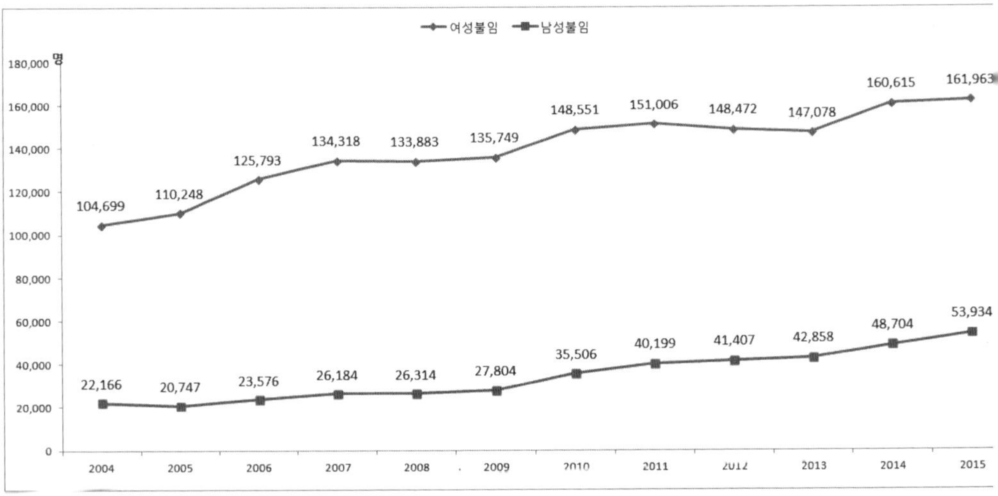

면 만혼의 증가는 가임기 남녀의 생식 능력 감소와 연관될 수 있기 때문이다. 이 외에도 산업화 사회구조로 인한 스트레스 증가, 환경호르몬의 영향 등 여러 복합적인 요인들로 인하여, 한국에서 난임으로 고통받는 사람들은 남녀 모두 해마다 증가하는 추세이다.

사실 첨단화되고 고도화된 보조생식 기술의 도입은 난임 진단 부부에게는 임신에 성공할 수 있는 새로운 기회를 제공하는 것이며, 현실적으로 저출산 문제 해결에 도움을 주는 것이 사실이다. 그러나 난임을 치료하는 보조생식술이 건강보험 급여 항목에서 제외되어 있을 뿐 아니라 그 시술비용이 높아 난임 시술을 받는 개인들은 각자 상당한 경제적 비용을 치러야 한다. 더욱이 임신의 최종적인 성공을 위해서 대부분 여러 차례의 보조생식 시술을 시도하는 과정에서, 특히 여성의 몸에 가해지는 해악과 부작용 역시 만만치 않다. 이러한 여러 난관을 감수하고라도 난임 및 불임을 해결하고자 하는 의지와 결정이 오직 자식을 낳아 기르고자 하는 부부의 소망이나 개인의 생식의 자유 혹은 권리로 충분히 설명될 수 있을지 의문이다. 왜냐하면 임신 단계에서부터 고단함을 견뎌내며 생명을 잉태하는 모성은 위대하지만, 모든 여성이 반드시 어머니가 되어야만 하는 숙명을 지는 것은 아니기 때문이다. 어떤 여성들은 오히려 과잉의료에 대한 피로감 속에서, 그들에게 지워진 모성의 과업을 위해 애쓰는 와중에 암묵적으로 희생을 강요당하는 것일지도 모른다.

인간 생식과 관련한 생명공학 기술의 발달과 그 확대 경향을 살펴보면, 인간 생식에 대한 각각 상이한 관점들을 확인할 수 있다. 자연과학이나 의료에서는 생명의 과정을 생물학적 '생식'으로 이해하고, 인구학적 접근에서는 '출산'으로만 다루어 출생아 수의 변동에만 초점을 맞춘다. 반면 자신의 자녀를 낳아 기르고자 하는 부부 혹은 개인에게는 생식의 '자유'가 중요하다. 그러나 인간의 생식은 생물학적으로는 섹슈얼리티와 피임, 임신, 임신 중단, 출산 등을 모두 포괄하며, 사회적으로는 임신과 출산을 통한 사회 구성원을 성장시키는 것, 인류학적으로는 한 세대를 넘어 인류의 연속성을 지켜가는 것이라는 총체적 의미를 가진다. 이러한 관점에서 배은경(2012)은 인간 생식이 아닌 인간 '재생산'이라는 용어를 사용하여, 섹슈얼리티-임신-양육의 문제까지 폭넓게 담아냄으로써 각각의 계기들을 분리시켜 이해하는 기존 사회과학의 관행에 문제제기한다.[1]

> 임신과 출산은 단지 남녀 두 사람의 유전 정보를 한 아이 속에 재생산하는 개인적인 생식 과정일 뿐 아니라, 구성원의 확대와 갱신을 통해 집단을 재생산하는 과정이기도 하다. 인류의 역사는 한 개인의 수명 또는 한 세대라는 제한된 시간적 한계를 넘어서는 연속성 속에서나 가능한데, 그러한 연속성은 새로운 인간이 태어나 세대를 이어감으로써만 비로소 확보될 수 있다. 그러므로 어린이의 양육 과정에 필수적인 훈육과 사회화는 인류 문명의 역사적 재생산이 이루어지는 과정이기도 한다.

예나 지금이나 이러한 재생산의 주요 역할을 도맡고 있는 여성들, 특히 임신과 출산의 기능을 가진 몸의 존재로서 여성은 자의든 타의

든 생식과 가족생활을 책임지고 아픈 사람들을 돌보는 일에 많은 시간을 할애해 오고 있다. 이러한 여성들은 그 누구보다도 오늘날 첨단 생명공학 기술의 발달과 그 도입으로 인하여 생겨나는 의료 상황에 대해 민감하게 느낄 것이다. 따라서 한 어머니로서 혹은 한 여성으로서, 나아가 한 인간으로서 이러한 재생산 신기술들이 여성의 몸과 정체성에 어떠한 영향을 미치는가를 입체적이고도 포괄적으로 살펴보기 위해서는, 바로 여성들의 목소리를 가장 중요하게 경청할 필요가 있다. 가정과 사회에서 재생산의 과업을 대부분 짊어지고 있는 여성들의 입장을 가장 중요하게 고려하고, 재생산의 책임을 사회가 함께 부담할 때만이, 재생산 신기술의 발전은 비로소 환영받을 수 있게 될 것이다. 본 글은 재생산 기술의 발달에 따라 제기될 수 있는 윤리적 쟁점들을 재생산의 주체로서의 여성의 몸과 관련하여 비판적으로 조망해 보고자 한다. 무엇보다도 여성들은 이러한 재생산 기술의 적용 대상이 아니라 이 기술을 이용하는 주체라는 점에서, 재생산 기술이 여성의 몸에 어떠한 영향을 미치고 있는가를 조사하는 것으로부터 시작한다. 아울러 재생산 신기술이 여성의 몸에 가할 수 있는 해악과 부작용을 제거하고 예방하기 위한 공적 관리 체계를 도입하는 것이 필수적임을 강조하고자 한다.

2. 여성은 재생산 신기술을 어떻게 이용하고 받아들여 왔는가?

오늘날 인간 재생산 신기술에 의한 인위적인 조작이나 개입의 형태는 실로 다양하다. 사람의 몸에서 생식세포를 분리 추출하여 체외에서 수정시킨 후 다시 여성의 자궁 내로 착상시키는 인공수정은 일찍부터 가능하였으며, 배아세포의 유전 진단을 통해 부모로부터 유전병을 물려받지 않았는가를 진단하여 유전질환을 가진 배아를 폐기 처리하거나 유전자 편집Genome Editing 기술을 통해 배아에서 유전질환을 제거하기도 한다. 또한 인공수정 시도 이후 남은 생식세포나 수정란, 나아가 배아까지도 향후 사용을 위해 수년간 냉동 보존할 수 있다. 이러한 새로운 첨단 생명공학 기술의 이용으로 인간은 임신의 시기를 자유롭게 선택하거나, 수정란에 대한 유전자 검사를 통해 특정 유전질환 정보를 선별적으로 배제 · 탈락할 수 있으며, 기증된 생식세포를 통해 불임 여성들에게 임신 경험을 제공할 수도 있게 되었다.

이러한 기술들이 재생산에 있어서 더 많은 선택권을 제공한다는 점은 사실이다. 그러나 이러한 평가는 좀 더 면밀하게 분석할 필요가 있다. 임신, 출산, 양육에까지 이어지는 총체적인 재생산 영역에서, 재생산 신기술의 발전은 오직 생명 잉태와 관련된 문제, 그것도 특히 임신 여부 및 시기를 선택하는 문제와 관련된 선택권을 넓혔다는 점에서 의미를 가진다. 그러나 이러한 기술의 유용성은 총체적인 재생산의 과업을 지는 여성들의 삶이라는 보다 넓은 관점에서 볼 때 예전과 그게 달라졌다고 보기는 어렵다. 일각에서는 더욱 비판적인 관점에서, 재생산 기술의 이용이 오히려 여성의 몸을 적극적으로 지배하면서 여성에게 임신과 출산의 역할을 강요하는 가부장제를 더욱 공고히할 뿐이라고 주장하기도 한다. 특히 생식보조 기술은 불임을 '치료해야 할 대상'으로 규정하면서 임신과 출산의 재생산 기능을 여성에게 회복시켜 준다는 논리를 가지지만, 이는 암묵적으로 모든 여성을 생식력 하나로 환원시키는 것일 수 있고, 이러한 일원론적인 모성 관념을 위해 불임 여성에 대한 기술의 이용을 강요하는 결과로 이어질 수 있다는 것이다.

이런 측면에서 보면 생식보조 기술은 여성에게 재생산 능력 및 자신의 몸에 대한 결정권 내지 주체성을 부여하는 것이기보다는 여성을 단지 생식을 위해 존재하는 도구적 존재로 보는 관점을 강화할 뿐이다. 다른 한편으로 생식보조 기술을 이용하는 데 드는 높은 비용을 감안하면, 경제적 격차에 따라 기술의 이용에 대한 차별적 결과를 초래할 수도 있으며 이는 결국 여성들 내의 분열을 조장할 수 있다. 따라서 재생산 기술의 유용성에 대한 평가는, 재생산 활동에 있어서 여성의 역할과 정체성에 대한 총체적 이해와 밀접하게 연관되어야 하며, 이에 대한 고려 없이는 다분히 표면적인 평가에 그치고 말 것이다. 아울러 여성들의 재생산에 관한 총체적 점검도 나이, 혼인 여부, 계급, 학력, 지역, 문화 차이 등에 따라 각 여성 간 보이는 다양한 차이들을 섬세하게 고려할 필요가 있다. 따라서 재생산 신기술이 여성의 몸에 미치는 영향 평가는 단순히 일면적으로 볼 수 없는 복합적인 주제에 해당한다는 점을 유념하면서, 이하에서는 재생산 기술을 크게 생식통제 기술과 생식보조 기술로 구분하여 여성들은 각 기술을 어떻게 이용하고 받아들여 왔는가를 살펴보고자 한다.

1) 생식통제 기술로서의 인공 임신중절수술과 여성의 몸

오늘날은 높은 생활수준에 대한 욕구, 여성 해방의식의 확대 내지 성 해방에 의하여 인공 임신중절수술을 희망하는, 나아가 인공 임신중절의 자유를 주장하는 여성들이 증가하고 있다. 임신 여부와 시기를 어느 정도 조절할 수 있는 피임약이나 기구가 개발되고, 임신중절수술의 경우에도 과거에 비해 그 의료적 안전성이 확보되었다는 점을 고려하면, 기술적 측면에서 생식통제 기술의 발전들을 확인할 수 있다. 그러나 생식통제와 관련하여서는 이러한 기술적 차원의 발전보다는 오히려 이 기술을 사용하는 여성들의 인식에서 유의미한 변화들을 확인할 수 있다. 오늘날 여성들은 피임에 실패한 후 발생한 어쩔 수 없는 임신이나 원치 않는 임신에 대한 책임의 문제를 둘러싸고 여성에게만 가해지는 도덕적 비난이 부당한 것임을 호소하고 있다.

한국은 인공 임신중절에 대하여 형법상 원칙적 금지[2]와 모자보건법상의 예외적 허용이라는 이원적 형태로 규율하고 있다. 그러나 형법상의 낙태죄 조항은 1953년 제정형법 당시 규정된 내용을 그대로 유지하고 있어, 그간 변화된 사회 인식을 제대로 반영하지 못한다는 비판을 받고 있다. 「모자보건법」은 모성의 생명과 건강을 보호하고 건전한 자녀의 출산과 양육을 도모함으로써 국민 보건향상에 기여한다는 목적을 가지지만, 1973년 제정 당시 경제 발전을 위한 산아제한 및 가족계획이라는 정책적 필요에 의해 제정된 배경을 가지고 있다.[3] 이러한 한국의 규제 방식을 보면, 인공 임신중절을 택하는 여성들의 이유와 구체적 상황에 대한 면밀한 고려보다는 낙태 행위의 비도덕성을 부각시키고 있을 뿐이다. 특히 형법 및 사회일반에서 사용되는 낙태落胎라는 용례에서 보아도, 낙태 행위에 대한 사회의 부정적 인식을 확인할 수 있다. 낙태라는 용어에는 '태아를 떨어뜨리다'라는 상당히 부정적인 어감이 담겨 있는데, 이로 인해 낙태를 선택할 권리를 주장하는 여성들에 대한 도덕적 반감을 사고 결과적으로 부정적인 낙인 효과를 가져오게 된다. 양현아[4]는 오늘날 낙태 시술이 대체로 의사에 의해 시행되고 있으며, 임산부의 행위 주체성을 명료하게 드러낼 수 있도록 임신종결termination of the pregnancy이라는 용어 사용을 제안하기도 한다.

이러한 낙태에 대한 부정적 함의는 핵심적으로는 생명존중 사상과 연관된다. 사실 생명존중은 어느 사회에서든 공유할 수 있는 가치이며 이러한 공유된 신념에 의할 때 모든 태어난 혹은 태어날 수많은 생명들은 그 탄생 자체만으로 축복받으며 아울러 그러한 생명 탄생을 가능하게 하는 모성 역시 축복되고 보살핌 받아야 마땅하다. 그러나 생명이 중요하다는 신념과 태아에게 생명권이 인정된다는 논리는 구별되어야 하며, 나아가 낙태를 범죄로 간주하여 법적으로 규제해야 한다는 논리와도 세밀하게 구별하여 논의될 필요가 있다. 왜냐하면 법적 논쟁은 절대적인 옳고 그름을 가리는 도덕적 직관과도 연관되지만, 동시에 관련 당사자의 실세 이익이 관련된 구체적 권리 보호의 차원을 가지기 때문이다. 즉 낙태의 비범죄화를 주장하는 것이 곧 종교계가 우려하듯이 생명 단절을 적극적으로 허용하는 논리로 곧바로 이어지는 것은 아니라는 점이다.

이러한 낙태 논쟁에서 여성들은 인공 임신중절이 범죄로 인식되는 것에 반대하면서 여성의 자기 결정권을 주장하고 나섰다. 이때 임신의 자유와 선택권을 주장하는 여성들의 목소리가 권리의 이름으로 주장되는 것은, 그저 여성의 숙명으로 받아들여 왔던 재생산의 문제를 여성들 스스로를 능동적인 주체로서 인식하고 해결해 나가고자 하는 의지가 반영된 것으로 볼 수 있다. 그러나 이러한 여성의 자기 결정권 주장은 종래의 법적 담론에서 제기된 논쟁의 구도를 그대로 답습함으로써 보여주는 한계 역시 드러낸다. 여성들이 주장하는 자기 결정권의 개념, 근거, 성격 등에 대한 논의가 상당히 빈약한 상황에서, 이러한 권리 주장은 상당히 공허한 외침으로 끝나거나 볼멘소리로 치부될 수밖에 없기 때문이다.

현재까지 드러난 여성의 자기 결정권 법리는, 대체로 추상적인 인격성을 근거로 정당화되거나 개인의 프라이버시privacy로 설명되고 있다. 송윤진[5]은 이러한 자기 결정권 법리의 한계를 두 가지 관점에서 비판적으로 조망한다. 첫째, 추상적인 인격권을 토대로 정당화된다는 것은, 결국 태아의 생명권과 여성의 자기 결정권이 대립한다는 것을 전제로 한다. 이러한 논의 구도는 본 사안을 어느 하나를 위해서 다른 하나가 희생되는 문제로 인식하게 만든다. 즉 여성의 자기 결정권 주장은 아직 형성 중인 태아보다 현재 살아가는 여성의 삶이 더 중요하다는 식의 비교 경쟁 논리로 설명된다는 것이다. 그러나 여성의 임신중절에 대한 선택은 태아와 여성 둘 중 어느 한쪽의 승리 문제로 볼 것이 아니라, 왜 여성들이 생명의 소중함과 가치를 알고 있음에도 불가피하게 임신의 종료를 결정하게 되는가에 대한 내밀한 사정과의 연관 속에서 논의되어야 한다. 오직 어느 쪽의 권리가 더 우선하느냐는 식의 이분법적 틀에 끼워 맞추어진 권리 담론은 정작 문제가 되는 구체적인 현실들을 비가시화하고, 표면적인 논쟁만을 가속화한다.

여성들의 자기 결정권 법리에서 또 하나 중요한 특성은 자기 결정권을 개인의 프라이버시권으로 이해하는 경향이다. 지난 2016년 10월 15일 토요일 오후 2시 서울 종로 보신각에서 열린 낙태죄 폐지를 위한 검은 시위에는 여러 여성주의 단체들의 참여로 이루어졌다. 최근 폴란드 낙태법 개악을 성공적으로 저지한 폴란드 검은 월요일 시위처럼 검은색 옷을 입고 모인 500여 명의 참가자는 대부분 20~30대 여성이었다. 이들이 들고 있던 피켓의 '내 자궁은 나의 것'이라는 표어에서 가부장적인 사회의 억압으로부터 내 몸을 지켜내고자 하는 여성들의 결연한 의지가 느낄 수 있다. 그러나 한편으로 이러한 표어에는 공동체와 개인의 단절이 전제되어 있으며, 이러한 시각으로는 임신과 출산 나아가 육아에까지 연결되는 총제적인 재생산의 문제를 오직 여성의 선택과 책임으로 환원해버리는 현재의 인식을 근본적으로 개선하기 어려운 한계를 가진다. 왜냐하면 개인과 공동체가 권위적인 지배-복종의 관계가 아닌 상호 협력과 지원의 관계로 성격 지워질 때 비로소 재생산에 대한 공동의 책임의 가능하기 때문이다. 물론 역사적으로 볼 때 여성들이 공동체내에서 주도적인 지위를 가지기 보다는 개인 중에서도 늘 힘없는 약자의 편에 속해온 경험의 축척은, 공동체의 협력적 역할을 기대하고 신뢰하는 것을 회의하게 만드는 중요한 이유이며 이것이 결코 쉬운 일이 될 수는 없음을 말해준다. 그러나 이러한 협력의 경험이 없이는, 아마도 여성들의 투쟁과 저항은 더욱 격렬하게 멈추지 않을 것이다.

인공 임신중절술과 관련한 규제 및 논쟁을 살펴보면서 드는 생각은 생식통제 기술이 여성의 몸에 미치는 영향에 대한 분석과 성찰은 시작조차 하지 못했다는 점이다. 특히 인공 임신중절수술이 여성의 몸과 정신에 심각한 부작용을 남길 수 있기 때문에, 무엇보다도 여성의 신체적, 정신적 건강을 보호하기 위해 이 기술에 대한 안전하고 합법적인 사용이 허용되어야 함에도 불구하고, 사회는 여전히 현실의 해악과 부작용에 대한 해결책을 찾기 보다는 낙태를 선택하는 여성들에 대한 도덕적 비난의 측면에만 초점을 맞추고 있는 것은 아닌가 싶다. 그러는 가운데 여성들의 몸은 위험의 사각지대로 내몰리고 불법적인 임신중절수술로 발생한 부작용이나 피해로부터 구제될 방법 역시 요원하며 이와 관련한 공적인 지원체계 역시 정비되기 어렵다. 생명을 잉태하는 것이든, 임신을 종결하는 것이든 그 결정과 책임을 오직 여성 혼자서 짊어져야 하는 것은 물론 아니다. 낙태하는 여성들에 대한 도덕적 비난을 퍼붓기 전에, 이

〈그림 1〉 낙태죄 폐지 시위의 팜플렛 이미지

여성이 주의로부터 손가락질 받지 않은 채, 어느 정도 체계적인 경제적 지원을 받으면서, 아이를 기를 수 있는 환경을 우선적으로 만들기 위한 실질적 방법들을 모색해야 할 것이다.

현재 기술로 원치 않는 임신을 완벽하게 예방할 수 있는 피임약이나 피임기구가 존재하지 않는다면, 인공 임신중절수술을 원천적으로 불법 행위로 보아 처벌하는 것은 여성들에게 임신과 출산, 나아가 양육에까지 이어지는 재생산의 역할을 대책 없이 강제로 떠넘기는 격에 지나지 않는다. 한 아이가 태어나 사회에서 성장하고 구성원이 되는 과정은 그 아이를 낳은 어머니만의 힘으로는 부족하다. 생명의 존엄과 가치를 존중하는 사회가 되기 위해서는, 원색적인 비난에서 벗어나 낙태를 예방할 수 있는 구체적 해결책과 근본적인 대안을 모두 함께 머리를 맞대고 궁리하는 것이 필요하다.

2) 생식보조 기술로서의 인공수정과 여성의 몸

불임 해결을 돕는 기술로서 시작된 생식보조 기술의 발전은 재생산 신기술의 핵심이자 발전의 원동력이라고 말할 수 있다. 이 기술의 기원은 여성의 몸과 일체화되어 있는 난자를 여성의 몸으로부터 분리해내어 개체화함으로써 인체 밖에서 배아를 생성하는 기술로부터 시작되었다. 초기의 생식보조 기술은 나팔관이 막혀 임신이 불가능한 환자에게만 시술되었으나, 1980년대 초부터 적응증이 확대되기 시작하여 원인이 밝혀지지 않은 불임증, 남성 불임증 치료를 위한 난자 세포질

내 정자주입술, 조기 난소 부전증 환자에서 난자 공여, 난자 및 배아의 냉동 보존, 착상전 유전자 진단을 포함한 다양한 보조생식술로 발달하여 오늘날 불임 치료의 다양한 방법으로 사용할 수 있게 되었다. 이러한 생식보조 기술은 여성의 신체를 대상으로 하기 때문에, 시술 과정에서 여러 가지 부작용을 유발할 수 있다. 서론에서 언급하였듯이 인공수정을 통한 임신을 시도하는 사람들의 수가 급증하고 있는 것을 감안하면, 일차적으로 여성의 몸에 가해지는 부작용이나 해악이 무엇인가를 정확하게 파악할 필요가 있다.

인공수정 시술에서 가장 중요한 사항은 난임 여성의 배란을 예측하여 유도하는 행위와 적절한 처리를 한 정자를 자궁 안에 거치하는 행위이다. 남성의 정자를 추출하는 것에 비해 여성의 난자를 몸 밖으로 추출하는 과정은 훨씬 더 까다롭고 여성들에게 상당한 신체적 · 심리적 부작용 및 스트레스를 유발한다. 정상적인 배란을 하는 여성이라면, 자연주기법(즉 특별한 약물 치료 없이 배란 날짜에 남편의 정자를 전처리하여 인공 수정)을 시행하는 것이 부작용을 줄이기 위한 최선의 방법이다.[6] 자연 배란 주기를 이용하면 환자에게 호응이 좋고 비용이 적게 들며 다태임신을 방지할 수 있고 다음 월경 주기에도 계속해서 실시할 수 있는 여러 장점이 있어 일부 저반응군 환자에게 시도되기도 한다. 그러나 이 경우 배란 시기를 정확히 예측하기 어렵고, 난자를 흡인하기 전에 이미 배란이 되거나 아예 안 되는 경우가 있어서, 난자를 얻는 데 어려움이 따른다. 최대한 여성의 몸에 부작용을 줄일 수 있는 방법이지만 이러한 단점으로 인하여, 최근에는 대부분 성선자극호르몬을 이용한 과배란 유노를 농해 가능한 많은 건강한 난자를 얻는 방법을 사용한다. 황나미 · 이수영 · 박승미 · 장인순 · 강아람[7]의 연구에서는 실제로 배란 유도로 경구제와 주사제를 병용한 경우가 가장 일반적이며, 자연주기 시도 후 배란 유도를 시행한 건은 없었던 것으로 나타난다.

배란 장애로 인한 난임 여성인 경우 필수적으로 배란 유도 과정을 거치게 되는데 이를 위해 기본적으로 기저 질환에 대한 치료가 선행된다. 특별한 이유 없이 배란이 되지 않는 대다수의 난임 여성에 대해서는 난포를 적절하게 키워 배란을 유도해주는 방법이 사용되며, 이때 난포를 적절하게 키워 배란을 유도하는 방법을 '배란 유도ovulation induction'라고 한다.[8] 특히 과배란 유도 과정은 배란 유도제인 성선자극호르몬을 투여하면서 질식 초음파를 이용한 난포 크기 측정과 혈액 내의 여성호르몬estradiol 수치 측정을 통해 환자의 난소에서 난포가 발달하는 과정을 세심히 관찰하는 과정을 거친다.

이러한 과배란 유도 과정은 여성의 몸에 심각한 부작용 및 합병증

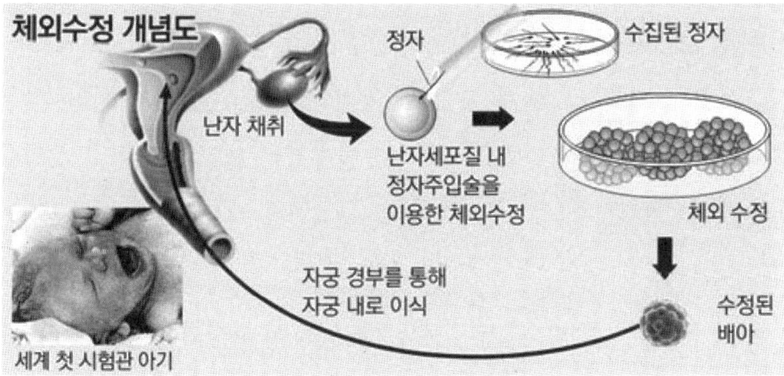

〈그림 2〉 채외인공수정술의 방법 개요도

을 야기할 수 있다. 단기적으로는, 오심, 구토, 현기증, 무력감, 복부불편감, 어지럼증 등이 경미하지만 드물지 않게 나타난다. 특히 높은 용량의 과배란주사를 사용하거나 다낭성난소증후군Polycystic ovarian syndrome 여성의 경우에는 난소가 심하게 자극되고, 과도하게 비대해져서 혈관내의 수분이 혈관 외로 빠져나가면서 복수가 차고, 심하면 흉수도 발생하여 호흡곤란이 동반되거나 혈전증(혈액이 응고되어 혈관을 막는 질환)으로 인한 뇌졸중 등의 위험도 역시 증가한다.[9] 과배란 유도 주사의 부작용 중 하나로 쌍둥이 임신이 발생할 수 있으며 쌍둥이 임신은 조산, 임신중독증, 임신성 당뇨 등 여러 산과적 합병증의 위험도를 높인다.

과배란 유도 주사를 많이 맞는 여성에게서 발생할 수 있는 장기적 부작용으로, 유방암, 자궁내막암, 난소암의 위험도가 높아질 수 있다는 연구가 있다.[10] 물론 과배란 유도 주사와 유방암, 자궁내막암 등의 연관성에 대한 확실한 연구 증거가 제시된 적은 없으나, 그 가능성을 완전히 배제하기 어렵다. 현재까지 과배란 유도 주사가 보급되어 사용한지 30년 정도 되었기에, 그 장기적인 합병증에 대한 연구가 제대로 이루어지지 않았다. 다만 특정 질병의 위험도를 급격하게 상승시킨다는 보고가 없다는 이유로, 현재까지는 용량의 제한 없이 사용되고 있는 상황이다. 그러나 장기간에 걸쳐 주사의 안정성이 확립된 것이 아니므로 난임 전문 의사들은 적절한 최소량의 약제만을 처방하도록 주의를 기울여야 한다.

이상에서 살펴본 바와 같이, 생식보조 기술이 여성의 몸에 야기할 수 있는 신체적, 정신적 부작용이 상당히 광범위하고 또 장기적으로 발생할 수 있음에도 불구하고, 여성의 안전하고 건강한 재생산 능력의 행사와 그 보호를 위한 조치들은 상당히 미비한 편이다. 자녀를 갖기 위한 여성들은 자신의 신체에 직접적인 개입을 용인하고 이로 인한 부작용 역시 감수하고 있다. 적어도 보조생식 기술을 이용하는 데 있어서 설명 동의informed consent가 적절하게 이루어져야 할 것이며, 난자를 배출하기 위한 여러 의료적 조치들이 부작용이나 후유증을 최소화할 수 있도록 하는 법적 근거들이 마련되어야 할 것이다.

한편, 생식보조 기술의 이용은 앞서 살펴본 여성의 몸에 가해지는 물리적 해악이나 부작용 이외에도, 모성 개념에 대한 새로운 윤리적 도전을 가하고 있다. 이는 부모가 되고자 하는 남녀 이외에 제3자가 생식세포의 제공을 통해 개입되는 임신의 발생 가능성으로 인하여, 전통적인 가족관계 및 모성 개념을 위협하거나 혼란스럽게 하는 상황이 벌어지고 있다. 특히 비非배우자간 인공수정이 이루어지는 경우, 태어난 아기와 부모의 관계 형성에서 관련 근거법이 명확히 확립되어 있지 않은 상황에서 사회 인식적, 윤리적 혼선이 초래되곤 한다. 이 문제에 관하여, 공병혜[11]는 인공수정 등의 재생산 기술에 대한 윤리적 논의를 함에 있어서 여성 스스로 모성에 대한 자기 인식과 재구성 과정이 어떻게 형성되는지를 스스로 이해하게 하고, 몸의 주체로서 재생산에 대한 자율적 권리를 획득하는데 기여할 수 있어야 한다는 강조한다. 이것이 가능하기 위해서는 구체적으로, 관련 법안이나 정책 수립 과정에서 여성의 다양한 입장과 차이를 반영할 수 있는 의사소통구조를 창출하는 것으로부터 시작될 수 있다고 보고 있다. 이러한 제안에서처럼, 분명한 것은 기술적으로 주어진 재생산에 대한 선택 가능성이 의료진이나 국가에 의해 주도되는 것이 아니라, 재생산의 주체로서 여성들 스스로가 참여하여 적극적으로 형성해 나가야 한다는 점이다. 지금까지 여성의 재생산 기능이 남성과 구별되는 여성만의 고유한 생물학적 특성임에는 분명하지만, 인간 재생산의 총체적 의미에서 볼 때 모성 개념은 반드시 여성에게만 해당되는 것이 아니라 사회적으로 구성될 수 있는 개념이기 때문이다.

3) 대리모와 여성의 몸

앞서 체외 인공수정술의 이용에서 야기되는 쟁점들은 제3의 여성의 자궁을 빌려 아이를 출산하는 대리모 사례에서 더 가열될 수 있다. 아이를 포태할 수 없는 자궁을 가진 불임 여성을 대신하여 임신하고 아이를 낳아주는 사람을 가리켜 '대리모'라고 한다. 이러한 대리모에는 경제적 보수를 받고 대리모 역할을 감당하는 상업적 대리모와 불임부부의 아픔을 공감하며 자비로운 마음에서 대리모 역할을 감당하는 자비적(혹은 이타적) 대리모가 있다. 한국에서는 「생명윤리 및 안전에 관한 법률」 제23조에서 "누구든지 금전, 재산상의 이익 또는 그 밖의 반대급부를 조건으로 배아나 난자 또는 정자를 제공 또는 이용하거나 이를 유인하거나 알선해서는 안된다"고 규정함으로써 상업적 대리모 계약을 간접적으로 제한하고 있다. 그러나 명확히 대리모를 금지하는 관련 법률은 현재 없으며, 대한의사협회 의사윤리지침에서도 금전적인 이유로 대리모를 할 경우에 그러한 시술을 금지할 뿐 그 이상의 구속력을 가지지 않는다.

대리모는 불임부부가 증가하는 추세에서, 입양 가능한 입양아의 수가 감소하고 세계적으로 저출산 문제가 심화되면서 불임부부의 행복추구권을 보장한다는 측면에서 그 긍정적 기능을 인정받기도 한다. 즉 난자나 정자를 적출하여 부모와 같은 유전형질의 아이를 대리 출산함으로써 자신들의 혈통을 이어나갈 수 있다는 점에서, 인간의 자기 보존욕구를 충족시켜줄 수 있으며, 여성이 출산을 선택할 권리와 함께 여성을 위해 다른 여성이 대신 임신을 해주는 것이 일종의 '상호부조' 활동이 될 수 있다는 평가 역시 존재한다. 그러나 대리모는 여성의 몸을 단지 '아이 낳는 기계'로 전락시킬 수 있다는 우려가 제기된다. 비록 대가를 받지 않는 자비적 대리모라 할지라도 대리모 자체는 여성의 생식 능력을 도구화하는 것을 전제하기 때문에, 인간의 존엄성을 훼손할 수 있다. 더욱이 대리모 출산은 대체로 사회적 약자의 희생을 강요하기 쉬운 구조를 가지는데, 실제로도 경제적으로 취약한 여성이 금전적 보상을 위해 대리모를 자원하는 사례들이 나타난다.

이러한 대리모에 대한 윤리적 찬반론은 근본적으로 인간 재생산에 대한 물음과 연관된다. 인간에게 재생산은 행복의 중요한 요소이며 모든 인간은 생식의 자유를 누린다. 그러나 이러한 생식의 자유를 보장하는 것이 곧바로 재생산이 개인의 사적 영역이므로 국가 권력이 결코 간섭할 수 없다는 태도와 일치하는 것은 아니다. 재생산을 사적인 문제로 인식하여 그 선택에 대한 결정을 개인이나 가족에게만 맡기는 것은 이러한 대리모 문제가 야기하는 윤리적 논란을 넘어 그 관리를 위한 사회적 시스템을 구축하는 데 큰 장애가 된다. 또한 인간 재생산 능력과 관련하여, 불임을 과연 질병으로 인식해야 하는지도 근본적으로 고민해보아야 한다. 불임은 치료해야 하는 질병이 아니라 또 하나의 자연일 수 있다. 오로지 정상을 기준으로 한 의학의 관점은 불임을 질병으로 규정하여 자연적인 여성 몸을 폄하하고 있을 뿐만 아니라, 더 나아가 여성 몸을 착취하고 있다고 볼 수도 있기 때문이다. 여성은 필연적으로 모성으로 바로 환원되지 않고, 여성 자신의 자아와 삶을 오롯이 살아가되, 그 삶이 아이와 성인의 공동체적 관계 속에서 모두를 성숙시켜가는 모성의 경험을 포함할 수 있을 때 우리는 진정으로 재생산의 밝은 미래를 꿈꿀 수 있을 것이다.

3. 재생산 기술에 대한 법규 및 공적 관리의 필요성

지금까지 살펴본 재생산 기술들은 여성의 몸을 대상으로 적용되고 활용되고 있다. 이러한 기술로 인해 여성의 재생산 능력이 향상된 측면도 있지만, 오히려 여성들의 건강과 신체에 미치는 부작용이 심대하며 이러한 기술을 활용하는 여성들의 권리도 실질적으로 보장되지 않고 있음도 확인할 수 있었다. 분명한 것은 무엇보다도 이러한 재생산 기술들이 여성의 몸과 정체성에 미치는 각종 부작용을 최소화하기 위한 제도적 방안이 시급하게 요청된다는 점이다. 우리나라 「헌법」은 국민의 기본적인 건강을 보호해야 할 의무를 규정하고 있다. 「헌법」 제10조는 인간의 존엄과 가치 및 생명권에 대해 규정하며, 제53조 제1항은 건강한 환경에서 생활할 권리를 규정하고 있다. 국민의 건강과 관련한 직접적 규정으로는 제43조 제1항 인간다운 생활을 할 권리와 제36조 제3항 국가의 보건의무 규정이 있다. 국민의 건강이 헌법상 기본권이라고 할 때, 재생산 기술을 이용하는 데 있어서 여성들의 건강은 최우선으로 고려되어야 한다. 이때의 건강은 보건 의학적 관점에서부터 헌법학적 과점까지 다양하게 정의될 수 있으며, 인간 재생산 기술의 이용에 있어서 여성들의 건강과 관련한 권리들을 구체화하는 작업이 요구된다.

하정옥[12]은 재생산을 개인적인 혹은 사적인 영역으로 파악해 온 한국 사회는 이러한 기술에 대한 공적 관리를 위한 대응책을 마련하는 데 상당히 소극적이었다고 지적하고 있다. 생명윤리 분야와 관련한 최초의 법적 규제는 2000년 들어 제정된 「생명윤리및안전에관한법률」이었다. 이 법은 포괄적인 의미에서 생명과학 기술의 공적 관리를 위한 법적 기틀을 마련한 것으로 그 의의를 가지지만, 당시 한국 사회에 뜨거운 이슈였던 생명복제에 대한 윤리적 논쟁을 배경으로 주로 과학연구 분야에 대한 규제에 그 초점이 맞추어져 있었다. 그러다 보니 불임을 돕는 치료법으로서의 체외인공수정술 등과 같은 생식보조 기술은 임상 영역으로 분류되어, 생명윤리적 담론에서 제외되었으며 단지 의료계 내의 사율지침으로 규율되었을 뿐이다. 최근 들어서야 생식보조 의료 문제가 사회적 관심을 불러일으킴과 동시에 의료법제와 친자법제의 제정에 대한 필요성이 강하게 요구되었고, 국회의원과 정부에서는 몇 차례의 법률제정안을 국회에 제안한 바 있다.

이렇게 재생산 기술에 대한 적절한 입법을 포함한 공적 관리가 필요하다는 의견이 확대되는 일은 참으로 다행스러운 일이며, 이러한 노력들은 지속되어야 한다. 재생산 기술 관련 입법과 함께, 재생산 기술의 공적 관리를 위해서는 인공수정이나 사용된 배아 수에 대한 정확한 전수조사나 생식보조 기술을 통해 태어난 아기의 안전성, 불임클리닉을 이용하여 임신을 시도하는 여성들의 신체적 · 정신적 부작용에 대한 추적조사나 현황 파악도 체계적으로 이루어져야 할 것이다.

더욱 근본적으로는 인간 재생산 권리를 주장하는 여성계는 재생산 권리에 대한 규명과 그 실질적 보장 방안을 함께 모색해야 한다. 여성의 재생산 권리 개념은 1968년 국제인권회의 이후 1994년 카이로 국제인구개발회의ICPD, International Conference on Population and Development와 1995년 베이징 제4차 세계여성대회 등을 거치며 특히 국제법상에서 제시되고 발달해 왔다. 그 중 카이로 ICPD는 기존의 가족계획 · 인구학적 관점에서 탈피하여 개인의 재생산 건강과 권리라는 측면에서 접근한다는 점에서 그 의의를 가진다. ICPD 행동강령에서 내린 '재생산권'의 정의는 "모든 커플과 개인들이 자녀의 수, 터울, 시기를 자유롭고 책임있게 결정할 수 있는 기본적 권리 및 그 권리를 행사할 수 있는 정보와 수단, 그리고 가장 높은 수준의 성적 · 재생산적 건강을 누릴 권리"를 말한다.

양현아[13]는 이러한 재생산 권리에 있어서 다음의 세 가지 윤리적 기초를 주장하고 있다. 첫째, 신체적 통합과 자기 결정의 중요성, 둘째, 섹슈얼리티와 출산에 있어서의 양성평등원리, 셋째, 이 권리를 실현시키기 위한 사회권 또는 이를 가능케 하는 사회적 조건 마련의 필요성이 그것이다. 이를 종합해 보면, 재생산 권리란 개인의 혼인상태, 연령, 계급 등과 상관없이 성관계, 피임, 임신, 출산, 임신종결을 비롯한 재생산 활동에 대한 자유권적 권리이자 출산 이후 건전한 양육을 위한 사회적 · 국가적 책임까지를 포괄하는 사회권적 권리의 성격을 가진다. 즉 인권의 기본축인 자유권과 사회권이 서로 결합된 권리들의 체계라는 점이다. 이러한 재생산권 담론의 가장 큰 효용성은 재생산에 얽힌 여성의 신체적 관련성에서 비롯하는 신체적 자기 결정권 요구와 여성의 억눌린 사회 내 지위에 기반한 사회적 요구라는 재생산에 대한 두 가지 여성주의적 관점을 결합한 상호연관적인 권리라는 점에 있다. 재생산의 결정은 개인적인 동시에 사회적인 결정이기 때문에 재생산의 자유로운 선택을 가로막는 사회 · 경제적 장벽들이 적시되고 이를 제거하기 위한 노력이 경주되지 않는다면, 여성의 선택 여지는 아예 존재하지 않게 될 것이다.

지금까지 살펴본 첨단 생명공학 기술들이 여성의 몸에 가하는 침입과 부작용은 이러한 여성의 권리 담론이 추상적 수준에 그치거나 단순한 수사로 끝나게 해서는 안 되는 명백한 이유를 제공한다. 여성들의 자기 결정권이나 재생산 권리 담론은 특정 주제에 대한 사회문화적 맥락을 중요하게 고려하는 인문사회학적 연구에 속한다. 재생산 기술을 사회문화적 맥락에서 파악할 때, 비로소 소외된 주체인 여성의 관점을 전면에 드러낼 수 있으며, 이를 다시 여성 개인의 문제가 아닌 사회구조적인 문제로 바라봄으로써 적절한 공적 관리 방안을 모색할 수 있기 때문이다.

재생산에 대한 여성들의 권리를 근거지우기 위해서, 재생산 기술의 문제를 권리 주체의 행위성과 사회구조 양자의 측면에서 조망해보아야 한다. 이러한 방법은 재생산의 주체로서 여성들의 자발적이고 적극적인 참여를 독려하고, 동시에 여성들에게 가해지는 억압과 해악을 제거하기 위한 제도적 정비를 마련하는 것이다. 이러한 시도들은 종래의 생명윤리 담론처럼 보편적 법칙을 개별 사례에 적용하는 원칙론적인 수준에서 시도되기보다는 오히려 현실에서 발생하는 문제들과 그 원인을 긴밀하게 파악하고 이러한 문제점을 개선하기 위한 즉각적이고도 유연한 대응방식이 요구된다.

"개인적인 것은 정치적인 것이다"라는 여성주의 명제가 표방하듯이, 여성들은 새로운 인식을 넘어 그 실천을 위한 대안에 있어서도 다양한 시도를 해볼 필요가 있다. 재생산 신기술의 도입과 적용에 따른 여성의 재생산 환경의 변화는 단순히 생물학적 경험을 넘어 사회적 · 역사적 · 문화적 경험이 될 수 있다. 재생산의 주체로서 여성들은 위계적이고 지배-종속 관계를 전제하는 '자율성과 권리에 대한 인식론적 틀에 여성의 경험을 억지로 끼워 맞출 것이 아니라, 상호신뢰와 책임에 근거한 새로운 권리 담론을 형성하는 노력이 필요하다. 재생산의 미래를 위해 여성의 몸과 권리 담론은 열린 인식론을 전제로 새로운 상상력을 발휘해야 할 때이다.

미주

1 이러한 취지를 따라 본 글은 'reproduction'을 재생산으로 사용한다. 왜냐하면 인간 재생산이 여성 개인의 문제라거나 자녀를 갖고자 하는 개별 가족만의 문제로 인식되는 틀을 벗어나 공동체 전체의 문제라는 관점을 가지기 때문이다. 한 생명의 탄생과 성장 과정에 대한 공동체 차원의 관심과 책임의식 없이는, 현재 많은 여성들이 이 재생산 신기술을 이용하면서 감수하는 신체적, 정신적, 나아가 사회문화적 해악으로부터 벗어나는 길은 요원할 것이다.

2 자기낙태죄(「형법」 제269조 제1항), 동의낙태죄(「형법」 제269조 제2항), 업무상 동의낙태죄(「형법」 제270조 제1항), 부동의낙태죄(「형법」 제270조 제2항) 및 낙태치사상죄(「형법」 제270조 제3항)로 유형화하여 규정하고 있다.

3 특히 「모자보건법」 제14조 제1항은 의학적 · 우생학적 · 윤리적 사유가 있는 경우에 의사가 본인과 배우자의 동의를 얻어 인공 임신중절수술을 할 수 있다고 규정하고 있다.

4 양현아, 「범죄에서 권리로 – 재생산권으로서 낙태권」, 양현아 편, 『낙태죄에서 재생산권으로』, 서울대 BK21 법학연구단 공익인권법센터, 2005.

5 송윤진, 「자율성 역량 모델의 제안과 그 적용 – 낙태에서 여성의 자기 결정권을 중심으로」, 『아세아여성법학』 19, 아세아여성법학회, 2016.

6 정상 월경 주기를 가지고 있는 여성에서는 월경 주기마다 20~30개의 미성숙 난자가 성숙되는데, 그 중에서 한 달에 한 개의 성숙된 난자만이 배란된다.

7 황나미 · 이수영 · 박승미 · 장인순 · 강아람, 「2015년도 난임부부 지원사업 평가 및 난임원인 분석」, 보건복지부 한국보건사회연구원 정책보고서(2016-31), 2016.

8 배란 유도법에는 경구제 약물 복용법, 주사제를 이용하는 방법, 경구제와 주사제를 혼용하는 방법이 있다.

9 난소과자극 증후군은 불임치료 영역 내에서 가장 응급 질환으로 경우에 따라 입원치료가 필요하다.

10 대부분의 연구들이 '과배란 유도 주사는 난소암의 위험도를 높이지 않는다'라는 결과를 발표하였지만 일부 연구에서 '과배란 유도 주사가 침습적 난소암의 위험도를 높이지는 않으나, 경계성 난소 종양의 위험도를 3~4배 정도 증가시키는 것 같다'는 주장도 함께 제기된바 있다.

11 공병혜, 「여성주의 윤리와 생명윤리」, 『범한철학』 32, 범한철학회, 2004.

12 하정옥, 「한국 생명의료 기술의 전환에 관한 연구 – 재생산 기술로부터 생명공학 기술로」, 서울대 박사논문, 2006.

13 양현아, 앞의 글.

가부장적 구조 속에 나타난 타자화된 여성*

심귀연

1. 들어가는 말

철학은 인간과 삶에 대해 묻고 답하는 과정을 거쳐 왔다. 물론 철학에서 진리 문제가 주요한 문제이긴 했지만, 그것 역시 인간의 문제를 담지하는 가운데 탐구되었다. 이 문제를 정리하자면 다음과 같다.

"진리는 무엇이고 우리에게 어떻게 알려지는 것인가?"

이 과정에서 여성과 여성의 목소리는 배제되었다. 여성이 그런 물음을 묻기에는 너무 불안정한 존재라고 생각되었기 때문이다. 진리는 불변하는 것이며, 이성만이 그것을 가능하게 했다. 반면 물질적이고 감성적인 것들은 진리의 반대편에서 진리의 어둠으로 존재했다. 이성 중심적인 입장에서 여성은 늘 변덕스럽고 감성적인 존재로 간주되곤 했다.

철학 전통에서 인간의 범주에 속하는 것은 남성이다. 그리스에서는 성인 남성만이 공적인 행위를 할 수 있었고, 정치적 공간에서 자신의 존재를 드러낼 수 있었다. 여성과 아이와 가축은 모두 사적인 영역에서 남성에게 보호받거나 통제되거나 사용되어져야 했다. 여성은 통제 속에 들어오지 않는다면, 위험한 존재로 간주되었다. 여성은 결여된 남성이며, 필요악이라는 이미지마저 덧쓰인다. 이 이미지는 뱀의 유혹에 넘어간 이브, 아담을 유혹한 이브에 의해 더욱 강화된다. 하지만 여성은 없어서는 안 되는 존재다. 여성의 몸은 인간 또는 남성의 삶을 미래에 이어주는 통로가 되기 때문이다. 남성이 여성의 성을 소유하려는 이유가 바로 여기에 있다.

소유되는 여성은 주체가 될 수 없다. 여성은 타자이면서 동시에 소유되어야 하는 대상으로 존재해야 했다. 그 결과 여성의 이미지는 권력관계에서 여성을 종속적 지위에 처하게 했고, 자본주의적 논리는 여성의 종속적 지위를 고착화하였다. 본 글은 가부장적 역사와 구조 속에 나타난 여성의 타자화를 통해 살펴보고 그것의 문제점을 드러내고 해결방안을 모색하고자 한다.

먼저 여성에 대한 이중적 이미지와 그 근원이 어디에 있는지 살펴볼 것이다. 특히 가부장제가 결혼과 가족이라는 틀 속에서 어떻게 여성에게 억압적으로 작동해 왔는지를 역사적 맥락에서 파악해볼 것이다. 여성에게 자연스럽고 아름답다고 여겨지는 많은 것들이 실상은 여성의 타자화와 결부된 기만적 이미지임을 확인할 것이다. 결국 여성이 기만적 이미지를 벗고 자신의 주체성을 회복하는 일은 신체적 결정권을 회복하는 일이다.

2. '경이'의 감정과 자연, 그리고 여성

하늘에 빛나는 별, 어느 날 문득 만개한 벚꽃들, 비온 후의 무지개, 지금은 이 모든 현상이 과학적으로 해명되어 더 이상 신비로 남아있지는 않지만, 그럼에도 자연이 주는 아름다운 선물에 감탄하지 않을 수 없다. 그러므로 그 옛날 자연의 신비로운 현상은 그야말로 '경이' 자체다. 아쉽게도 자연에 대해 느낀 '경이'로운 감정은 단순한 '호기심'으로 변하고 자연을 정복하고자 하는 욕구를 불러일으켜, 지금은 별들을 항성으로, 만개한 벚꽃들은 생물학적 주기 중의 하나로, 비온 후의 무지개는 빛의 반사로 이해되고 있다. 더 이상 거기에 경이와 신비는 없다.

인간은 과학의 힘을 빌어 만물의 주인이 되었다. 과학은 인간 존재의 우월성을 강화하는 데 중요한 역할을 했다. 그것은 자연을 분석하고 자연의 수단화를 가속시키는 일이었다. 인간은 자연의 삶을 문명화된 삶과 비교하여 상대적으로 열등하고 저급하며 미개한 삶의 모습으로 여겼기에 자연과 멀어지길 희망했고, 문명화된 삶을 살기 위해 온갖 노력을 다해왔다. 즉 미개한 삶, 야만적인 존재로부터 벗어나는 길만이 인간을 인간답게 해주는 것이라 여겼다.

왜 인간은 자연의 위대함을 인정하지 않고 통제하려고 했던 것일까? 이 물음을 해소하기 이전에 먼저 자연의 위대함과 경이에 대해 먼저 살펴보아야겠다. 자연이 위대한 것은 '생성'하는 힘 때문이다. 소멸의 두려움보다 생성의 두려움이 더 크다. 조금 더 구체적으로 말하자면 소멸은 '알 수 없는 것'에 대한 두려움이지만, 생성은 거대한 힘에 맞서는 두려움이다. 소멸은 더 이상 아닌 것, 사라지는 것이지만, 생성하는 자연은 신의 창조를 닮았기 때문이다. 도대체 생성하는 힘은 어디서 나오는 것일까? 신이 아니면 도무지 할 수 없는 일이다. 자연의 생명력은 신의 능력으로 이해되곤 했고, 고대그리스 이전의 세계관은 물활론적일 수밖에 없다. 물에도 신이 깃들고, 땅에도 신이 깃든다.

신에게 세계를 맡겨두기에는 인간이 가지고 있는 호기심과 두려움은 너무 강렬했다. 그 호기심은 자연을 그 자체로 이해하는 데 머물지 않고 존재의 원인과 생성과 소멸의 원인을 알아내고자 욕구했고, 결국 자연을 대상화하는데 성공한다. 철학사는 그 과정이 플라톤 이래 어떻게 이루어져왔는지 잘 보여주고 있다. 서양철학의 원형이자 주석이라고 말해지는 플라톤은 신의 위대한 능력을 자연 속에 가두어 둘 수 없었다. 그래서 플라톤은 현상계로부터 이데아계를 분리해낸다. 자연에는 생성만 있는 것이 아니라 소멸이 동시에 존재한다. 생성하는 힘은 그렇다하더라도 소멸은 어떻게 신에게 가능한 일인가. 신은 소멸하지 않는다. 소멸하는 것은 신이 아닌 존재들이어야 했다. 세상의 불완전함은 또 어떻게 설명될 것인가? 완전함에서 불완전한 것이 나온다고 인정하는 것은 완전함이 가진 모순이 된다.

〈그림 1〉 카스파 다비트 프리드리히, 〈안개바다 위의 방랑자〉(1818)

이데아계로 가버린 신은 중세의 신

으로 세상으로 복귀한다. 신은 세상을 창조하고, 창조된 세상을 구원하기 위해 육화된 신으로 돌아온다. 근대는 신을 불러들이는 것에 만족하지 못하고 인간이 신이 되기로 한다. 자연의 변화가 근대과학의 힘으로 설명 가능해진 것은 이때부터다. 망원경의 발명으로 하늘의 별은 신비로움을 잃어버렸고, 비와 바람과 천둥은 더 이상 신의 슬픔과 분노가 아니었다. 인간이 이해할 수 없었던 자연의 신비는 벗겨지고 인간은 자연을 통제할 뿐 아니라 자연환경을 변화시켜갔다. 인간은 신의 능력을 땅으로 끌어내려 자기 것으로 만들었다. 세상의 중심은 인간이며, 인간은 이성의 능력을 신으로부터 부여받았다고 확신하였다. 이제 인간은 이성을 가진 주체로서의 지위를 확고히 하게 된다.

이성-주체중심주의에 따른 이분법적 체계는 데카르트에 의해 확립된다. 데카르트는 신이 떠난 자리에 확실성의 토대를 마련하기 위해 '방법적 회의'를 사용하였고, 'Cogito ergo sum'이라는 명석판명한 명제를 도출했다. 나는 '생각하는 존재'이며, 모든 것은 여기에서 출발한다. '생각하는 존재'인 인간은 모든 것의 출발점이 되었다. 이제 이성-주체인 인간은 자신의 관점에서 인간 외의 모든 것을 대상-객체로 바라본다. 데카르트는 여기에 그치지 않고 사유하는 속성을 가진 실체를 '정신적 실체'로, 연장을 가진 실체를 물질적 실체라고 규정한다.

자연에는 더 이상 신성이 작용하지 못하며, 그것은 오직 물질적 세계에 속하는 것으로 인과적 법칙에 따라 필연적 고리에서 벗어나지 못한다. 자연에는 인간이 이해 못할 우연이라는 것은 존재하지 않게 되었다. 자연의 생성과 소멸은 더 이상 경이가 아니라, 인간에 의해 낱낱이 파악되고 해부된 무엇thing일 뿐이다. 인간의 존재론적 지위는 이렇게 해서 자연과 구별되며 오직 주체의 자리에 서게 된다.

인간에게 몸은 자연에 속하는 것이다. 몸은 데카르트가 동물을 정신을 가지지 못한 자동기계로 간주한 것처럼 자동기계에 불과했다. 인간이 동물들과 구별되는 것은 인간이 사유하기 때문이다. 인간의 정신은 몸 속에 담겨 의지에 따라 행위하지만 동물은 정신과 의지가 없기 때문에 자연의 필연성을 따른다. 그러나 여기에 그치지 않고 인간은 이성적으로 성숙한 존재와 덜 성숙한 존재로 구분한다. 보다 자연에 가까운 존재는 덜 성숙한 존재로서 성숙한 존재의 후원과 보호아래 통제되어야 했다.

여성의 몸은 자연의 경이를 그대로 담고 있다. 여성은 출산을 통해서 생명을 탄생시키는 신비를 가진 존재다. 과학이 발달하면서 여성의 신비는 벗겨지고, 여성이 가지지 못한 힘을 남성이 여성을 통제하면서 착취한다. 그 저변에는 자연에 대한 두려움을 가졌듯이 여성이 가진 생성의 힘에 대한 두려움이 깔려 있다. 여성의 두려움은 여성에 대한 혐오로 바뀌었고, 여성은 '자연'의 다른 이름으로 취급되었다.

자연을 '경이'가 아닌 '경멸'로 대하듯 여성의 존재는 그렇게 취급되었다. 여성의 사유능력을 인정하지 않는 한, 여성은 자연과 다르지 않다. 여성은 변덕스러운 날씨처럼 통제되지 않은 감정적인 존재여서 남성의 통제가 불가피하다. 이렇게 인간이 자연을 더 이상 경이로 대하지 않고 통제해야 할 대상으로 바라보듯 여성의 출산은 여성이 아닌 존재에게 통제되고 관리되고 있다.

3. 남성 그리고 인간중심주의

인간이 육체적인 것에 가까울수록 동물적이며 자연적이며 야만적이라는 생각이 가능한 것은 인간을 정신적이고 사유하는 존재로 규정하기 때문이다. 이는 플라톤 이래 지속되어 온 생각이다. 데카르트뿐 아니라 현상학자인 하이데거는 인간만이 물음을 묻는 존재라고 말하면서 사유의 특별함을 강조하고 있다. 그러나 그도 몸을 말하지는 않는다. 생각하고 말하는 것은 몸 없이 불가능하다는 것을 그들이 모를 리가 없을 텐데도 말이다.

인간과 자연의 관계 뿐 아니라 인간이 살아가면서 겪는 모든 관계에서도 이분법적 구조는 차별적 형태를 띠며 적나라하게 드러난다. 이 구조는 '인간=이성=남자=주체'가 '자연=감성=여자=객체'를 지배하고 통제하는 방식이다. 인간과 자연이라는 이분법적 구조가 남성과 여성이라는 방식으로 정리되면서 여성은 타자가 된다. 우리는 이러한 구조를 플라톤에서부터 찾는다. 플라톤에 의하면 인간의 영혼은 육체의 옷을 입고 현상계에서 허망한 삶을 살아간다. 육체는 변하고 소멸하지만 영혼은 변하지 않는 신성을 닮았다. 그래서 육체는 유한한 것으로 정신 또는 영혼은 무한한 것으로 이해되었다. 이제 영혼과 육체, 정신과 물질의 관계는 힘의 우열관계로 변화였고, 그 차이는 권력관계로 틀 지워진다.

플라톤은 『파이드로스』에서 "우리가 어떠한 사물에 관한 순수한 지식을 얻고자 한다면 육체를 제거해야만 하며 영혼 자체만으로 사물 자체만을 관조해야 한다는 것을 확인 한다".[1] 문자 그대로 우리는 진리에 이르기 위해 죽어야 하는가? 그러나 당시의 그리스 사회에서 죽음은 축복의 길이 아니다. 오히려 고대 그리스에서 죽음은 불결의 근원에 속했다.[2] 죽음은 바로 변화는 것, 또는 악의 속성이다. 육체는 죽을 수 있는 것, 소멸할 수 있는 것이다. 정신은 소임을 다한 육체로부터 벗어나 새로운 육체의 옷을 입음으로써 이 불결로부터 벗어날 수 있다. 죽음이 필요한 일은 소임을 다한 육체로부터 벗어나기 위해서다. 플라톤은 영혼의 윤회를 이야기하며 무한하고 불변하는 진리의 세계를 논한다. 플라톤에 의해 몸의 신비는 정신의 신비로 대체된다.

육체로부터 벗어나 죽음에 이르는 길을 진리에 이르는 하나의 과정에 비유한 플라톤의 인식론을 우리는 어떻게 이해해야 할까? 진리란 '있는 것을 있다'라고 말하는 것 외에 다른 것이 아니다. 그는 이데아계를 실재라고 보았기 때문에 이데아계의 실재성에 대해 말해야 했다. 우리가 살고 있는 현상계는 더 이상 실재가 아니다. 실재성을 상실한 실재, 그것은 가상이다. 가상의 세계에 살고 있는 우리는 실재의 세계를 그리워할 수밖에 없다. 그리움을 회상 방식을 통해 해소하고자 하는 것, 플라톤은 그것을 '상기'라고 말한다. '상기'는 우리를 진리의 세계로 안내해준다. 진리를 추구하려는 마음, 그것이 지혜를 사랑하는 마음이며, 이 마음을 유지하기 위해 인간은 육체적인 모든 것에서 멀리한다. 이 모든 것의 가능성은 이성의 능력에 있으며, 영혼의 힘이 육체를 지배할 때 비로소 인간은 근원적인 불결로부터 벗어날 수 있다.

플라톤의 이와 같은 사유방식은 데카르트에게로 이어진다. 데카르트가 학문적 토대의 확실성을 확보하기 위해 방법적 회의로 도출한 것은 사유하는 나이다. 즉 코기토의 확실성이다. 그러나 코기토의 확실성은 자기애에 이르고, 스스로를 가두고 진리를 내면에 머물게 한다. 이제 진리는 '내 안'에만 있게 된다. 그렇다면 우리는 내적 경험을 어떻게 객관화시킬 수 있으며, 어떻게 보편적 진리로 확인할 수 있는가? 근대적 진리는 그 자체에 모순을 품는다. 이제 우리는 이 모순을 면밀히 들여다보아야 한다. 자연에 대한 '경이'의 순간에 머문 것은 잠시이며, 인간은 자연을 소유하고 지배하고자 하는 욕망에 오랫동안 시달렸다. 근대에 이르러 이성-주체중심의 이분법적 구조는 '소유'의 욕구와 맞물린다. 인간은 자연이면서도 자연이 아니고자 했고, 자연이 아니지만 자연이어야 했다. 인간은 소유의 방식으로 이 모순을 해결하고자 한다. 아쉽게도 소유욕은 타인의 억압하는 방식으로 나타난다. 인간이 자연을 소유하고, 남성인 인간은 여성인 자연을 소유하는 구조, 이것이 근대의 이분법틀이 보여주는 현실이다.

여성과 남성의 권력구도 속에서 여성이 패한 가장 근원적인 이유가 여성의 출산이다. 앞서 살펴보았듯이 출산은 남성에게 신비 그 자체다. 신비는 두려움으로 바뀌고 이 두려움을 극복하기 위해 남성은 여성을 자연으로 남긴다. 결국 남성과 여성의 이러한 지배구조에서 남성이 우위를 차지한 것은 생존의 영역에서 유리한 상황이 되는 '남성의 생물학적 특성'이 가져다준 결과에 불과하다.[3]

인간은 사유하는 존재이지만, 몸을 가지고 있기 때문에 인간일 수 있듯이 인간으로서의 남성은 여성 없이 존재할 수 없다. 자기의식의 과

〈그림 2〉 존 윌리엄 워터하우스, 〈에코와 나르키소스〉(1903)

정을 보여주는 헤겔의 주인과 노예의 변증법을 여성과 남성의 권력관계 형성의 구조를 나타내는 사례로 변형하여 살펴보는 것도 매우 흥미로운 일일 것이라 생각한다. 노예는 주인이 있기 때문에 노예로서 존재할 수 있고, 주인 또한 노예가 있기 때문에 주인으로서 존재할 수 있다. 주인과 노예는 서로에게 각각의 지위를 인정받는다. 노예는 노예이기를 원하지 않지만, 주인으로 인해 노예가 될 수밖에 없고, 주인은 노예를 두어야만 주인이 될 수 있다. 노예는 노예로서의 삶을 숙명처럼 받아들이고 살아가지만, 어느날 노예는 자기가 주인과 다를 바 없는 존재임을 깨닫는다. 일종의 '각성'이다. 이러한 각성은 투쟁이라는 행위로 나타나지만, 그렇지 않다고 하더라도 주인은 노예의 노동이 없으면 존재할 수 없는 존재로 전락하고 만다. 헤겔의 이 사례를 더 진척시키지 않고 여기서 잠시 멈춰보자. 남성과 여성의 관계도 권력관계에서 볼 때 주인과 노예의 관계와 다르지 않다. 일상생활에서 노예에게 모든 것을 맡겨버리는 주인처럼 남성이 여성에게 사적인 모든 것을 일임했을 때, 남성은 여성 없이 자신의 삶을 온전히 꾸려나갈 수가 없게 된다.

남성으로 대표되는 인간중심주의는 주체의 지위를 온전히 유지하고자 여성 없는 삶을 꿈꾸지 않고 여성을 노예화하고 수단화하는 데 전력을 다한다. 여성에 의해 전복되는 삶은 남성의 타자화이자 노예화를 의미한다. 남성은 이러한 전복 행위를 원천적으로 불가능하게 할 필요가 있다. 여기에 대단한 공로를 한 이가 프로이트다. 여성은 프로이드적으로 말하자면 결핍된 남성이다. 이는 생물학적으로 그렇게 결정되어 있다는 것이므로, 어떤 투쟁에도 불구하고 상황은 바뀌지 않는다. 여성이 스스로 자신의 주체성을 자각하지 못하고 예속된 삶을 숙명으로 받아들인다면, 지배와 피지배라는 권력의 구조로 고착된 불평등한 관계는 바뀔 수 없게 된다. 이 관계 속에 머문다면, 근대가 밝은 태양 아래 내놓은 위대한 명제, 코기토 에르고 숨은 허공을 헤메는 유령이 되고, 인간은 몸을 잃고 관념 속에 갇혀 영원한 고독에서 빠져나올 수 없을 것이다. 마치 우물 속에 빠진 자기 얼굴을 사랑하는 나르키소스처럼. 이것이 남성이 선택한 이성-주체중심주의의 한계다.

4. 여성의 타자화

우리는 데카르트적 사유가 야기한 문제점들 중의 하나로 여성의 타자화를 말하고 있다. 그러나 주지하는 바와 같이 여성의 타자화는 철학사적 맥락을 따라 올라갈 때, 이미 아리스토텔레스에서부터 그 모습이 분명하게 드러나고 있다. 아리스토텔레스는 인간을 정치적 존재라고 규정하고 있다. 그러나 인간이 인간답기 위해서는 기본적 생의 유지라는 전제가 따른다. 밥 먹고 잠자는 등의 아주 기본적인 행위다. 이런 일들은 노예의 도움으로 충족될 수 있다. 그러나 아이를 낳는 일은 노예가 할 일이 아니다. 자신의 삶을 연장시키는 일, 인간이 정치적 영역에서 그 힘을 과시하고 유지하게 해주는 것들, 부를 지킬 수 있도록 하는 일, 유한한 삶을 영원한 삶으로 이어주는 일, 그럼에도 그런 역할의 위대함을 모르도록 하는 것. 여성은 그런 영역을 담담하기에 적합한 존재였다.

출산은 양육으로 이어지고 양육은 여성을 가정에 머무르게 한다. 근대 자본주의는 그 정당성을 도덕적으로 확보했다. 우리는 출산과 양육에 따른 여성의 타자화 문제를 다음 장에서 좀더 구체적으로 다룰 것이다. 우리가 여기서 확인하는 바는 여성의 타자화가 생물학적 차이로 오는 필연성이 아니라, 인간간의 권력구조에서 패배의 결과라는 점이다. 여성의 타자화된 모습은 우리 삶의 보편적 구조인 가부장적 구조에서 확연히 찾아볼 수 있다. 남성은 삶에서 늘 주체이고, 여성은 항상 객체라는 사실 아닌 사실은 전통적 사고에서 볼 때, 진리에 가깝다. 그런 진리관에 따라 남성은 여성을 자연스럽게 사적인 영역인 가정에 안주하도록 한다. 여성의 가치는 가정에 머물 때 빛나고 돌봄의 영역에서 여성은 덕을 완성할 수 있다. 그러한 여성의 가치는 남성에 의해 주어진다. 여성은 남성의 소유물 중 하나일 뿐이므로, 남성에 의한 가치평가는 거의 절대적이다.[4]

근대에 이르러 개인의 주체성이 강조되고 만인의 평등을 말하지만, 여성에게는 법적으로 관습적으로 불평등만이 존재했다. "여성은 날 때부터 남성에 비해 신체적으로 약할뿐더러 이성적인 사유능력도 떨어진다"[5]는 생각을 가지고 있었기 때문이다. 앞서 밝힌 바와 같이 이러한 생각은 아리스토텔레스 이후, 프로이트 등 근대까지 지속적으로 고수되어온 생각이다. 특히 19세기의 프랑스 법은 다른 유럽에 비해 훨씬 보수적이고 권위적이다. 자유의 나라로, 혁명의 나라로 우리에게 알려진 프랑스는 개인의 자유가 인정되면서 여성의 자유 또한 당연한 것으로 간주되었지만, 법적인 문제에 있어서만큼은 여성은 남성과의 관계에서 상대적인 위치, 즉 타자로서의 위치를 가져야한다는 것을 전제하고 있었다. 여성은 딸로서, 어머니로서 존재하기 때문이다. 딸과 어머니는 아들과 아버지의 상대 개념이며, 여성은 본성상 보호를 받고 싶어한다는 것이다.[6]

5월의 장미, 5월의 축제, 5월의 여왕, 이러한 낭만적인 말들과 상황 속에 우리는 여성이 자신도 인지하지 못하는 사이에 예속되어 가고 있음을 발견한다. 여성에게 여성성이라는 본성을 강요하고, 또 여성을 남성의 부차적인 존재로 규정하기 위해 노력한 사례로 프랑스의 시골

지방에서 열리는 5월의 한 의식을 들 수 있다. 이 의식은 학교 생활이 모범적이고 육체적으로 순결하며 정숙한 상태임을 증명한 사춘기 소녀들에게 장미관을 씌워주는 의식이다. 장미관을 받은 소녀는 교회와 국가로부터 1500프랑의 상금을 받는다. 그런데 이 상금은 결혼하기 2달 전 지참금 명목으로 주어진다.[7] 프랑스를 사례로 들었지만, 우리는 유럽과 근대화를 지향하는 우리 현실에서도 마찬가지 사례들을 얼마든지 찾을 수 있다.

권력을 가지고자 하는 욕망과 주체이고자 하는 욕망을 버리지 못하는 한, 이분법적 구조는 무너지지 않으며 타자화는 지속된다. 문제는 자신이 타자화된 사실을 인지하지 못하는데 있다.[8] 여성이 이 사실을 더 모르는 이유는 체화되었기 때문이다. 이것이 가부장제의 폐해다. 가부장적 사고의 저변에는 정신적인 것과 육체적인 것 그리고 인간과 자연, 공적인 것과 사적인 것의 차별이 전제되어 있다. 여성의 타자화는 오랜 역사를 통해 진행되어 왔고, 그것이 전통과 관습으로 자리할 뿐 아니라, 전통적인 여성의 역할이 본성에서 비롯된 자연스러운 것으로 여기게 했다. 여성의 육체와 관련된 모든 담론들은 남성의 욕망을 위한 것이었다. 세상에 존재하는 성은 여성과 남성이 아니라, 단 하나의 성, 즉 남성일 뿐이다. 단 하나의 성만이 존재하는 사회에서 여성은 타자이며, 객체이며, 물화된 대상이다. 이는 여성이 성적 대상으로만 존재할 뿐 성적 주체로서 서지 못했음을 보여준다. 이런 상황에서 여성의 사회적 지위가 높아지고 여성이 법적으로 남성과 동등해졌다고 하더라도 여성은 남성의 부차적인 존재일 수밖에 없다.

그러나 사회가 변하고 경제적 토대가 변했다. 지금의 우리 사회에는 더 이상 생물학적으로 강한 힘을 가진 남성이 사회를 지배하는 것이 적합하다는 논리가 받아들여지지 않는다. 여성성과 남성성의 젠더적 구분은 생물학적 성과의 필연적 연관성을 잃었다. 게다가 여성성의 특성이 우리 사회에 이끌어가는 원동력이 될 수 있음을 시사하고 있다.

5. 결혼 속에 들어있는 독, 가부장제

현재를 살아가는 여성은 자신의 종속적 지위를 인정하지 않으려 한다. 그럼에도 가부장적 가정을 행복한 가정의 원형으로 규정하기를 주저하지 않는다. 왜 이러한 모순을 인지하지 못하는 것일까? 그것은 '낭만적 결혼'이라는 포장 때문이다. 우리는 낭만적 결혼을 사랑을 통한 결과로 이해한다. 그러나 결혼 후의 현실은 우리의 기대를 저버린다. 가부장제 아래 결혼은 독립적인 주체의 결합이 아니다. 우리는 결혼의 역사에서 약탈의 흔적을 발견한다. 이러한 흔적은 현재의 결혼식 풍경에서도 발견한다. 아버지가 사위될 사람에게 딸을 넘겨주는 행위, 또는 기독교적 혼인식에서 아내가 남편에서 복종을 서약하는 경우가 그 사례다.[9] 결혼은 여성의 희생과 순종을 전제한다. 결혼을 통해 형성된 가정은 결혼식의 서약아래 허락된 주종관계를 유지한다. 표면적으로는 평등한 것처럼 보이는 많은 일들이 가장이라는 특정한 권위를 기반으로 하고 있다. 특히 2017년 출간된 『82년생 김지영』과 웹툰에서 책으로 출간된

『며느라기』는 우리의 그러한 현실을 적나라하게 보여준다.

근대 독일철학자 피히테는 결혼을 성적 본능에 기초한 완벽한 결합이라고 보았다. 결혼을 통해 두 사람은 친밀한 유대를 가지게 되는데 피히테는 이것을 '사랑'이라고 말한다. 여성의 사랑은 남성에 대한 순종과 희생의 다른 이름이다. 왜 이러한 일이 일어나는 것일까? 아마도 여성의 사회적 지위나 법적 불평등한 상황 때문일 것이다. 여성은 남성에게 경제적으로 사회적으로 의지할 수밖에 없다. 비록 결혼이 당사자들의 자유로운 선택이라 하더라도, 그것이 사회적 불평등상황 속에서 야기되는 생존 위기를 의식한 선택이라면, 결혼을 평등한 관계로 볼 수는 없다. 결혼식은 불평등한 결합을 자발적으로 따르겠다는 의식이다. 그러므로 연애감정과 남성에 대한 여성의 사랑은 자기기만적 감정과 행위와 다르지 않다. 결혼이 사랑을 통한 합일이건, 칸트의 말처럼 '법적 계약'이건, 헤겔의 말처럼 '직접적인 도덕적 행동'이자 '의식적 사랑'이건, 그것이 '여성을 예속하는 과정이나 목적'인 것만은 분명하다. 결혼을 통해 남성은 가족의 수장으로서 즉 가장으로서 자리하며 가정의 전권을 행사하기 때문이다.[10]

결혼이라는 제도 속에서 가장으로서의 남성은 권위를 가지며, 여성을 소유물로 간주할 뿐만 아니라 그 힘을 폭력적으로 행사한다. 가부장적 사회에서 여성은 육체로서 존재하지 한 인격체로서 존재하지 않는다. 그래서 여성은 남성에게 소비의 대상이 된다. 감정적 대상, 성적 대상, 억압과 착취의 대상이다. 그러한 존재로 남기 위해 여성은 자신을 남성에게 매력적인 존재로, 남성의 취향에 적합한 몸을 지니기 위해 노력한다. 여성의 몸은 사적 영역에 남겨진 몸이며, 종속되는 몸이며, 욕망의 대상으로서의 몸이다.

여성은 몸을 소유하지 못한다. 여성은 몸 자체이기 때문이다. 게다가 여성은 남성을 소유하지 못한다. 여성은 주체가 될 수 없기 때문이다. 여성은 객체인 몸이다. 그러나 남성은 여성의 몸을 소유한다. 여성은 그저 육체, 자연으로서의 물질에 불과하므로 남성의 의지와 판단 없이 여성은 인간이 될 수 없다. 남성에 의해 인간이 된 여성, 즉 유사 인간이다.

그렇기 때문에 여성은 신체적 결정권을 가지지 못한다. 낙태죄 폐지를 주장하고 있는 현실은 그것을 반증한다. 태아의 생명존중권을 이야기하면서 낙태죄를 묻는다는 것은 여성이 자신의 몸에서 일어난 일에 스스로 선택할 권한 없다는 것을 말한다. 낙태죄는 낙태를 한 여성에게 책임을 묻고, 낙태하지 않고 태어난 아이마저도 남성의 것이 된다. 여성이 남성의 소유이므로 여성이 낳은 아이는 자신의 아이이다. 남성은 여성의 몸을 소유하고 아이를 얻고, 그 아이를 통해 불멸 할 수 있다고 생각한다. 아이로 인해 자신의 부와 권력과 죽음이후에도 이어질 수 있다고 믿었기 때문이다. 물론 여성의 몸을 자신의 소유로 하고자 한 그 저변엔 여성의 신성한 능력에 관한 부러움이 작용하지 않았다고 말할 수 없다. 출산은 남성이 경험할 수 없는 영역이다. 경험할 수 없었기 때문에 남성은 두려움을 느꼈을 것이다. 자신의 힘을 온전히 사용하기 위해 남성은 여성의 신비를 소유하지 않을 수 없다. 그것은 여성을 성적으로 소유함으로써 가능하다. 다시 말해 여성의 생물학적 능력을 가치절하하고 남근을 숭배하는 전략을 사용함으로써 남성에 의한 여성의 지배를 정당화하고 있다. 이러한 지배전략은 과학이 발달한 현대에 이르러서도 마찬가지로 작동한다. 남성은 의학 기술을 통해 여성의 임신과 출산을 자신의 통제 아래에 둔다. 의학은 여전히 남성을 위한 의학이었고, 의학을 통한 인류의 번성과 생명유지는 오직 남성의 영역 안에서만 행해지고 있다.

만일 여성이 출산을 자신의 권리로 확보하고 결정할 수 있었다면 출산의 과정은 지금처럼 고통스럽지 않았을지도 모른다. 과학이 발달함에도 출산은 여전히 여성이 겪을 수 있는 극한의 고통으로 받아들여야 한다. 과학은 제왕절제라는 수술 형식을 통해 여성의 고통을 줄여주는 일을 감행했지만, 과학적 견해는 수술 없이 자연상태로 출산을 하는 것이 여성의 몸에나 아이에게나 옳다고 본다. 또한 모유 수유는 여성의 가장 숭고한 역할인 모성을 지키는 행위로 간주되고 있다. 문명은 오직 여성만을 비켜가는 셈이다. 의학이 여성의 출산에 적극적으로 관여하는 것은 오직 아이를 낳지 못하는 여성을 위한 시험관을 통한 수정과 관련된 것들에서다. 여성은 쾌락의 대상이거나 인큐베이터에 불과하다. 피임기구의 등장은 성적 결정권, 달리 말하자면 신체적 결정권을 현실화한다는 점에서 혁명적인 사건이라 하겠다.

아이의 출산 이후에는 양육은 남성의 문제가 아니라 여성의 문제였다. 여성이 아이를 양육해야 하는 일차적 이유는 모유 수유에 있다. 늘 여성의 품에 아이는 안겨 있어야 하고 이 과정에서 아이와 여성간의 친밀성이 형성된다. 이러한 친밀성은 모성이라는 감정으로 포장되고 비화된다. 모성은 여성이 가정 내에서 머물도록 만드는 가장 위험한 감정이다. 모성은 이데올로기로서 작용한다. 사랑이라는 감정을 통해 여성은 가부장적 구조 속에 합리적인 모양으로 진입하고 모성이라는 이름으로 가정에 안주한다. 그러나 여성의 모성은 문화적 방식으로 이해되어야 한다. 모성을 실현할 때 여성은 훌륭한 어머니가 된다. 모성은 여성에게 희생이 아름답다는 것을 은연중 심어주며 강요한다. 그러나 모성은 본능이 아니다. 섀리 엘 서러는 『어머니의 신화』에서 다양한 사례를 통해 모성이 '본능'이 아님을 말한다. 각 사회는 어떤 믿음이나 상징적인 요소를 가지는데 이는 일종의 신화로서 작용한다. 모성도 마찬가지다. 모성은 사회가 구축한 방식에 의해 만들어진 상징적 의미이다.[11]

훌륭한 어머니는 가정에서만 그 가치를 인정받는다. 어머니들은 가정 밖에서 탁월한 능력을 발휘할 때 또는 공적인 자리에서 자기 자리를 충실히 지킬 때 오는 비난을 피할 수 없다. 출근하는 어머니들은 아이에 대한 죄책감으로, 늦게 퇴근하는 발걸음은 남편에 대한 미안함으로 마음을 졸인다. 어머니로서의 여성이 공적인 일에 더 가치를 두게 된다면, 그녀는 여성으로서 어머니로서 아내로서의 덕을 갖추지 못한 것으로 평가된다. 어떤 사회적 임무를 수행한다고 해도 여성이라면, 가정이라는 테두리에서 결코 벗어날 수 없다. 이렇게 도덕은 여성으로 하여금 권력에 의한 억압으로 작용한다.[12]

시몬느 드 보봐르의 분석은 아주 탁월한데, 그녀는 여성의 운명이 사유재산제도와 관련이 있다고 보았다. 엥겔스도 그런 학자들 중 한 명이다. 엥겔스는 『가족, 사유재산 그리고 국가의기원』에서 말하기를, 처음에는 어머니들이 공동재산을 관리하였지만 농업사회가 진행되면서 사유재산이 생겨나면서 상황이 달라졌다는 것이다. 땅을 씨족 전원이 공유하였던 석기시대에는 농업으로 인한 생산량이 많지 않았다. 이때까지만 해도 남성과 여성은 평등한 관계 속에서 노동의 역할을 구분하였다. 남성이 사냥과 고기잡이를 하는 동안 여성은 가정에서 또 다른 생산적인 일, 즉 토기를 제조한다거나 직물을 짜는 등의 일을 했다. 그러나 농업 기술이 진화하고 그 영역이 넓어지면서 보다 강도 높은 노동을 필요하게 되었고, 남성은 전쟁을 통해서 얻게 된 노예들로 하여금 그들의 일을 대신 하게 했다. 이러한 경험, 즉 노예를 소유하고 농기구를 사용하고, 생산된 모든 것을 소유하게 되는 경험은 남성이 스스로의 힘을 자각하는 계기가 되었다.[13] 남성들은 생산과 관련하여 자신의 힘이 어디에 있는지를 알게 되었고, 여성의 출산에 관여할 수 있는 가능성을 찾은 셈이다.

반면 섀리 엘 서러는 중국이 공산화되고 난 이후, 즉 사유재산이라는 것이 사라졌어도 여성이 여전히 억압받고 있는 상황을 주목한다. 그녀는 여성의 억압 원인의 결정적인 이유가 사유재산의 등장이 아니라는 사실을 발견했다.[14] 그녀의 말이 옳다고 하더라도 사유재산을 통해 경제력을 가지는 것은 강력한 힘이 될 수 있다. 이미 앞서 서술했듯이 인간은 권력지향적인 존재이다. 인간은 사회를 이루고 살아가며 사람과의 관계 속에서 존재의미를 찾는다. 다만 남성은 이 권력을 폭력적으로 사용한다는데 문제점이 있다. 특히 현대의 사회에서 자본의 힘은 그것을 보장하고 보존하는 강력한 힘이 된다. 남성이 재산에 관한 한 여성에게 소유권을 넘기지 않으려는 이유는 바로 이 때문이다.

19세기의 많은 여성운동가들은 경제적 평등 외에 법적 평등을 주장한다. 법적 평등이 여성이 남성으로부터 독립적으로 설 수 있는 계기가 된다고 보았다. 19세기는 인간의 주체성과 자유의지에 대한 보편성을 회득한 시기이다. 법은 남성이라는 개개인에게 평등하라고 주장하지만, 여성의 법적 평등성에서는 관심이 없다. 오히려 법 안에서 여성은 남성 안에 귀속되어야 하는 것을 정당화하고 있다. 그 이유는 사회적 기초질서인 가족이 유지에 있다. 가족은 사회나 국가의 가능성이다.

이미 우리가 앞서 살펴보았던 것에 따르면 생물학적 요인 그 자체는 여성과 남성의 위상 차이를 결정지을 수 없다. 생물학적 차이는 그저 다름을 나타낼 뿐이다. 경제적인 것에 의해서건 법적인 불평등에 의해서건 여성의 억압은 생물학적 요인이 아닌 문화적 요인에서 찾아야 한다.[15]

6. 성적 주체성으로서의 실존

여성성과 남성성이 생물학적 차이로 인해 결정되는 것이 아님을 우리는 확인하였다. 분명한 것은 수동성이 사물의 특성이라는 점이다. 여성을 수동적 존재로 생각한 것은 여성의 주체성을 인정하지 않는다는 의미다. 여성이 능동적일 때 사람들은 여성스럽지 못하다고 말한다. 조신하라. 얌전하라. 나서지 마라. 의견을 내지 마라. 순종하라. 이

것이 여성의 덕으로 오랫동안 여겨져왔다. 이러한 덕을 수행하는 여성은 결코 주체적일 수 없다. 여성은 땅이며, 씨앗을 받는 터이다. 여성의 성은 남성의 의지에 따라 열린다. 남성은 여성의 성적 욕구마저 통제한다. 만일 여성이 성에 능동적이라면 여성은 여성으로서의 덕을 상실한 것이 된다. 여성이 성적 주체성을 가지고자 하는 것은 여성이 자신을 회복하자는 의미이며, 남성에 의해 성적으로 예속되는 것을 거부하겠다는 의지다. 성은 결코 도구로 이용될 수 있는 것이 아니다.[16] 여성의 타자화는 여성의 성이 도구로 이용되었기 때문에 이러한 현상이다.

이리가라이는 성이 오직 하나일 뿐, 둘이 될 수 없다고 말해온 전통적 사고방식을 비판한다. 여성의 성은 인정되지 않는다. 여성의 성이 있다면, 그것은 결핍된 '남성'이다. 여'성'은 존재하지 않는 성이다. 여성이 자신의 지위를 확보하기 위해서는 성적 존재로서의 주체성을 확보하는 것이 중요하다. 여성은 결코 남성일 수 없다. 남성과 여성은 분명한 생물학적 차이를 가지고 있다. 그러므로 우리는 모든 지워진 목소리들을 들어야 할 때다. 그것은 몸의 소리이며, 여성의 소리다. 남성 권력의 정당성과 제도화된 가부장제의 토대가 몸의 열등성을 전제로 한 것이라면, 우선적으로 몸이 가지는 의미를 살펴보지 않을 수 없다. 인간의 몸은 단순히 정신을 담는 통이 아니다.

메를로-퐁티가 말하듯 몸은 육화된 정신이이며, 따라 몸은 정신과 구별될 수 없다. 여성이 몸적 존재이기 때문에 통제되어야 하고 지배되는 존재로 간주하는 것은 논리적인 모순이다. 성은 몸과 몸이 불러오는 분위기이며, 그것은 상황 속에서 나타난다. 그런 의미에서 성은 실존이다. 여성과 남성은 각각 성적 존재로서 실존적 삶을 살아간다. 그러나 여성은 그러한 삶을 거부당했다. 그래서 여성의 성은 실존적이지 않았다. 그렇다면 어떻게 해야 여'성'은 실존을 회복할 수 있는가? 성은 표현되지만, 설명될 수 없다. 실존으로서의 성은 대상화될 수 없는 것이기 때문이다. 메를로-퐁티의 방식으로 이 문제를 접근해보자. 그는 성적 존재로서의 인간에 대한 이해가 근대적 인식론으로 설명될 수 없음을 슈나이더[17]를 통해서 설명한다. 슈나이더는 뇌의 손상으로 인해 성욕을 느낄 수 없다. 그는 말하기를 "슈나이더에게 사라진 것은 자기 앞에서 성적 세계를 기투하고 자신을 성적 상황 속에 놓는 능력이며, 또는 그러한 상황이 윤곽적으로 잡혀지기만 해도 이를 유지하거나 만족에 이르도록 실천하는 능력이다."[18] 그런데 문제는 뇌의 손상이 성욕을 상실케 하는 원인이라는 것을 설명할 방법이 없다는 것이다. 성적 지각은 다른 대상들을 지각하는 작용과 같지 않다.

성적 지각은 몸과 몸의 관계에서 일어난다. 하나의 몸이 다른 몸을 향하면서 일어나는 현상이다. 어떤 상황이나 장면이 내게 성적 의미를 부여하는 것을 성 기관에 의한 관계를 염두에 두기 때문이라고 이해해서는 안 된다. 그것은 '성적 상황', 즉 분위기에 대한 이해이다.[19] 인간은 몸을 단순히 사물적 대상으로 두고 지각하지 않는다. 타인의 몸은 나를 유혹하고 나는 그 유혹에 반응한다. 그 유혹은 다시 타인에게로 향한다. 이러한 관계 속에서 성적 지각과 지향성이 생겨난다. 그러므로 성적 분위기는 한 몸과 한 몸 사이에 일어나는 개별적이고 구체적인 성적 도식에 의해 기초지어진다. 슈나이더가 타인에 대해 성적 매력을 느끼지 못하는 것은 바로 이러한 성적 지향성을 상실했기 때문이다.

우리는 성을 다른 사물적 존재로 환원시킬 수 없다. 성은 우리의 전全존재이다.[20] 그것은 세계 내에서 타인과의 관계를 통해서만 이해할 수 있다. 따라서 성적 존재로서의 주체성을 잃는다는 것은 인간의 실존성을 잃는 것을 의미한다. 이제 우리는 여성이 성적 존재로서의 주체성을 잃는 과정을 남성과 여성사이의 권력 구도를 통해 이해될 수 있음을 다시 한번 확인한다. 그것은 생물학적인 근거로 설명될 수 없다. 여성이 가지고 있는 물리적인 힘은 여성의 열등성으로 이해되어서는 안 된다. 생산구도가 바뀌고 삶의 방식이 바뀌면 그 방식에 따라 인간은 자신의 몸을 변형시킨다. 메를로-퐁티는 이것을 몸 도식body image으로 설명한다. 물리적인 힘은 그것이 작동하는 관계 속에서 의미를 발생시킨다. 따라서 그 힘을 절대적인 수치로 환원시키는 것은 부당하다. 여성의 성은 그 자체로 수동적인 것이 아니라 여'성'이기 때문에 수동적인 것이 되었다. 성이 주체적이고 실존이라면, 여'성'은 남'성'과 마찬가지로 자기 주체성을 부정당할 수 없다. 가부장적 구조 속에서 여성이 잃어버린 권리를 찾고 실존적인 삶을 살기 위해서는 남성으로부터 빼앗긴 신체적 결정권 뿐 아니라 성적 결정권, 성적 소유권, 그리고 이를 통한 성적 주체성을 회복하는 일이 중요하다. 그러나 이 일은 그 구조를 유지하는 한에서는 불가능하다. 우리는 가부장적 구조를 해체함으로써 실존을 회복할 수 있음을 주지해야 한다.

7. 나가는 말

가부장제는 모권사회에서 부권사회로 이행함으로써 시작된다. 이후 인간 삶과 사회의 모든 형태는 권력의 관계로 변하였다. 이처럼 가부장제를 권력투쟁에 의해 확보된 남성 권력의 산물이라고 본다면, 가부장제는 남성의 승리의 결과다. 반면 가부장제에 대한 여성의 저항은 권력투쟁의 연속선상에 있는 것으로 이해된다. 그러나 우리는 가부장제를 단순히 권력투쟁의 산물로 이해하는 것으로 그칠 수 없다. 왜냐하면 가부장적 사회 속에서 은폐되어 있는 억압의 형태가 여성을 비인격화하고 대상화하고 타자화하기 때문이다. 안타깝게도 그 과정은 매우 폭력적이다. 인간이 모두 평등하고 존중받아야 한다는 기본적인 전제하에서 본다면 남성의 억압적 행동은 이해될 수 없다. 남성의 억압의 논리가 아주 오랫동안 그리고 아주 치밀하게 진행되었다는 사실은 도무지 이해하기가 어렵다. 그런 까닭에 남성 억압의 논리가 정당성을 확보할 수 있었던 여러 가지 조건들을 검토하고 그것의 논리적 모순을 밝히고자 하였다.

우리는 인간이 정신과 육체라는 이분법적 구조로 이해되어 왔음을 확인하였고, 그 과정에서 몸에 대한 멸시를 통해 정신적인 것의 우위가 어떻게 형성되는지 철학사적 경로를 통해 알아보았다. 그리고 그 이면에 여성과 몸 그리고 자연에 대한 두려움이 '성복'이라는 형태로 드러났음을 확인하였다. 인간은 적어도 지배하거나 지배당한다. 이러한 권력의 관계에서 남성은 여성을 지배함으로써 자신의 온전한 삶이

가능하다고 생각한다. 또한 우리는 여성이 어떤 과정을 통해서 철저히 타자화되었는지 살펴보았다. 사유재산을 소유하는 과정에서 여성은 남성의 사유재산으로 편입되었다. 그러나 사유재산제도를 없앤 공산주의 사회에서도 여성은 억압의 고리에서 벗어나지 못했다. 법적 제도의 개선을 통해 여성은 억압의 고리에서 벗어날 수는 있지만, 여성은 여전히 스스로 남성이 채워준 쇠사슬에서 벗어나려 하지 않는다. 따라서 우리는 너무도 자연스럽게 가부장적 사회 속으로 편입되어 들어갔다. 그렇다고 이러한 결과를 두고 여성의 책임을 물을 수는 없다. 상황은 여성을 약자로 서게 했다. 그러니 그것을 두고 여성의 억압을 여성의 자유로운 선택이었다고 말할 수 없다.

20세기의 페미니즘은 여성과 남성을 동등하게 대우하자는 데 초점을 맞추고 있다. 다시 말하자면 여성이 공적인 영역에 나갈 수 있도록 보장받고 이로써 여성이 자신의 직업과 가정 내에서의 역할을 조화를 이루는 것에 초점을 맞추고 있는 것이다. 성차이가 존재하는데 그것을 인정하지 않고 동등하게 대우하게 되면 여성은 훨씬 어려운 상황에 처할 수 있다는 것이다. 이는 남성적인 가치가 여성적인 가치보다 우월하다는 것을 인정한 것이다. 결국 숨은 문제는 이 모든 것이 도덕적 기제로 등장한다는 사실이다. 여성은 '도덕성'을 빌미로 교묘하게 통제된다. 도덕이라는 것은 무엇인가? 권력의 다른 방식이다. 도덕성을 통해 여성을 통제하는 아주 효과적인 방식은 '성적인 것'에 관련짓는 것이다. 그러나 우리는 오히려 성이 우리의 실존을 표현한다는 사실을 메를로-퐁티에 근거하여 살펴보았다. 인간 실존의 상실은 성적 주체성의 상실로부터 온다. 성은 인간 실존의 한 표현이다. 남성은 여성의 출산과 임신의 과정에 모두 관여해 왔다. 여성은 자신의 성을 가지지 못했기에 남성의 이러한 통제를 자연스럽게 받아들일 수밖에 없다. 여성이 성적 주체성을 가질 수 있는 가능성은 가부장제 속에서 여성의 성적 대상화가 고착화되는 것을 막을 때이다.

미주

* 이 글은 2010년 새한철학회에 제출한 논문, 「가부작적 구조 속에 나타난 타자화된 여성」이라는 같은 제목의 논문을 재구성하였다.

1 로빈 메이 쇼트, 최라금 · 최성애 역, 『인식과 에로스 – 칸트적 패러다임에 대한 비판』, 이화여대, 1999, 20쪽.

2 위의 책, 53쪽.

3 시몬 드 보부아르, 조홍식 역, 『제2의 성』, 을유문화사, 1996, 118쪽 참조.

4 장문정, 「공사영역과 페미니즘 – 육체를 둘러싼 근대 가부장적 관리체계」, 『대동철학』 26, 대동철학회, 2004, 3쪽 참조.

5 니콜 아르노-뒤크, 「법의 모순」, 즈느 비에브 프레스 · 미셸 페로 편, 권기돈 · 정나원 역, 『여성의 역사』 4 – 프랑스대혁명부터 제1차 세계대전까지, 새물결, 1998, 129~130쪽.

6 위의 글, 130쪽.

7 미켈라 데 조르지오, 「카톨릭 여성 모델」, 즈느 비에브 프레스 · 미셸 페로 편, 권기돈 · 정나원 역, 앞의 책, 296쪽 참조.

8 이성환, 「무엇이 여자를 타자로 만드는가? – 여성 주체성의 기원」, 『젠더를 말한다』, 박이정, 2003, 66쪽 참조.

9 J. F 맥리넌, 김성숙 역, 『혼인의 기원 – 원시 사회의 약탈혼』, 나남출판, 1996.

10 즈느비에브 프레스, 「사명으로부터 운명으로 – 성차의 철학사」, 즈느 비에브 프레스 · 미셸 페로 편, 권기돈 · 정나원 역, 앞의 책, 93~94쪽.

11 이혜경, 『영미 및 유럽극에 나타난 모성』, 동인, 2004, 11쪽 참조.

12 섀리 엘 서러, 박미경 역, 『어머니의 신화』, 까치, 1977, 16쪽 참조.

13 시몬 드 보부아르, 조홍식 역, 앞의 책, 89쪽 참조.

14 섀리 엘 서러, 박미경 역, 앞의 책, 58쪽 참조.

15 장문정, 앞의 글, 8쪽 참조.

16 배철영, 「한 여인의 성적 주체(정체성)의 계보학 – 사르트르와 프코사이에서」, 『대동철학』 15, 대동철학회, 2001, 270쪽 참조.

17 슈나이더는 운동 및 지능 결손이 있는 환자다.

18 메를로-퐁티, 류의근 역. 『지각의 현상학』, 문학과 지성사, 2002, 247쪽.

19 위의 책, 248쪽 참조.

20 위의 책, 268쪽 참조.

중국 계획출산정책 배경하의 여성노동권익보호 현황

이 연

1. 머리말

중국은 전통적으로 '양아방노养儿防老', 즉 아들을 낳아서 노년을 대비하는 생육관념을 가지고 있기 때문에 남아선호사상이 형성되었다. 이러한 남아선호사상은 경제제도의 영향을 받은 것이기도 하다. 과거에는 사회보장제도가 없어 부모에 대한 부양은 자녀의 몫이었기 때문이다.

현재는 중국도 사회보장제도를 구축하였으나, 아직은 미비한 면이 있다. 특히 가임 여성의 출산 의향 및 취업에 미비한 사회보장제도는 많은 영향을 미치고 있다. 중국 내에서도 여성의 노동참가율의 지속적인 상승과 출산율의 지속적인 하강이 관찰되고 있다. 여성의 노동참가율과 출산율은 상관관계이면서도 인과관계이다. 중국은 1980년대부터 1부부 1자녀 정책을 실시하여 왔다. '2자녀 정책' 이전 사용자는 여성근로자 출산으로 인한 기간과 금액 비용 때문에 종종 남성직원과 자식을 둔 여성을 선호하였다. 또한 '2자녀 정책' 이후 여성에게 두 번의 출산과 육아 기간이 있을 수 있어 여성에 대한 고용차별은 더욱 심각해졌다. 이 때문에 사용자들은 여성관리자를 선발하는 데 있어 자녀를 둔 30대 여성보다는 40대 여성을 선호하게 되었다. 법정정년제도를 고려했을 때, 40대 여성은 15년 이상의 근무 기간이 남아 있을 뿐 아니라 두 번째 자녀를 가질 확률이 훨씬 적기 때문이다.

개인소득 측면에서 볼 때 2000년 도시 직업 여성의 평균소득은 남성의 70.1%이고 남녀소득 차는 1990년보다 7.4% 상승하였다.[1] 경제학자들은 남녀소득 차의 주요 원인은 출산 여성의 소득이 남성 및 무자녀 여성의 소득과 대비했을 때 낮기 때문이라고 지적한다. 또한, 35세 이하 근로자의 소득 차이에서 출산 여성과 무자녀 여성 간의 차이는 남녀소득 차보다 더욱 심하다.

2. '계획생육'이란 무엇인가?

'계획생육'은 '출산계획birth plan' 또는 '산아제한birth control'의 중국어 표현을 한국어 독음으로 읽은 것이다. 출산계획은 주로 자녀의 수와 출산 간격을 통제하는 수단으로, 경제 발전과 어울리는 인구 총량을 유지하고 인구소질을 제고하는 것이다. 계획생육은 신아의 수數만을 세한하는 것이 아니고 출산을 간여하고 인구소질을 제고하며 여성의 건강보호와 취업을 촉진하는 국가정책이다. 출산계획의 주 내용 및 목적은 늦게 결혼하고 늦게 출산하며 적게 출산하고 건강하게 낳으며 좋은 교육을 제공하는 것을 통해 계획적으로 인구수를 통제하는 것이다. 중국에서 진행해 왔던 '단두얼하이单独二孩'정책,[2] '이하이반一孩半(한 명 반)' 정책[3] 등은 모두 출산계획정책에 포함된다.

출산계획에 대한 법률규정은 「헌법」부터 각 개별법까지 규정되어 있다. 「중화인민공화국헌법」 제25조에서는 국가는 출산계획을 추진하여 인구 증가를 경제와 사회 발전계획과 서로 상응하도록 한다고 규정하고 있다. 제49조에서는 남편과 아내는 모두 출산계획을 실시할 의무를 진다고 규정하고 있다. 「혼인법」에서는 출산계획을 기본원칙으로 규정하고 있다. 「계획생육법」에서 출산계획은 산아제한뿐만 아니라 출산과 육아에 관한 사회보장제도, 영아 건강보건제도, 혼전과 임기보건제도 등에 대해도 규정하고 있다.

출산계획의 실행은 국가 권력이 보장하고 있다. 그래서 성질상 국가권력이 여성의 몸과 기본권에 대한 개입이다. 하지만 출산에 대한 결정은 여성 스스로의 요구이기도 하다.

중국에서는 기본적으로 여성이 경제권을 가지는 것을 남녀평등을 실현할 수 있는 관건으로 생각하고 있다. 여성이 경제권을 가지는 것은 여성이 사회노동에 참여하는 것을 의미한다. 그래서 중국의 여성운동은 여성이 사회노동에 참여할 수 있게 하는 운동부터 시작하였다.

1950~60년대 중국 사회주의 경제체제에 의해 농촌 여성은 가정에

서 나와 마을 집단 노동에 참가하면서 노동한 만큼 분배를 받았다. 여성은 사회노동에서 동등하게 노동하고 분배를 받아 가정적 · 사회적 지위를 높였지만 대신에 노동의 양도 증가하게 되었다. 단체 생산을 시작하고 나서 여성은 남성과 같이 반드시 출근해야 하지만 빨래, 요리, 베이비 케어 등 가사노동은 여전히 여성이 맡고 있었다.

여성은 사회생산을 참여하는 와중에도 출산육아의 고통을 겪어야 했고 여성 신체특성에 맞지 않는 노동 강도는 여성의 몸에 많은 건강상의 문제를 일으켰다. 국가에서는 여성이 사회노동에 참여하는 것을 진보적이고 영광적인 행위라고 적극 선전하고 있었다. 이에 따라 이 시기 여성이 집안일에만 종사하는 것은 본인뿐 아니라 가족들까지도 여론의 비판 대상이 되었다. 그래서 임신한 여성도 대부분 생산노동에 종사하였다. 임신한 여성이 생산노동에 종사하는 것은 많은 부작용을 낳았다. 자연유산이 빈번함은 물론, 임신한 여성이 출산을 부담스럽게 여겨 배를 꽁꽁 묶거나, 낙태약을 몰래 먹는 일도 많았다. 심지어 출산한 영아를 익사시키는 사건도 있었다. 뿐만 아니라 출산 여성이 오전에 출산하고 오후에 바로 생산노동에 종사하여 부인병과 자궁탈출증의 발병도 증가하였다.[4]

출산과 육아에 시달린 여성은 절제적인 출산을 요구하기 시작하였다. 그러나 전반적으로 출산을 여성의 의무로 생각하는 전통적인 관념이 지배를 하고 있었고 피임방법과 기구가 부족해서 정부의 지원 없이는 계획적인 출산이 이루어지기 힘든 시기였다.

1953년 중국 역사상 첫 번째 인구조사의 결과 건국 이래 중국의 인구수는 급속하게 증가하였고 계속 증가하는 추세이다. 1953년 말 총 인구수는 6억, 출생률은 37.0‰ 증가, 사망률은 14.0‰ 하강, 자연증가율은 23.0‰로 집계되었다. 그래서 인구 통제를 해야 한다는 학자들에 의한 출산계획이 제기되었다. 1954년 말에는 6억 266만 명으로 집계되었다.[5] 인구기수가 방대하고, 인구 자연 증가율이 지나치게 빨라 제한적인 농지 등 자원으로 도저히 그 많은 인구를 먹여살릴 수 없다고 판단되었다. 국가적인 현실과 절제적인 출산에 대한 여성의 부단한 호소에 부응하여 중국에서는 계획적인 인구증가를 실시하기로 하였다.

1962~1969년 출산계획 시범 지역을 선정하여 일부 지역에서 먼저 출산계획정책을 실시하였다. 1978년 3월 출산계획정책은 「헌법」에 입법되었다. 1980년 9월 '전국인민대표대회' 제5기 제3차 회의에서 "오직 한 명만 출산"하는 정책을 제안하였다(이하 '1자녀 정책'이라고 함). 그 후 1자녀 정책은 먼저 '공산당중앙위원회'의 당원에서 시행하였다. 1981년 '국가계획출산위원회'가 성립되었고 19'82년 계획출산은 국가 기본정책으로 되었다. 1984년 1자녀 정책의 기초에서 이하이반정책을 실시하였다. 즉 출산한 첫 아이가 여아인 농촌가정은 두 번째 아이를 더 낳을 수 있는 정책이다. 2002년부터 시행한 「인구와계획출산법」에서는 1부부 1자녀, 조건부 2자녀, 초과출산 사회부양비社会抚养费[6] 납부 등을 규정하였다.

2013년 11월부터 단두얼하이정책이 시행되었다. 각 지방에서 단두얼하이정책을 실시하였지만 기대 효과는 나타나지 않았다. 중국 중앙방송국 〈뉴스1+1〉 프로그램에서 단두얼하이 실시상황을 조사한 결과,

상하이 90%의 가임 여성이 2자녀 출산 조건에 부합하지만 2자녀를 신청한 비율은 5% 미만이다. 다시 말해 2014년 12월 말까지 조건에 부합하는 37만 쌍 부부 중 신청을 제출한 부부가 6만 쌍 밖에 지나지 않는다. 베이징에서 2자녀 신청을 제출하는 부부는 3만 쌍 미만이다.[7] 전국적으로 볼 때 정책 실시 후 출생인구가 단지 67만 6천 명에 지나지 않았다. 2012~2015년 중국의 출산율은 각각 1.26, 1.24, 1.18, 1.05명으로 집계되어 세계후열에 들어섰다.[8] 중국사회과학원에서 발표한 「경제청서 - 2015년 중국 경제형식분석과 예측」에서 중국의 현재 합계출산율은 1.4명 밖에 지나지 않아 인구대체수준Replacement Level 2.1명보다 훨씬 낮아 "저출산의 덫low fertility trap"에 빠질 염려가 있다고 하였다.[9] '스알우계획十二五计划'[10] 이래 중국의 인구는 지속적으로 증가하여 2014년 말까지 13억 680만 명으로 집계되었다. 인구연령 구조 및 출산정책에 의해 출생인구는 2010년 1,592만 명으로부터 2014년 1,687만 명으로 지속적인 증가세를 보이고 있다. 그러나 이와 동시에 노동연령 인구는 하강하고 노년인구는 계속 증가하고 있다. 2011년 15세부터 59세의 노동연령 인구는 9억 4천만 명을 찍고 하락세를 나타났다. 2014년 노동연령 인구는 9억 3천만 명까지 하락하였다. 60세 이상의 노인인구는 2010년 13.3%에서 2014년의 15.5%까지 상승하여 총 2억 1천 2백만 명으로 집계된다.[11] 국가통계국에서 발표한 「2016년 국민경제와 사회발전통계공보」에 따르면 2015년 중국 인구 13억 8천 3백만 명 중 60세 및 이상의 노인은 2억 3천 명, 총 인구비율의 16.7%, 65세 및 이상의 노인은 1억 5천만 명 10.8%를 차지한다.[12] 세계보건기구의 예측에 따르면 2050년까지 중국에서는 35%의 인구가 60세를 초과하게 되어 노령화 1위인 국가로 될 것이다. 그래서 2015년 12월 27일 개최한 전국인민상무위원회에서는 「인구및계획출산법」에 '1자녀 정책'을 '2자녀 정책'으로 대체하였다. 즉 2016년 1월 1일부터 태어난 두 번째 아이는 합법이다.

3. 출산계획의 구체적인 규정

1부부 2자녀가 원칙이지만 절대적인 것은 아니다. 법률과 법규의 조건에 부합하면 추가출산을 요구할 수 있는데 구체적인 방법은 각 지방의 「인구 및 계획출산조례」에 규정하고 있다. 보통 아래와 같은 경우 재출산을 요구할 수 있다. ① 두 자녀 중 장애인인 경우, ② 불임증 때문에 두 자녀를 입양 후 임신한 경우, ③ 재혼부부 일방이 두 자녀, 다른 일방이 1자녀 또는 무자녀, 재혼 후 공동 자녀가 없는 경우, ④ 재혼부부 일방이 1자녀, 다른 일방이 무자녀, 재혼 후 공동 자녀가 1명이 있는 경우, ⑤ 재혼부부 각자가 1명의 자녀가 있고 재혼 후 공동자녀 1명이 있는 경우, ⑥ 해당 지역 계획출산행정부서에서 인정한 기타 경우이다. 호적소재지가 다른 부부는 규정상 유리한 쪽의 지방조례를 적용한다.

중국은 55개의 소수민족이 있다. 소수민족은 인구가 적어서 소수의 민족이라는 의미이다. 소수민족은 계획출산을 하는 의무가 있지만 정책을 완화하여 적용하고 있다. 소수민족에 대해서는 인구와 호적 소재지에 따라 자녀수와 출산 간격을 다르게 규정하고 있다. 보통인 경우 2자녀가 원칙이고 몇 년의 출산 간격을 두고 있다. 인구수가 극히 적은 소수민족과 농민·목민, 산지주민은 3명까지 출산할 수 있다. 티베트족 중의 농목민은 출산 제한을 받지 않는다. 소수민족 계획출산정책은 부부 한쪽이 소수민족인 경우에도 동일하게 적용한다. 그러나 2자녀 정책이 모든 국민에게 적용된 후 소수민족은 출산의 우대가 없어져 3자녀정책을 적용해야 한다는 요구를 제기하고 있다.

출산계획은 여성을 가사노동에서 해방하여 사회참여와 기여도를 높여 여성의 가정 지위를 제고하였다. 「인구및계획생육법」 제3조에서는 인구 및 출산계획을 여성의 교육받을 기회와 취업 기회의 증가, 신체건강, 여성 지위의 제고와 결합해야 한다고 법적으로 여성의 사회 지위를 보호하고 있다. 규정에서는 출산과 육아가 여성의 몸·취업, 사회지위와 상당한 연관이 있다는 것을 법적으로 밝히고 여성의 권익을 보호해야 하는 취지를 원칙으로 삼고 있다. 그러나 중국은 법제가 발달되어 있지 않기 때문에, 세부적인 법률규정은 지역적 특성을 반영한 지방법률 또는 행정규범에서 정하게 되었다. 이에 따라 법률은 정부 행정 행위의 기본 준칙으로서 정부가 여성 보호에 대한 행정명령을 제정하는 데 있어 지침의 역할을 하고 있다.

20세기 1970년대 계획출산정책 공포 이후 정부는 '자유연애', '만혼만육晩婚晩育', '적게 낳고 잘 키우자少生优生' 등 관념을 창도하여 국민의 혼인과 생식 관념을 개변하였다. 이런 관념의 개변으로 인하여 중국 여성은 사회 지위 제고의 강력한 역전에 성공하였다. 여성의 지위는 남성의 소속물에서 평등한 존재로 바뀌었다. 관념의 변화는 중국 여성의 사회 지위뿐만 아니라 여성과 아동의 가정지위도 제고하였다.

그러나 계획출산은 여성에게 부정적인 영향도 가져왔다. 출산계획 초기에는 안전하고 효과적인 피임수단이 없어 주로 수란관차단, 임신중절수술 등 여성의 몸에 직접 개입하는 수단을 취하였다. 1950~1960년대는 사전조치와 사후조치를 결합하여 사용하였다. 즉 사전조치로는 피임약, 한약 및 기타 물리적 방법이 사용되었고 사후조치로는 임신중절수술을 진행하여 왔다.

전반적으로 계획출산 등 정책이 생식 관념을 개변하였지만 일부 후진지역에서는 여전히 남성 중심으로 하는 봉건사상을 유지하고 있기 때문에 대를 잇지 못하는 책임을 여성이 지도록 한다. 이 때문에 계획출산 등 제도가 시행된 초기에는 초음파검사를 진행하여 여아인 경우 낙태하거나, 초음파검사를 진행할 형편이 되지 않는 가정에서는 여아가 태어날 경우 이 아이를 유기 또는 살해하는 일이 적지 않게 발생하였다. 이러한 풍조는 성별비 불균형을 심화시켰을 뿐 아니라 여성 지위의 지역적 불균형도 심화시켰다.

4. 출산이 여성에게 가져오는 문제들

1자녀 정책의 목적은 고출산으로 인한 사회문제를 해결하는 것이다. 지난 30여 년간의 계획출산 정책은 인구 증가로 인한 자원 부족 및 환경파괴 등의 문제를 어느 정도 해소하였다. 또한 경제와 사회의 발전에도 적극적인 영향을 미쳤다. 그러나 계획출산 정책은 인구의 연령구조 및 성별 불균형에도 영향을 미쳤다. 이에 따라 인구보너스 소실, 저출산과 저출생률 및 성별비 실조 등의 문제가 발생하고 있다.

인구 노령화 문제를 해결하기 위하여 2016년부터 중국은 전면적으로 2자녀 정책을 실시하였다. 이 규정은 중국 여성에게 일생에 두 번의 임신, 출산, 육아기를 가져왔다. 앞서 설명하였지만 출산은 여성의 사회노동참가율과 반비례관계이다. 여성근로자는 출산육아로 인하여 부득이 하게 잠시 직업을 중단하고 직장에서 가정으로 돌아가게 된다. 사용자가 출산휴가 등 고용비용을 부담해야 하기 때문에 여성에 대한 고용차별은 더욱 심각해질 것이고, 경력단절기 연장은 여성의 사회기여도와 경쟁력을 떨어뜨려는 등 많은 성차별의 문제를 일으키게 되었다.

1) 고용차별

2015년 3월, 4월 베이징 시청구, 스징산구, 다싱구 및 일부 여대생을 대상으로 단두얼하이정책이 여성권익에 대한 영향의 조사를 진행하였다. 조사대상 중 재직이 79.8%, 퇴직이 8.9%, 여대생이 11.3%를 차지한다. 설문지 1,000부 넘게 조사한 결과 단두얼하이정책이 여성 권익에 대한 영향을 다소의 순서로 노동취업권익은 23.96%, 사회보장권익은 18.34%, 혼인가정권익은 17.26%, 교육받을 권익은 16.05%, 재산권익은 14.13%, 정치권익은 10.26%이다.[13] 단두얼하이정책은 여성의 노동취업이익에 제일 큰 영향을 끼치고 있다.

2자녀 정책 시행 후 여성 취업에 대한 차별이 더욱 심해지는 추세가 보인다. 주로 여성근로자 모집의 감소, 여성근로자 계약 기간의 단축, 핵심 부서로 진급의 난이도 상승 등이다.

베이징 제2중급인민법원의 통계에 의하면 2013년부터 2015년까지 본원에서 심리한 여성근로자 출산으로 인한 노동분쟁사건은 각각 39건, 18건, 21건으로 그 해 심결된 노동분쟁 사건의 1.1%, 0.75%, 0.87%를 차지한다.[14] 여성근로자가 일방적으로 부서이동 또는 휴가 등 신청을 제출할 때 사용자가 장벽을 설치하거나 여성근로자에게 생육보험生育保险을 가입해주지 않거나 출산보조금 또는 출산휴가를 지급하지 않는 등 이유 때문에 분쟁이 빈번하다.

「헌법」, 「노동법」, 「노동계약법」, 「취업촉진법」, 「사회보험법」 및 「부녀권익보장법」, 「여직공노동보호특별규정」, 「여직공금기노동범위의규정」 등 법률법규에서는 여성은 남성과 동일한 평등취업권, 동일노동동일임금, 직업안전권, 직업 발전권과 사회보장권 등 일반노동권을 가진다고 규정하고 있다. 동시에 여성 노동 중의 금기, 4기(생리기, 임신출산 기간, 수유 기간, 갱년기)의 권익, 생육보험 등 특수노동권익을 규정하여 여성의 모성보호와 특수생리 기간의 권익보호를 강화하였다. 구체적으로는 여성 특수생리 기간에 사회보험 적용, 노동계약 해제금지, 임금삭감 금지, 노동시간 제한 등 규정이 있다. 이런 보호 규정은 여성의 노동권익을 보장하고 실질적인 평등을 실현하기 위한 조치인데 반대로 여성 취업의 어려움을 증가하는 면도 있다. 사용자는 합리적 경제인rational economic man 입장에서 이윤의 최대화를 추구한다. 보통 여성 근로자는 1회 출산 5개월, 2회 출산 3개월, 총 8개월의 출산휴가를 가진다. 평균임금 기준으로 계산하면 1명의 여성근로자가 2회의 출산으로 인하여 사용자는 기본 5만 위안의 임금과 8개월간 보충인력의 고용비용을 지급해야 한다. 사용자 입장에서 이런 비용은 이윤의 최대화에 부합하지 않는다.

중국에서 고용차별은 구직단계에서 고용단계까지 여성 직업경력의 전반 과정에 존재하고 있다. 첫 아이를 이미 출산하고 직업경력이 있는 여성은 사용자들이 선호하는 부류였는데 2자녀 정책으로 인하여 재출산의 가능성이 발생하기 때문에 구직 과정에서의 경쟁력을 상실한다. 두 아이를 모두 출산한 여성에게도 양육에 투자하는 시간과 에너지가 많아져 업무에 충실하는 시간이 상대적으로 감소되기 때문에 이런 여성들은 더욱 큰 차별을 받는다. 출산 경험이 전혀 없는 여성에 대해 사용자는 두 번의 출산으로 발생하는 시간과 비용 때문에 모집 과정에서 여성을 거부하는 심각한 차별을 한다. 그래서 2자녀 정책 이후 원래 존재해왔던 고용차별이 더욱 심각해지고 여성은 더욱 큰 구직의 스트레스를 받고 있다.

2) 불의의 직업경력단절 기간 연장

직업경력단절이란 주로 여성이 출산으로 인하여 직업경력이 단절되는 것을 의미한다. 즉, 출산 또는 자녀 양육을 이유로 노동시징에서 퇴출되고, 대가 있는 일에 종사하지 않으며, 재학중이 아닌 기간을 의미한다. 제3기 중국부녀사회지위조사第三期中国妇女社会地位调查 결과에 따르면 도시 노동 여성 중 3분의 1이 경력단절의 경험이 있고 제일 긴 기간이 3년이며 출산과 자녀양육이 그 주요원인이다. 또한 출산으로 인한 경력단절의 비율은 해마다 증가하고 있다.

두 번째 아이를 출산하지 않으면 여성이 육아에 투자하는 기간이 보통 1년 6개월을 초과하지 않아 바로 직장에 복귀할 수 있기 때문에 경력단절 기간은 여성의 직업 경력 전체 과정에서 그다지 큰 영향을 끼치지 않는다. 그러나 복직이 얼마 되지 않아 아직 직장에서 자신의 위치를 공고히 하지 못하는 여성, 복직하고 나서 직업상승기에 처한 여성이 두 번째 아이를 출산하는 것은 또 한 번의 직업단절을 가져온다. 게다가 두 자녀의 양육부담이 크기 때문에 여성이 복직해도 경쟁력이 현저히 떨어진다.

3) 여성 가치관의 변화와 승진기회의 상실

출산과 육아는 여성의 가치관을 개변하여 가정과 자녀에 중심을 기울이게 한다. 출산 전 여성은 태교에 집중하는 것이 보통이고 출산 후 육아에 시달려 자신에게 투자하거나 투자를 원하지 않는다. 통계에 따르면 임신과 출산휴가 기간에 직업과 연관 있는 지식을 공부하는 직업여성은 2% 미만이다.[15] 출산과 육아로 인하여 여성의 건강상태가 다소 나빠져 육아와 직장을 겸하기 힘들다. 게다가 여성은 자신 직업능력의 제고에 투자하지 않아 최종적으로 직업 발전에 영향을 주게 된다. 사용자는 이런 점을 충분히 고려하여 불의의 경제적 손실을 차단하고 업무의 효율과 기업의 이익 제고를 위하여 여성 채용과 승진제도 등 면에서 여성을 차별한다.

4) 직업 목표의 개변

현대 여성은 가정, 사회, 직장 등 여러 면에서 역할을 하고 있다. 그러나 이 중 하나의 면에서만 역할을 제대로 수행하지 못해도 다른 면에 영향을 끼치게 된다. 2자녀 정책은 여성의 가정역할을 강화시키고 사회 역할을 약화시켜 역할충돌을 더욱 심화시킬 것이다. 그러나 현대 직업 여성은 자신의 노력으로 일정한 사회지위를 얻었고 자녀를 가져도 직업을 포기하는 것을 원하지 않는다. 가정에서는 여성이 직업에서 성공하는 것을 바라면서 현모양처를 요구하고 있는 반면 직장에서는 여성이 직장에 충실할 것을 요구한다. 그래서 여성은 가정과 직장의 양립을 위하여 어쩔 수 없이 직업 목표를 시간이 상대적으로 짧고 야근이나 출장을 요구하지 않으며 시간상 탄력이 있는 직업으로 바꾸게 되는데 일부 여성은 아예 직장을 그만두고 창업을 하거나 재택근무직업을 선택하게 된다.

5) 보육제도 부실

중국의 유치원에서는 만 3세의 원아를 모집한다. 교육부에서 공포한 「유아원업무규정幼儿园工作规程」 제2조에서는 유치원이 만 3세 이상 취학 전 유아에게 보육과 교육을 실시하는 기구라고 규정하고 있다. 그리고 3세 이전 유아를 유치원에 보내는 것은 유아 심리건강에 나쁜 영향을 주는 사회통념이 형성되어 있기 때문에 여성은 조건이 가능한 입소 전 자녀를 직접 양육하는데 노력하고 있다. 그래서 육아문제로 인하여 여성이 직업을 포기할 수밖에 없는 경우가 발생한다.

한 연구에 따르면 여성이 자녀양육으로 인한 결근일수는 14일이고 남성은 0.5일 밖에 되지 않는다.[16] 여성은 많은 시간을 자녀양육에 투자하기 때문에 종종 직업교육 과정, 해외근무 파견을 포기하게 되어 자신의 직업 발전을 제한한다.

6) 생육제도(출산육아제도) 부실

사용자는 여성근로자에게 생육보험을 납입하는 의무가 있다. 1994년, 「노동법」의 실시와 여성근로자의 합법적 권익의 수호 및 출산과 육아 기간에 필요한 경제보상과 의료를 제공하기 위하여 노동부에서는 「기업직공생육보험시행방법企业职工生育保险试行办法」을 공포하여 '생육보험제도生育保险制度'를 실시하였다.

생육보험의 납부자는 사용자이고 개인에게는 납부 의무가 없다. 현행 생육보험은 납부 기준이 지나치게 낮고 적용 범위가 좁은 것이다. 납부 기준은 종업원 월급의 1%인데 제도 설립 때부터 지금까지 20여 년간 변하지 않았다. 납부 기준이 너무 낮은 것도 문제되지만 생육보험의 적용 범위에 농촌 여성이 포함하지 않은 것도 문제이다.

7) 직업 여성 권익보호 법률제도 부실

여성노동권익을 보호에 관한 규정은「헌법」,「여성권익보장법」,「노동법」,「취업촉진법」,「여성근로자노동보호특별규정」 등 법률규범이 있다. 대부분의 법률은 "여성과 남성은 취업에서 평등한 권리를 가진다"와 같은 원칙적인 규정을 두고 있다. 그러나 중국 현행 법률에는 "고용 차별"에 대한 구체적인 판단 기준이 없기 때문에 노동감찰부서와 법원에서 이를 집행하는데 어려움이 있다. 소송절차에서 사용자의 고용차별과 손해결과 간의 인과관계를 입증하는 것도 매우 어렵다. 설령 피해자가 승소를 해도 사용자가 어떤 책임을 부담해야 하는 것에 대한 징벌조치가 없기 때문에 고용 차별 예방에 효과적이지 못하다.

5. 법이 모성과 여성의 노동권을 어떻게 보호하고 있는가?

중국 여성 노동권익을 보호하는 제도는 최초로 행정규칙에 의해 규정하였다.

1952년 방직공업부와 중국 방직공회 전국위원회에서는 「여공보호, 임산부보호에 관한 통지关于保护女工, 保护孕妇的通知」를 연합공포하여 방직 여공 특수보호에 관한 규정을 설치하였다.

1953년 일부개정한 「중화인민공화국노동보험조례中华人民共和国劳动保险条例」에서는 여공 출산 기간 임금지급 규정을 설치하였다.

1956년 국무원에서 공포한 「공장안전위생공정工厂安全卫生规程」에서는 여성위생실을 설치하는 규정을 설치하였다.

1960년 노동부, 전국총공회, 전국부녀연합회 당조직 「여공노동보호업무에 관한보고关于女工劳动保护工作的报告」에서는 여공의 노동환경, 종사금지업무, 임기보호, 근무 중 수유시간, 정기검진 등에 대해 규정하였다.

1979년 위생부, 국가건설위원회, 국가경제위원회, 국가노동총국에서는 「공업기업설계위생표준工业企业设计卫生标准」을 연합공포하여 여성유아위생실과 수유실 설치에 대해 규정하였다.

1986년 노동인사부, 전국총공회 등 부서에서는 연합으로 「여공보건업무잠행규정(시행초안)女职工保健工作暂行规定(试行草案)」을 공포하여 여성근로자 신체특성 및 생리 기간의 노동보호제도를 규정하였다.

1988년 7월 21일 국무원은 건국 이래 첫 번째 체계적인 여성근로자

보호규정 「여공노동보호규정女职工劳动保护规定」을 공포하였다. 이 규정은 여성근로자를 보호하는 전문규정이고 여성 노동의 권리, 생리기 등 특수 기간의 여성보호, 종사금지규정 등 내용이 포함된다.

1990년 노동부는 「여공노동보호규정」 제16조의 요구에 따라 「여공금지노동범위의 규정女职工禁忌劳动范围的规定」을 공포하여 여공 유해위험업무 종사금지의 범위에 대해 상세한 규정을 설치하였다.

1992년 4월 3일 첫 번째 여성권익기본법 즉 「부녀권익보장법妇女权益保障法」이 정식으로 공포되었다. 1994년 최초로 공포된 「중화인민공화국노동법中华人民共和国劳动法」 제7장에서 '여성근로자와 미성년근로자 특수보호' 전문규정을 설치하였다. 이 두 법은 여성근로자보호에 대한 법적근거를 제공하였다.

현행 여성 노동권익에 대한 보호는 크게 3가지로 나눌 수 있다. 즉 평등노동권, 남녀임금평등, 여성근로자특수노동보호이다.

1) 평등노동권

주로 여성근로자가 종사하는 직종의 범위와 채용에서의 평등권을 규정하고 있다. 고용주가 여성 취업에서 어떤 형식의 차별 행위를 취하든 법적 책임을 부담해야 하고 여성을 불법으로 해고할 수 없으며 퇴직에서의 차별을 둘 수 없다.

「노동법」 제3조 : 노동자는 평등으로 취업과 직업선택의 권리 (…중략…) 이 있다.

「부녀권익보장법」 제23조 제1항 · 「노동법」 제13조 : 여성은 남성과 평등한 취업권리를 가진다. 직원채용 시 국가 규정한 여성에 적합하지 않은 업무 또는 근무처 외에 여성채용을 거부하거나 채용 기준을 제고할 수 없다.

「부녀권익보장법」 제22조 : 국가는 여성이 남성과 평등한 노동권리와 사회보장권권리를 가질 수 있게 보장한다.

「부녀권익보장법」 제23조 제2항 : 각 단위가 직원채용 시 여성근로자 결혼, 출산에 제한하는 내용을 계약할 수 없다.

「부녀권익보장법」 제27조 제2항 : 각 단위가 국가퇴직제도를 집행할 때 성차별로 여성을 차별해서는 아니 된다.

2) 임금평등

임금평등을 중국에서는 '동일노동 동일임금'이라고 한다. 동일노동 동일임금은 성적 차별로 임금에 차별을 두지 않는 것이다.이는 남녀평등 원칙의 경제상 구체적인 표현이고, 노동에 따라 분배하는 사회주의 분배원칙의 기본요구이기도 하다. 국제적으로 1919년 '국제노동기구' 정관에서 처음으로 남자와 여자가 동가치의 일을 할 때 같은 보수를 받아야 한다고 제기하였고 이는 1951년 제100호 공약 「평등보수공약 Equal Remuneration Convention」에서 정식으로 규정되었다. 중국은 공약 회원국으로서 국내법에 본 원칙을 입법하였다. 임금평등은 임금에서의 평등뿐만 아니라 복지를 포함하는 모든 대우에서의 평등이다.

「노동법」 제46조 : 임금분배는 노동에 따라 분배해야 하고 동일노동 동일임금을 실행한다.

「부녀권익보장법」 제24조 : 남녀 동일노동 동일임금을 실행한다. 복지방면 여성은 남성과 평등한 권리를 가진다. 동법 제25조 승진, 진급, 기술직 경력의 평정 등 면에서 남녀평등원칙을 견지해야 하며 여성을 차별해서는 아니 된다.

그 외 주거분배, 복지 대우 방면 남성 중심으로 분배하는 경우가 존재하기 때문에 「부녀권익보장법」 제24조 후단에서 복지에서의 평등권을 규정하고 있다.

3) 여성근로자에 대한 특수노동보호

여성의 생리적 특성을 기초해서 세계 각국의 규정을 참고하여 중국은 강행성 규범으로 여성근로자 특별보호를 강화하고 있다.

(1) 여성 특수 생리시기 부당해고 금지 및 임금보장

「노동법」 제29조 : 여성근로자가 임신 기간, 출산 기간, 수유 기간 일 때 사용자는 과실 또는 경제적 해고방식 외에 노동계약을 해제할 수 없다.

「부녀권익보장법」 제26조 : 어떤 단위든 결혼, 임신, 출산휴가, 수유 등 이유로 여성근로자를 해고하거나 일방적으로 노동계약을 해제할 수 없다.

「노동계약법」 제45조 : 여성근로자 출산휴가 때 노동계약이 만기되는 경우 계약은 휴가가 끝나는 날까지 자동연장 된다.

「여직공노동보호특별규정」 제5조 : 사용자는 임신, 출산, 수유를 이유로 여성근로자의 임금을 삭감하거나 사퇴, 계약해제를 할 수 없다.

(2) 생리기능에 해하는 업무금지

「부녀권익보장법」 제26조 : 사용자는 여성의 특성에 근거하여 여성이 업무수행 중의 안전과 건강을 보호해야 하고 여성이 종사하기에 적합하지 않은 업무를 배정해서는 아니 된다.

「노동법」 제59조 : 여성근로자에게 광산채굴, 국가육체노동 강도표준 제4급의 노동 및 기타 금지하는 노동을 배정해서는 아니 된다.

「노동법」 제60조 : 여성근로자 생리 기간에 고층, 저온, 냉수작업 및 국가육체노동 강도표준 제3급 노동을 배정해서는 아니 된다.

「노동법」 제61조 : 임산부에게 국가육체노동 강도표준 제3급 노동 및 기타 수유기 금지되는 노동을 배정해서는 아니 된다. 임신 7개월 이상의 여성근로자에게 업무시간 연장과 야근을 배정할 수 없다.

「여성근로자노동보호특별규정」 제6조 : 여성근로자가 임신 기간에 원 노동에 임할 수 없는 경우 사용자는 의료기구의 진단서에 따라 노동강도를 경감하든지 기타 가능한 노동을 배정해야 한다. 임신 7개월 이상인 여성근로자에 대해 노동시간연장 또는 야근을 배정할 수 없고 노동시간 내에 일정한 휴식시간을 배정해야 한다.

「여성근로자노동보호특별규정」 제9조 : 사용자는 12개월 미만의 영아에게 수유를 하는 여성근로자에게 노동시간의 연장 또는 야근을 배정할 수 없다.

(3) 여성이 임신 기간 출산 기간 수유 기간의 휴가

임산부의 휴가는 주로 기본휴가와 장려휴가 두 부분으로 나눌 수 있다. 기본휴가는 「여성근로자노동보호특별규정」 제7조에서 "여성근로자 출산휴가가 98일, 난산 15일 추가, 다 출산 시 한 명당 15일 추가할 수 있다"고 규정하고 있다. 장려휴가는 만육과 1자녀만 출산하는 것을 장려하기 위하여 주는 휴가이다. 장려휴가는 각 지방에 따라 차이가 있다. 광둥성의 규정에 따르면 만육 15일, 독생 자녀独生子女 35일 추가 휴가를 가질 수 있어 보통 첫 출산은 148일의 휴가가 있다. 후베이湖北 우한武漢의 규정에 따르면 만육 30일, 독생 자녀 15일 총 143일의 휴가가 있다. 보통 만육으로 인정할 수 있는 나이는 23세 또는 24세이고 첫 출산이어야 한다. 그래서 두 번째 출산은 만육 장려휴가를 가질 수 없다. 그리고 둘째는 당연히 독생 자녀가 아니기 때문에 독생 자녀 장려휴가도 가질 수 없다. 첫 출산에 비해 두 번째 출산은 기본휴가 98일밖에 없다.

(4) 생리휴가 및 갱년기보호

중국에서 생리 기간 휴가규정은 약 20여 년간 존재하여 왔다. 1989년 「장시성여직공노동보호실시방법江西省女职工劳动保护实施办法」에서 "저온, 냉수, 야외유동, 건축 및 1급 이상 고공작업, 3급이상 육체노동 강도 등 작업에 종사하는 여성은 2~3일의 생리휴가가 있는 동시에 노동 할당을 감소하며 각종 장려와 평가가 영향 받지 않는다"는 규정을 하고 있다. 1989년 「장수성여성근로자노동보호방법江苏省女职工劳动保护办法」에서 "여성근로자 생리 기간에 사용자는 고층, 저온, 냉수 야외 및 국가육체노동 강도 표준 제3급의 노동을 배정하지 않거나 1~2일의 휴가를 주어야 한다"는 규정을 하고 있다. 「여성권익보장법」에서도 여성 생리 기간에 특수보호를 해야 한다는 규정이 있지만 너무 원칙적이어서 구체적인 제도는 지방 행정규범에 의해 규정되고 있다.

생리휴가에 대해서 여성의 입장도 직업의 종류에 따라 차이가 있다. 보통 생리휴가를 강력하게 요구하는 여성은 생산직에 종사하는 여성근로자들이다. 반대로 사무직에 종사하는 여성은 보다 많은 직업 선택 가능성과 경쟁 실력을 가지고 있기에 불평등한 환경에서 경쟁하는 조건이 구비되어 있다. 생리휴가 설치 여부에 대한 인터넷 조사에 따르면 1,020명의 투표자 중 찬성은 204명 20%를 차지한다. 생리휴가가 성적 차별을 더욱 심화시키는 우려가 있다는 자는 762명 75.4%를 차지한다.[17]

갱년기휴가 규정은 아직 없지만 업무 강도와 근무처 변경을 요구할 수 있는 지방규범은 있다. 2016년 공포한 「안후이성여성근로자노동보호특별규정安徽省女职工劳动保护特别规定」 제15조에서 갱년기종합증이 엄중하여 원직을 수행할 수 없는 경우 여성근로자가 업무 강도를 경감하거나 근무처를 변경하는 신청을 제출하면 사용자는 의료기구의 증명과 실제상황에 따라 적합한 배정을 한다. 1993년「여성근로자보건업무규정女职工保健工作规定」 제13조 제3항에서는 갱년기 여성에 대해 1~2년 한 번씩 산부인과 진료를 진행해야 한다고 규정하고 있다.

6. 결론

중국 현행법상 여성에게 평등직업권과 노동권익보호규정을 두고 있지만 이런 원칙들은 지나치게 원칙적인 규정이어서 구체적인 적용 기준을 제정할 필요가 있다. 비록 중국은 지역적 차이가 심하지만 직업평등에는 지역적 차이가 없다고 생각된다. 그래서 직업평등의 구체적 적용 기준은 통일한 법률을 제정하는 것이 바람직하다.

현행법상 사용자가 어떤 책임을 부담해야 하는 것에 대한 규정이 없기 때문에 사용자는 아무런 위법 비용이 발생하지 않는다. 그래서 사용자의 위법 행위에 대한 벌칙규정을 제정해야 여성의 노동권익을 효과적으로 보호할 수 있다. 벌칙에 대해 필자는 주로 벌금 및 기업 위법 시 기업신용평가등급을 낮추는 등 행정처벌과 병행하는 조치가 효과적이라고 생각한다.

노동부에 전문적인 감독기관을 설립하여 사용자 유형별에 따라 감독을 실시한다. 이는 노동행정감독기관 각 부서 간의 역할을 명확하게 나누고 책임을 떠미는 현상을 감소할 수도 있다. 감독은 지역관할을 실시하고 적당한 평가 기준을 제정한다. 사용자의 위법 행위의 유형에 따른 행정처벌을 규정한다. 정부의 감독 기준은 표준화, 구체화 원칙을 적용하여 감독의 실효성을 높여야 한다.

현행 출산보험제도의 기초에서 '출산보험기금'을 설립하여 출산보험의 적용 범위를 도시에서 농촌까지 모든 여성에게 확대해야 한다. 여성근로자의 출산과 육아의 비용을 사회가 부담하게 하여 사용자의 고용비용을 떨어뜨려 2자녀 정책으로 인한 여성 취업에 대한 충격을 감소한다.

현재 중국은 취학 전 교육재정에 대한 투입이 부족하고 도시와 농촌의 교육 불균형도 존재한다. 유아 어린이집 입소는 만 3세이기 때문에 여성은 긴 육아기 때문에 직장복귀가 늦어지거나 직장을 포기하게 된다. 국가는 어린이집의 연령 제한을 없애고 공립 어린이집의 수를 늘리는 것이 필요하다. 육아휴직을 제도적으로 보장하여 여성근로자가 육아휴직 후 원 직위로 복귀할 수 있게 보장해야 한다. 그리고 국가 교육재정에 가정보육 보조금을 포함해야 한다. 예를 들어 덴마크에서는 육아휴직을 구체적으로 13주의 부부 육아휴직, 10주의 부부 각자의 육아휴직으로 나눌 수 있고 육아휴직 급여의 수준은 인플레이션에 따라 달라진다. 선진국의 평균수준에서 볼 때 육아휴직급여는 그다지 높지 않아 약 평균월급의 4분의 1정도이다.

미주

1 『全国妇联第二期中国妇女社会地位抽样调查数据报告』, 国家统计局, 2001. (http://www.stats.gov.cn/tjsj/tjgb/qttjgb/qgqttjgb/200203/t20020331_30606.html)

2 부부 쌍방이 모두 외동인 경우 두 명의 자녀를 낳을 수 있는 정책이다.

3 이 정책은 1984년부터 농민 상대로 실시하였다. 대다수 농촌에서 첫 번째 아이가 남자아이인 경우 둘째를 출산하지 못하지만, 첫째가 여자아이인 경우 4~5년 후 둘째를 낳을 수 있는 정책이다.

4 胡桂香, 「中国的计划生育政策与农村妇女—湖南西村历史变迁(1950~1980)」, 华东师范大 博士文, 2014, p.119.

5 중화인민공화국 국가통계국(国家统计局) (http://data.stats.gov.cn/search.htm?s=1953%E5%B9%B4%E4%BA%BA%E5%8F%A3%E7%BB%9F%E8%AE%A1)

6 '1자녀 정책'을 위반해 둘째 아이를 갖는 경우에 내는 일종의 벌금이다.

7 孙昊 · 张炜炜, 「二孩政策背景下女性劳动权益的法律保护」, 『行政与法』 212, 2016, pp.123~129.

8 중화인민공화국 국가통계국(国家统计局) (http://data.stats.gov.cn/search.htm?s=2012%E5%B9%B4%E7%94%9F%E8%82%B2%E7%8E%87)

9 庄丽 · 唐茜, 「'全面二孩'背景下职业女性权益保障的调查与建议」, 『经营管理人力资源』 34-6, 2016, p.152.

10 12차 5개년계획이다. 중국은 1953년부터 다음 5년의 국가 계획을 진행한다.

11 董子畅, 「中国总人口2014年末达到13.68亿人」, 『中国新闻网』, 2015.7.10 (http://www.chinanews.com/gn/2015/07-10/7397384.shtml)

12 중화인민공화국 국가통계국, 「2016年国民经济和社会发展统计公报」 (http://www.stats.gov.cn/tjsj/zxfb./201702/t20170228_1467424.html)

13 张琪 · 张琳, 「生育政策变化对女性权益影响的实证分析 – 基于北京市妇女的调查数据」, 『山东女子学院学报』 130-6, 2016, p.23.

14 베이징시 제2중급인민법원(北京市第二中级人民法院) (http://bj2zy.chinacourt.org/public/detail.php?id=1367)

15 張慧, 「"全面二孩"政策下女性职业生涯新困境分析」, 『劳动保障世界』 2016-8Z, 2016, p.28.

16 張燕 · 張曉婉, 「全面放开二胎政策对女性就业影响的问题研究」, 『现代商贸工业』 2017-33, 2017, p.131.

17 女权之声, 「为何城市白领不要月经假, 而女工则近乎绝望呼喊月经假?」, 『网易新闻』, 2016.9.2. (http://news.163.com/16/0902/13/BVVADNAG00014SEH.html)

한국 고전 대하소설에 나타난 강간 모티프 연구*

장시광

1. 서론

한국 고전 대하소설 속에 등장하는 강간 모티프[1]에는 섹슈얼리티sexuality[2]에 대한 서술자의 인식이 드러나 있고, 사회적으로 형성된 남녀의 권력 구도가 제시되어 있다. 대하소설이 남녀관계를 축으로 그들의 성性과 사랑이 윤리적 자장 내에서 어떻게 구획되고 제어되는지를 제시한 소설임을 감안한다면, 대하소설에 등장하는 강간 모티프에 대한 고찰은 대하소설의 서술시각을 일정하게 밝혀 줄 수 있을 것으로 기대한다.

이 글에서 '강간'은 '한 인물이 다른 인물의 의지에 반해 성적性的으로 강압하는 것'을 의미한다. 따라서 강간의 주체와 대상은 남성과 여성에 구분이 없다.[3] 강간은 상대의 의지에 반해 성적 폭행을 하는 것이다. 따라서 상대가 동의했다면 강간이라 할 수 없다.[4]

이러한 점을 감안하여 이 글에서 강간 모티프의 범주는 성기에의 직접적인 삽입 외에 삽입하기 위해 성기에 접촉하거나 성기에 접촉하지는 않았어도 성관계를 하기 위해 강제로 물리력을 행사하는 경우를 포괄한다.[5] 그런데 대하소설의 경우 강간의 주체와 대상은 남성-여성으로 한정된다. 다른 성의 조합은 배제되어 있다.[6] 따라서 대하소설에 한정해 강간을 정의하면, '남성인물이 여성인물을 대상으로 여성인물의 의지에 반해 성적으로 강압하는 것'이 될 것이다. 이러한 정의에 따르면 남편이 아내를 성적으로 강압하는 것 역시 강간에 해당한다.[7]

고전소설, 특히 대하소설의 강간 모티프에 대한 본격적인 연구는 보이지 않고, 섹슈얼리티를 주제로 하거나 특정 시기나 작품을 다룰 때 부분적으로 논의된 바 있다. 최기숙은 「창선감의록」 등에 등장하는 강간 모티프에 여성의 성이 폭력을 정당화하는 윤리 구조 속에 무방비하게 노출되었음이 보인다고 하였는데,[8] 여성의 성을 사회적, 윤리적 관점에서 파악했다는 점, 아울러 대하소설에도 적용시킬 수 있다는 점에서 중요한 지적이다. 다만 17세기의 장편소설에 보이는, 여성에 대한 남성의 강간이 남성의 목적 달성을 위한 행위라 한 것[9]은 지나치게 일반화한 언술[10]로, 강간이 지니는 다양한 함의를 제시하지는 않은 것으로 보인다.

장시광은 「성현공숙렬기」의 부부 갈등을 다룬 글에서 부부 강간[11]을 논한바, 강간이 남성이 여성을 지배하는 수단으로 설정되어 있고, 여성은 이에 대해 강력하게 저항함으로써 성적 자기 결정권을 고수하려 했다고 논의하였다.[12] 강간을 둘러싼 남녀 구도를 제시하여 강간의 속성을 일부 드러내었다는 점은 의의가 있으나, 대하소설의 강간 모티프를 전반적으로 다루지 않아 그 속성을 포괄적으로 드러내지는 못했다. 한길연은 「옥원재합기연」에 나타난 부부 강간에 대해 다루면서 서술자는 여성의 가련한 처지를 핍진하게 보여주면서도 그것이 어쩔 수 없는 일이라 치부하고 있다 하고, 강간이 주변사람들의 동조 혹은 방임 속에서 이루어지고 있다는 점을 밝혔다.[13] 이 연구는 부부 강간에 대한 작중 인물과 서술자의 시선을 적실히 포착해 냈다는 점에서 의미가 있다.

「소현성록」 등에 보이는 남성 앵혈 모티프[14]는 강간과 관련된 것인바, 이에 대한 언급도 살필 필요가 있다. 「소현성록」에서 소운성의 팔뚝에 앵혈이 찍힌 것을 남성으로서의 정체성에 대한 도전이나 훼손으로 보고,[15] 이에 소운성이 소영을 강간한 사건은 남성의 폭력성을 드러낸 것[16]이라는 견해가 있다. 소운성은 자신의 생각과 기분에 따라 움직이는 인물[17]이며 주변 여성 인물이 소운성을 옹호하는 발언을 한 것은 남성의 욕망을 호방함으로 포장한 것[18]이라는 의견도 같은 맥락에 있다. 이러한 견해에 대해 소운성의 팔뚝에 앵혈이 찍힌 것을 남성으로서의 정체성에 대한 도전이나 훼손으로 보기 어렵고, 강간이 그의 폭력성을 드러내려는 장치만은 아니라는 반박이 있다.[19] 소운성은 남성으로서의 정체성이 확립되어 있던 상태가 아니라 강간 사건으로 인해 오히려 어렴풋하게 인식하고 있었던 남성성을 확립하게 되었다는 것이다.[20] 두 가지 견해는 상반되는 듯하지만[21] 모두 남성 앵혈이 남성의 정체성과 연관되어 있고, 강간이 폭력이라는 전제를 한 점에서는 유사하다. 이는 후속 연구에 기여할 수 있는 견해이지만, 인물 간의 관계에서 강간이 지니는 함의를 구체화하지 못했다는 아쉬움이 있다.

이 글에서는 강간의 목적을 중심으로 논의를 펼치기로 한다.[22] 한스 페터 뒤르에 따르면 남성이 부녀자를 강간하는 목적은 부녀자에 대한 지배권을 확인하고, 모욕감을 주며, 자신의 성욕을 해소하기 위해서이다.[23] 이 논의는 강간이 단순히 남성이 자신의 목적을 달성하기 위해 이루어진다는 범박한 언급을 넘어서서 강간의 원인을 적실히 밝혔다는 점에서 의미가 있고 아울러 대하소설의 강간 모티프를 분류하는 데에도 적절히 이용할 수 있을 것이다.

강간의 목적을 중심으로 논의한다 하여 강간의 피해자인 여성인물의 입장을 도외시하는 것은 아니다. 강간의 당사자인 가해자와 피해자의 반응은 강간의 의미를 추출하는 데 매우 중요하다. 특히 피해 여성인물의 반응은 강간이 그녀에게 가져다 준 트라우마[24]의 정도를 유추할 수 있고, 이후의 서사에도 적지 않은 영향을 끼치므로 분석할 필요가 있다. 피해 여성인물의 반응 외에도 주변인물의 입장, 서술자의 언술을 복합적으로 고려하고자 한다. 그렇게 할 때 텍스트에서 강간이 지니는 함의가 충분히 드러날 수 있을 것이기 때문이다.

강간은 서사에서 남녀인물 간의 관계로 설정되어 있지만, 그 저변에는 텍스트를 둘러싼 사회적 담론이 자리하고 있다.[25] 이를 감안하여 강간 모티프에 드러난 당대 사회의 지배적 담론을 살필 것이다. 대하소설이 사대부가에서 주로 향유되었다는 점을 고려할 때, 상층 사대부의 이념이 서사에 투영되었을 것인바, 강간 모티프는 당대 여성에게 가해진 이념을 추출하는 데 용이하다.

이 글에서 대상으로 삼은 자료는 7연작 14작품이다. 구체적으로 「소현성록」「소씨삼대록」 연작, 「유효공선행록」「유씨삼대록」 연작, 「성현공숙렬기」「임씨삼대록」 연작, 「현몽쌍룡기」「조씨삼대록」 연작, 「쌍천기봉」「이씨세대록」 연작, 「천수석」「화산선계록」 연작, 「명주보월빙」「윤하정삼문취록」 연작[26]이다.

2. 지배권의 확인 – 아내 길들이기

남성이 강간을 하는 목적 가운데 하나는 상대에 대한 지배권을 확인하거나 헤게모니를 장악하기 위해서이다. 이때 강간은 성욕의 해소라는 본능적 차원을 넘어서서 남녀의 권력 관계에서 우위를 점하고 자신의 힘을 과시하는 수단이 된다. 이러한 목적으로 강간할 때 으레 폭행이 수반되는 것은 상대를 굴복시키려는 강간의 행위 의도와 밀접한 관련이 있기 때문이다.

대하소설에서 남성이 여성에 대한 지배권을 확인하기 위해 강간하는 대표적인 예는 부부 강간이다. 이 서사에서 남편은 아내와의 지난한 잠자리 갈등을 해소하기 위해, 혹은 자신의 말을 따르지 않는 아내를 제어하기 위해 강간한다. 아내는 강간을 당한 이후에 남편에게 순종한다. 수변인물이나 서술자는 남편의 행위를 있을 수 있는 일로 치부하며 남성의 호방함을 가볍게 질책하고 넘어가는 경우가 많고, 심지어 아버지나 형 등은 당사자를 권유하여 아내를 성적으로 제압하도록 하기도 한다.

아내를 강간하는 남성은 호방형 인물이 대부분인데, 이는 호방형 인물이 여자를 좋아하고, 예법을 무시하며, 방탕한 행위를 하는 경우가 많다는 사실과 무관하지 않다.[27] 그런데 강간하는 남편 중에는 예법을 중시하는 군자형 인물도 포함되어 있는데, 이러한 사실은 강간이 단순히 성욕의 해소에 머무르는 것이 아님을 방증한다.

강간당하는 아내들은 대개 주체적 성격이 강하며 예법을 준수하는 단엄端嚴한 인물들이다. 남편이 자신을 예법에 맞지 않게 대한다거나, 남편의 행동이 예도에 맞지 않는다고 판단하면 남편에게 자신의 몸을 허락하지 않고 주체적으로 성적 자기 결정권을 고수하며 남편에게 저항한다. 예컨대, 「성현공숙렬기」에서 효장공주는 남편 임세린이 자신을 음란함의 대명사 회양공주에 비긴 것에 분노하고,[28] 「윤하정삼문취록」의 경벽주는 남편 윤웅린이 자신을 창기처럼 취급하는 데에 대로한다. 「성현공숙렬기」의 주 씨는 대효를 실천하려는 군자형 남편 임희린 때문에 출거당한 후 숱한 간난신고를 겪고 친정에 복귀하는데, 자신의 수난이 비록 자신을 질시하는 동렬들과 자기 몸을 탐하는 한왕 때문에 벌어진 일이지만 그 근저에는 남편이 있음을 간파하고 남편에게 강하게 저항한다.[29]

강간의 양상을 보면, 몇몇 남편은 아내가 병들어 있을 때 그녀를 강간함으로써 아내의 완강한 저항을 무력화한다. 「성현공숙렬기」의 임세린은 효장공주를 숱하게 강간하려 하지만 번번이 거부당하다가 그 형인 임희린으로부터 아내는 초반에 굴복시켜야 한다는 조언을 듣고, 효장공주를 강간하려 한다. 그런데 역시 거절을 당하자 공주에게 상탁床卓을 던지며 폭력을 행사한다. 공주가 그에 맞아서 혈흔이 낭자하고 병이 들어 잘 움직이지 못하게 되자 공주를 강간하기에 이른다. 「이씨세대록」의 이백문은 화채옥을 이유 없이 미워하고 죽이려다가 잘못을 뉘우치는데, 그 후 화채옥이 자신을 멀리하자 강제로 손을 잡고 이에 화채옥이 자해를 하니 병든 그녀를 강제로 제압한다.

아내가 병이 들지 않은 상태에서 아내를 강간하는 서사 역시 강간이 아내에 대한 우위를 확인하는 수단이 된다. 「이씨세대록」의 이경문과 위홍소는 효 이데올로기를 매개로 서로 심각한 대결[30]을 벌인다. 남편과 아내의 갈등이 최고조에 이르렀을 때 남편은 비로소 강간이라는 폭력을 행사하는데, 이때 강간은 남편으로서는 최후의 수단이다. 여기에서 강간은 이경문이 위홍소와의 갈등을 완전히 해소하는 계기이자 남편이 아내에 대한 우위를 확실히 점하게 되는 계기로 작용한다.

부부 강간 모티프에서 성性은 아내의 마지막 보루이다. 남편에 의해 자신의 자존감이 훼손된 상태에서 아내가 성적 자기 결정권을 고수하는 것은 그나마 자신에게 남아 있는 마지막 자존감을 지키려는 행위이다. 반면에 남편 입장에서 성性은 다른 덕목과 마찬가지로 아내가 반드시 복종해야 하는 것이다. 낮뿐만 아니라 밤에도 아내는 자신에게 무조건 순종해야 한다는 것이다. 이처럼 이 모티프는 아내의 자존감 수호와 아내에 대한 남편의 순종 이데올로기 강요가 충돌하는 양상을 띤다.

아내는 자신의 육체를 육체 자체가 아닌 자존감이라는 정신적 상징으로 보는 반면, 남편은 아내의 육체를 육체 자체이면서, 아내의 정신이 깃든 상징으로 본다. 따라서 남편이 아내를 억지로라도 제압하는 것은 아내를 육체적, 정신적으로 완전히 소유하기를 원하는 마음의 발로로 해석할 수 있다. 아내가 강간당한 이후에 남편에게 급격히 온순해지며 순종하는 데서 이를 알 수 있다. 「성현공숙렬기」의 주 씨는 남편 임희린에게 강간을 당한 후 공순하게 되고 이후에는 헤게모니를 임희린에게 완전히 넘겨준다. 「명주보월빙」의 진성염도 남편 윤광천에게 강간을 당한 후 비록 여자 됨을 구차히 여기나 표면적으로는 남편에게 온순해지고, 「윤하정삼문취록」의 경벽주 역시 남편을 온화하게 대한다. 심지어 「성현공숙렬기」의 임세린과 효장공주 서사에서는 효장공주가 병이 들어 귀신이 보이다가도 남편이 곁에 있으면 평안해지기도 한다. 이러한 사실은 남편의 목적이 비로소 달성되었음을 의미한다.

한편 이 서사에서 주목되는 것은 남편을 둘러싼 주변인물들의 반응이다. 이들은 하나의 연합체를 이루어 남편을 지지한다. 「성현공숙렬기」에서 임희린의 조모 관 부인은 임희린 부부의 갈등에서 임희린의 편을 드는데 임희린은 이러한 응원에 힘입어 주 씨를 친정에서 데려오고, 임희린은 자신은 한 여자에게 구속되지 않음을 천명한다. 같은 작품에서 임희린은 아우 임세린이 부부 갈등을 빚자, 아내는 초반에 굴복시켜야 한다는 말을 한다. 또한 강간 이후에 그 소식을 접한 집안의 여러 형제들이 임세린을 희롱하고, 관 부인과 임한주는 기뻐한다. 아버지 등의 원조를 받는 남편도 있다. 「이씨세대록」의 이백문은 아내 화채옥과의 갈등에서 아버지 이몽창의 은밀한 지지를 받고,[31] 「윤하정삼문취록」의 윤웅린은 아버지 윤광천의 지지를 받는다. 특히 윤웅린의 경우 남녀 대결의 양상을 띠는 것이어서 주목된다. 윤웅린의 친모 진비는 며느리 경벽주를 두둔하며 윤웅린을 꾸짖는데 이에 대해 윤광천이 아내 진비를 꾸짖는 것이다. 이에 대해 진비는 여자 노릇하기가 어려움을 토로하기도 한다.[32] 이들 주변인물은 아내를 제어해 남편에게 복종시킬 수 있다면 강간도 그 적절한 수단이 될 수 있다고 생각하는 것이다.

강간당하는 아내가 강간하는 남편보다 주변인물로부터 지지를 못 받는 까닭은 그녀들이 남편에 대한 순종의 덕이 부족한 것으로 설정되어 있기 때문이다. 윤광천이 경벽주를 처음 보았을 때 한 생각은 이를 단적으로 보여주는데, 윤광천은 신부가 단엄하므로 앞으로 웅린과 큰 싸움이 일어날 것이라 예견하는 것이다. 우리는 여기에서 당대의 남편과 아내에게 요구되는 이데올로기인 부화처순夫和妻順에서 부화夫和는 소거되고 유독 처순妻順만이 강조되어 있는 불합리한 세계를 목도하게 되고 이것이 서술자의 시각임을 인지하게 된다.

아내가 강간당한 이후에 가부장제 사회에서 원하는, 남편에게 순종하는 여성상을 지니게 된다는 점에서 부부 강간은 아내 길들이기 서사라 이를 만하다. 그녀는 강간을 당한 희생자이지만 강간 직후에 그녀는 오히려 가문 일원의 옹호를 받지 못한다. 그녀가 강간을 당한 이후 남편에게 순종하고서야 시부媤父 등 가부장의 지지를 받는 것은 강간이 지니는 아이러니한 성격을 보여준다. 강간은 아내가 남편으로 대변되는 가문의 남성, 그리고 일부 여성에게서 소외를 받았음을 드러내는 표징이다. 한편으로 아내는 강간을 통해 가문 내에 편입됨으로써 가부장제 사회에 적합한 인물로 변모된다. 이에 이르면 주체성이 강했던 여성은 사라지고, 가문의 일원이 된 순종하는 아내만 남게 된다. 부부강간은 이처럼 아내가 남편에 의해 길들여지게 되는 결정적인 사건으로 기능한다.

3. 모욕감 주기 – 시녀 희생시키기

대하소설에서 남성이 집안의 시녀나 서조모가 기르던 양녀를 강간하는 사건은 남성이 자신의 성적 욕망을 해소하는 차원에서 이루어지는 경우는 별로 없다. 이는 남자 주인이 여자 종을 단순한 성적 노리개로 삼을 수 있다는 통념과는 차이가 난다. 대표적인 것은 남성 앵혈鶯血 모티프인데, 「소씨삼대록」의 소운성과 소영, 「현몽쌍룡기」의 조무와 앵, 「윤하정삼문취록」의 윤창린과 화벽 서사가 이에 해당한다. 이 모티프는 강간한 여성에게 모욕감을 주는 것이 아니라 강간한 여성을 매개로 하여 다른 여성 혹은 여성 일반에게 모욕감을 준다는 점에서 매우 특이하다.

구체적인 양상을 보면, 「현몽쌍룡기」에서 조무는 화파에게서 앵혈이 찍히자 시녀 앵을 겁탈한다. 「윤하정삼문취록」에서 윤창린은 구파에게서 앵혈이 찍히자 화벽을 겁탈하는데 화벽은 구파가 기르던 여자는 아니고 서숙모 양희가 기르던 여자였다. 두 작품에서 남성인물이 앵혈을 없애기 위해 강간한 여자가 자신에게 앵혈을 찍은 여자와 관련이 없다면, 「소씨삼대록」의 경우는 좀 다르다. 소운성이 석파에게서 앵혈이 찍히자 석파가 기르던 소영을 강간하기 때문이다.

이들 서사에서 서조모 등은 손녀들에게 앵혈을 찍어 주다가 장난으로 곁에 있던 손자에게도 앵혈을 찍는다. 석파, 화파, 구파는 각기 손자인 소운성, 조무, 윤창린 등의 손자에게 앵혈을 찍어 주는 것이다. 손자들은 모두 호방형 인물이라는 공통점이 있다. 즉 앵혈을 찍어 희롱할 만한 아이라서 그렇게 한 것이다.[33] 여기에서 주목할 것은 손자가 손녀와 병좌竝坐하고 있는 모습, 손녀뿐만 아니라 손자에게도 앵혈을 찍어 주는 장면이다. 이는 태생적으로는 남녀가 평등한 상태임을 암시한다. 특히 서조모가 손녀·손자에게 똑같이 앵혈을 찍은 것은, 서술자는 의도하지 않았겠지만, 여자의 순결뿐만 아니라 남자의 순결도 중요할 수 있다는 점을 보여주는 행위이다.

앵혈 찍힌 소운성, 조무, 윤창린 등이 매우 불편한 마음을 가지는 것은 이러한 연유 때문이다. 서조모로부터 자신이 여자와 똑같은 대우를 받았기 때문이다. 앵혈은 '여자'의 순결을 상징하는 표지로 서사에서 대단히 중요한 기능을 한다. 소녀 시절에 팔뚝에 찍힌 앵혈은 남성과 성관계를 맺은 연후에야 사라진다. 여성의 순결이 사적 차원을 넘어서서 공적 차원으로 확대되도록 한 것이 앵혈의 기능이다. 앵혈은 사람들이 확인할 수 있는 공식화한 처녀막인 것이다. 앵혈이 이러한 의미를 가진다고 할 때 소운성 등이 불쾌한 감정을 가진 것은 당연할 터이다. 남자에게도 여자처럼 순결이 중요함을 강요하는 의미가 있기 때문이다. 이러한 면에서 앵혈이 찍힌 것은 남성으로서의 정체성이 심각하게 도전받고 훼손된 사건이다.[34] 이는 또 남자가 모욕감을 가졌다는 측면에서도 중요한 사건이다.[35] 주변인물들에게는 이것이 웃음의 소재가 될지언정 당사자에게는 씻을 수 없는 오욕이다. 남성인물은 이러한 모욕감을 되갚아 상대에게 모욕감을 주기 위해 시녀를 희생시킨다.

이러한 면에서 남성이 앵혈을 없애는 행위는 성 정체성을 회복하면서 자신이 당한 모욕을 되갚아주는 행위이다. 소운성이 소영을 강간하여 팔뚝의 앵혈을 없애고 나서야 비로소 후련해 하는 것은 자신이 다시 남성으로 돌아온 데 대한 안도감의 표출이다. 석파, 화파, 구파에게서 당한 모욕감을 소영, 앵, 화벽을 강간함으로써 여자인 서조모 등에게 다시 모욕감을 안겨 준 것이다. 그렇게 함으로써 여자와의 대결에서 자신의 우위를 확인하고 있다. 이 과정에서 강간을 당한 여성들은 남녀 대결의 상대이자, 매개물이며 희생양이 된다.

이 서사는 이처럼 매우 심대한 문제의식을 담고 있는데, 남성뿐만 아니라 강간당한 여성에게도 이는 중대한 문제이다. 이들은 성적 자존감을 지닌 인물로 등장한다. 다만 신분 때문에 남자 주인에게 맥없이 당할 뿐이다. 그녀들이 남자 주인에게 강간을 당한 데 대해 매우 슬퍼하면서도 때로 분노하는 것은 이 때문이다. 그녀들은 자신이 남자 주인의 성적 노리개가 아니라는 인식을 하고 있는 것이다.[36]

이 사건에 대한 주변인물들의 시각은 복합적인데, 진지하게 다가서는 인물은 남성의 아버지이다. 사실을 안 남자의 아버지는 대로하여 남자를 매우 치는데 이는 남자가 행동을 진중하게 하지 못하고 음란하고 방자하게 행동한 데 대한 징치이다. 그런데 남자 아버지의 이러한 행위는 유교에서 강조하는 수신修身, 제가齊家와 관련된 문제일 뿐 여성, 특히 시녀의 성적 자기 결정권을 남자가 침해한 데 대한 응징이 아니라는 점을 간과해서는 안 될 것이다. 즉, 남자의 아버지는 '시녀'보다는 '자신의 아들'에 초점을 맞추고서, 강간을 수신과 제가를 해치는 심각한 폭력 행위로 인지하고 있을 뿐인 것이다.

그런데 이처럼 진지하게 다가서는 주변인물은 소수이고 다수의 인물은 이 사건을 웃음의 소재로 삼고, 서술자 역시 이 사건을 희화적으로 처리한다. 당사자인 남성과 여성에게는 극히 진지한 문제를 희극적으로 전화轉化함으로써 남녀 사이에 오히려 차별이 존재함을 드러내게 된다. 남녀에게 공평하게 앵혈을 찍은 상징이 지니는 무거움을 서사적 장치를 통해 최대한 가볍게 설정함으로써 앵혈이 내포하는 순결 상징이 여자에게만 해당함을 암시한 것이다. 이에 이르면 남자에게 앵혈은 순결의 상징이 아니라 팔뚝에 나 있는 거추장스러운 딱지와 같은 것으로 전락하고 만다. 서사의 희극적 상황은 이처럼 남자와 여자 사이에 극명한 차이를 만들어냈다. 따라서 앵혈 찍힌 남자는 일부러 자신의 순결을 없애 앵혈을 제거하는 데 아무런 죄책감을 지니지 않는다. 앵혈은 희극적 상황에서 발생한 '거추장스러운 딱지'와 같기 때문이다.[37]

서조모를 중심으로 한 일군의 무리는 앵혈을 제거하기 위한 시녀 강간을 문안 자리에서의 웃음거리로 삼고 있다. 이들에게 앵혈 관련 강간은 남자의 호방함을 드러내는 표지이고 시녀가 강간당한 것은 신분의 차별이 있는 이상 으레 있을 수 있는 일이다. 문안 자리에서 강간한 남자를 놀려 주고 한바탕 웃음으로써 시녀 강간이 지니는 무거움은 일상의 가벼움으로 전락한다. 순결, 그리고 강간은 분명 무거운 요소이지만 그것이 남녀, 신분의 차이와 결합되고 서사적 상황과 연계될 때 어느 정도나 가볍게 될 수 있는지, 우리는 앵혈 제거 시녀 강간 모티프에서 확인할 수 있다.

4. 성욕의 해소-여성 대상화하기

강간은 기본적으로 성욕이 전제되어 있는 행위이다. 자신의 성적 욕망을 해소하기 위해 타인의 성적 자기 결정권을 침해하는 것이다. 상대에 대한 지배권을 확인하려 하거나, 상대에게 모욕감을 주기 위해 강간하는 경우 타인과의 관계에서 우위를 점하기 위해 강간을 수단화했다면, 성욕 해소를 위한 강간은 자신의 욕망을 풀기 위해 강간 자체를 목적으로 삼았다는 점에서 차이가 있다. 이 모티프에서 강간당하는 객체는 아내, 민간의 여자, 시녀 등으로 다양하다.

먼저, 남편이 성욕性慾을 주체하지 못해 아내를 강간하는 서사로 「소씨삼대록」의 소운명과 이옥주, 「유효공선행록」의 유우성과 이 씨, 「이씨세대록」의 태자와 이일주 이야기가 있고, 이외에 짧은 에피소드 형식으로 「이씨세대록」의 이팽문-소옥주, 「성현공숙렬기」의 임유린과 풍 씨 이야기가 있다. 이들 서사는 대개 그리 길지 않은데, 다만 서사의 분량 면에서 예외적인 경우도 있다. 「유효공선행록」의 유우성과 이 씨 이야기가 그 예인데, 유우성과 이 씨 서사는 매우 핍진하게 펼쳐지며 서사의 진폭을 확장시킨다.

이 서사에서 남편들은 성욕이 매우 강한 인물로 형상화되어 있는데, 모두 호방형 인물에 속한다. 남편은 아내에 대한 애정이 매우 강하고 이를 아내에게 집요하게 표출한다. 그러나 아내는 주변인물들의 갈등에 의해, 혹은 예법에 근거해 그러한 남편을 피한다. 「소씨삼대록」에서 소운명은 아내 이옥주에 대한 애정이 강하지만 이옥주는 효孝와 절節, 그리고 시조모와 시모의 의견을 중시해 동침을 피한다.(권6)[38] 「유효공선행록」에서 유우성은 색욕이 너무 강하여 아버지 유연이 그 아내 이 씨의 나이가 찬 후에 동침하라고 명령할 정도이지만 유우성은 문안 자리에서 이 씨를 뚫어지게 바라보며 애정을 과시하는데 그러한 유우성에게 유연은 내놓은 자식이라 말한다.(권16) 이 씨 역시 유우성의 음란함을 꺼려해 유우성에게 눈길 한 번 주지 않는다.

성욕이 강한 남편들은 아내에게 틈이 보일 때 아내를 강간함으로써 자신의 성욕을 해소한다. 소운명은 마침 홀로 후원에 있던 이 씨를 보고 회포를 풀려 하고, 마침내는 양 부인이 병들어 협실에 있던 이 씨가 침소에 나온 사이에 억지로 정을 맺는다. 유우성은 아내 이 씨가 자신에게 몸을 허락하지 않자, 두 창녀를 통해 성욕을 해소하다가 이 씨를 강간하려다 실패하고, 마침내는 그녀를 철여의로 치고 그녀가 정신이 없는 사이에 강간한다. 유우성이 행한 강간은 폭행과 함께 이루어진다는 점에서 강간의 전형을 보여준다.[39]

강간을 당한 이후의 상황을 보면 서술자는 별다른 서술을 하지 않거나, 아내가 남편에게 순종하는 것으로 귀결시키고 있다. 유우성에게 강간당한 이 씨는 눈물을 흘리면서, 죽고 싶으나 지아비의 일이므로 죽을 수 없다고 유모에게 말한다. 억지로 제어당한 데서 오는 트라우마가 강하지만, 지아비가 한 행동이므로 부득이하다는 점을 말하고 있다. 남편에게 당한 강간이 폭력적인 것임을 인지하지만 남편의 행동은 모든 것이 용납될 수 있다는 이데올로기가 저변에 깔려 있다. 급기야 이들의 갈등은 이 씨가 먼저 유한한 태도를 보이며 온화한 목소리로 잘못을 고치겠다고 말하면서 완전히 해소된다. 남편의 폭력보다 아내의 불순종을 더욱 크게 문제시하는 서술자의 태도가 극명하게 드러나 있다.

이러한 부류의 부부 강간 서사에서 아내에 대한 남편의 애정은 성욕으로 환치되어 있다. 남편은 아내에 대한 애정을 성적 욕망의 표출과 등가물로 인식한다. 이는 내밀한 부부관계에서 충분히 있을 수 있는 일이지만 당대의 윤리로는 받아들여지기 힘든 행위였다. 아내와의 섹스는 아내를 존중하고 배려하는 마음을 가지고 예법을 갖춰 이루어지고, 성욕의 해소를 위해 풍정을 발산하는 섹스는 금기시되었다. 섹스가 쾌락보다는 생식을 목적으로 행해지고 생식을 목적으로 할 때도 예를 존중해야 하는 것이 공동체의 바람이었다. 그런데 호방한 남편들은 예법에 앞서 쾌락을 중시했고, 그것이 예법을 중시한 아내와의 충돌을 빚은 것이다.

그런데 결과적으로는 이들 아내를 강간한 호방한 남편들은, 비록 때로 부모의 제재를 받기는 하지만 서술자에 의해 옹호를 받는다. 완전히 긍정적이지는 않지만 그렇다 하여 이들의 행위가 부정적으로 언술되지는 않는다. 이는 남성 지배 체제하에서 남성이 자신의 소유물(아내)에 대한 성교 강요는 당연한 것이고, 그 결과 우리는 이 작품에서 아내에 대한 남편의 성교를 강간과 구별하기가 매우 어렵다는 사실을 발견하게 된다.[40]

다음으로, 남성인물이 자신의 아내가 아닌 외간 여자를 강간하거나 강간하려 하는 내용을 지닌 모티프가 있는데, 이때 강간을 하는 이들은 모두 반동인물이다. 여성에 대한 남성의 폭력적 성격을 보여준다는 점에서 강간의 전형이라 할 만하다.[41]

이 유형에는 성욕과 관련하여 다양한 층위의 서사가 존재한다. 예를 들면, 「성현공숙렬기」의 한왕과 반연화 서사는 한왕이 임희린의 아내 주 씨를 강간하러 갔다가 접근도 하지 못하자 홧김에 주 씨의 동렬 반연화를 강간하는데 반연화가 처음에는 거절하다가 상통相通하고 후에는 같이 즐긴다. 강간이 화간으로 변질되는 이야기이다. 「임씨삼대록」의 옥선 군주는 오랑캐에게 윤간輪姦을 당하는데 음란한 인물로 등장하는 옥선 군주 역시 윤간을 방치하고 기꺼이 오랑캐들의 음욕을 다 풀어준다. 「임씨삼대록」의 남연랑은 장석자에게 강간을 당하자 장석자를 독살해 버린다.

예로 든 남녀인물은 모두 반동인물로서 음란하다는 공통점이 있다.

남녀 모두 성性을 즐기는 인물들인바, 이들은 서사에서 용납될 수 없다. 한왕은 반역을 도모하다가 처형당하고, 반연화는 화간을 한 뒤 음물淫物로 지탄받아 임씨 집안에서 출거당한 후 끝내 처형을 당한다. 옥선군주는 여러 남자와 통정한 후 한왕과 함께 반역을 꾀했다가 처형당하며, 남연랑은 반연화의 후신인바, 임재홍과 혼인한 후 나중에는 설희필과 혼인했다가 끝내 처형당한다. 정절을 지키지 않는 여성은 서사에서 가차 없이 처단당한다는 대하소설의 서사 문법을 여기에서도 확인할 수 있다.

한편 강간하거나 시도하는 남성인물은 반동인물인 데 반해, 당하는 여성은 주동인물이나 주변인물인 경우가 있는데, 서사는 매우 짧은 형식으로 제시되어 있다. 강간을 당하거나 당할 뻔한 여성은 「유효공선행록」의 정 씨처럼 자결하거나 「임씨삼대록」의 성 씨, 「명주보월빙」의 하영주와 같이 자결을 시도한다.[42] 여성에게는 정절이 최우선인바, 이들 여성은 정절을 지키기 위해 자결하거나 자결을 시도한 것이다. 특히 「유효공선행록」의 정 씨는 강간을 당한 것이 아니라 당할 뻔했음에도 불구하고 자결을 하는데, 이는 대하소설에 등장하는 사대부가 여성의 정절 관념이 매우 투철했음을 보여주는 예이고, 강간이 여성에게 주는 트라우마가 대단함을 의미한다.

「유효공선행록」의 요정과 정 씨 서사는 사대부 남성이 같은 사대부가의 여성을 강간하려다 실패한 사건이라는 점에서 이례적이다. 또 그만큼 심각한 문제를 파생시킨다. 요정과 정 씨의 서사는 정 씨 남편 강형수가 서사에 개입하고 그가 유연, 유홍과 인연을 맺으며 그 폭이 매우

확장되어 있다는 점에서 이 유형에 속하는 다른 서사와는 구분된다.[43]

남편이 아내와 부득이하게 성관계를 맺지 못하거나 아내의 거절로 성관계를 맺지 못할 때 아내의 시녀를 화풀이 대상으로 삼아 강간하기도 한다. 「임씨삼대록」의 설희광은 명선과 성관계를 하려 하였으나 명선의 몸에 돋힌 비늘 때문에 관계를 맺지 못하자 시녀인 쌍연을 강간한다. 「명주보월빙」의 정세흥은 아내 양 씨에게 분노한 나머지 그 시녀 월앵을 강간한다. 이들 모티프는 앵혈 소거 모티프의 경우처럼 시녀에 대한 신분 차별 의식의 발로이다. 다만 차이점이라면 이 경우에는 남성인물의 성욕 해소가 주요 원인이라는 점이다. 이 모티프에서 시녀는 남편과 아내 사이의 갈등에서 희생양의 역할을 하고 있다.

이 유형의 서사에서 강간을 하는 남성은 몇몇을 제외하면 대개 사대부가의 남성인 반면, 여성은 사대부가의 여성을 비롯하여 민간의 여자, 시녀에 이르기까지 다양하다. 강간당하는 여성은 신분에 관계가 없는 것이다. 여성들은 또한 아내나 시녀 등 주동적인 가문의 일원도 있는가 하면, 가문 외적 인물도 있다. 이처럼 강간당하는 여성은 신분이니 가문과 상관없이 남성의 성적 욕망의 희생물이 된다.

강간당하는 여성이 특정한 신분이나 가문 외적 존재에만 국한되지 않는다는 사실은 주목할 만하다. 앞에서 우리는 여성에 대한 남성의 지배권을 확인하는 것이 주로 부부 강간에서 확인되고, 여성에게 모욕을 주는 것은 시녀 강간에서 드러남을 확인할 수 있었다. 즉 남성이 특정한 계층의 여자를 상대로 하여 자신의 목적을 달성했던 것이다. 그러나 이에 이르면 사정이 다르나. 남성은 모든 계층, 모든 가문의 여성을 상대로 강간을 하게 된다. 남성의 풍정, 성욕을 위해 여성은 희생되어도 충분하다는 남성 중심의 사고가 이 모티프에 반영되어 있다.

이 서사에서 강간하는 남성은 상대가 받을 정신적 고통은 전혀 고려하지 않고 오로지 자신의 성욕을 충족시키기 위해 여성을 배타적으로 인식하고 강간을 함으로써 쾌락을 얻으려 한다. 이때 강간당하는 여성들은 존엄성을 갖춘 주체로 인정받지 못하고 남성의 성욕을 해소하기 위해 대상화된 존재들이다. 그녀들의 몸은 남성에게 성적 존재로만 가치가 있는 '물건'인 것이다. 강간의 전형적인 속성이 이 모티프에 잘 드러나 있다.

5. 주체와 타자 관점에서 본 강간 모티프

강간에는 근본적으로 성욕이 내재되어 있다. 그것이 표출될 때에는 그대로 드러나는 경우도 있지만, 지배권을 확인하거나 모욕을 주려는 목적을 달성하기 위한 수단이 되는 경우도 있다. 그런데 어느 경우든 남성인물의 서사적 기능에 따라 그 성격이 규정된다는 점에서는 공통적이다. 즉 주동인물인 남편이 자신의 아내, 혹은 시녀를 강간할 때는 서술자나 작중 인물은 이를 소년 남자의 풍정風情으로 보는 경우가 많은 반면, 남성반동인물의 여성 강간은 음란淫亂으로 규정되어 있는 것이다. 풍정과 음란의 차이는 또 상대 여성에 따라 나뉘는데, 풍정은 자신의 소유일 때를 말하고 음란은 남의 소유일 때를 가리킨다. 이처럼 같은 강간이라 해도 인물의 서사적 기능에 따라 그 의미가 달라지는 서술 시각이 강간 모티프에 강하게 내포되어 있다.

강간당하는 여성을 기준으로 할 때, 남편이나 주인에게 강간당하는 아내나 시녀는 가문의 구성원으로 존속하거나 편입하게 되고, 남편이 아닌 남성에게 강간당하거나 강간당할 뻔한 여성은 자결하거나 자결 시도를 하거나, 혹은 이와 정반대로 남성과 화간하며 즐기기도 한다. 가문에 존속하거나 편입되는 여성은 가문구성원의 소유이기 때문이고, 자결(시도)하거나 화간하는 여성은 남의 가문에 소속된 자이기 때문이다.

이처럼 강간하는 남성이나 강간당하는 여성은 자기 가문의 일원인가 아닌가에 따라 운명이 갈린다. 이 사실에서 우리는 두 가지 점을 알 수 있다. 하나는 여성에 대한 남성의 절대적 지배권을 확인할 수 있으며, 다른 하나는 여성을 가문의 구성원으로 포섭하려는 지배적 가문의 전략이 엿보인다는 점이다.

아내가 남편에게 강간을 당하고서도 남편에게 아무 말 없이 공순하게 대하는 것은 당대의 지배적 담론을 수용한 결과이다.

① (「女教」에 이르기를) 남편은 역시 아내의 하늘이다. (…중략…) 오직 순종할 뿐 감히 어긋남이 없도록 할 것이다.

② (「女教」에 이르기를) 만일 남편이 몹시 화를 낼 경우에는 기다렸다가 기분이 풀렸을 때 다시 간하며, 비록 채찍질을 당한다 하여도 어찌 원망을 할 것인가.

③ (「女教」에 이르기를) 혹시 때리고 혹시 꾸짖는 일이 있다 한들, 의당한 것으로 여길 뿐, 어찌 말대답을 하거나 성내거나 할 것인가.

④ 대개 일에는 굽은 것(曲)과 곧은 것(直)이 있고, 말에는 옳은 것(是)과 그른 것(非)이 있다. 곧은 사람은 다투지 않을 수 없고 굽은 사람은 밝히지 않을 수 없으니 다투고 밝히는 일을 펴다 보면 분노하는 일이 생기게 되는 것이다. 이는 온공하게 나직한 것을 숭상하지 아니한 때문이다. 남편 업신여김을 절제하지 못하면 꾸짖음이 뒤따르고, 분노가 그치지 않으면 매질이 뒤따른다.[44]

①~④는 『내훈內訓』의 「부부장」에서 뽑은 글들이다. 비록 16세기에 간행되고, 중국의 규훈서를 인용하기는 하였으나 조선시대의 상황에 적용하는 데도 무리가 없다. 여기에서 강조하는 것은 아내의 순順이고, 아내가 남편에게 채찍질당하는 것을 아무렇지 않게 여기고 있다. 아내는 남편에게 온화하며 순종해야 한다는 이데올로기인바, 「윤하정삼문취록」에서 경벽주가 단엄한 것을 그 시아버지 윤광천이 그리 좋아하지 않는 까닭을 이해할 수 있다. 경벽주의 그러한 성격이 부부 갈등의 단초가 됨을 암시하고 있기 때문이다. 이러한 시각을 적용하면 경벽주가 윤웅린에게 매 맞고 강간당하는 것은 분노를 그치지 않은 경벽주 때문이고, 이는 대하소설에서도 고스란히 드러나 있는데, 강간 모티프는 그러한 시각을 드러내기 위한 대표적인 예이다.

⑤ 지아비 디단 그른 일 ᄒᆞ야 셰샹 용납지 못ᄒᆞᆯ 일 밧긔는 그 ᄠᅳᆺ을 만분

미진ᄒᆞᆫ 일이 업게 ᄒᆞ야 하ᄂᆞᆫ ᄃᆡ로 하고 한 말과 한 일을 어긔지 마라.[45]

⑥ 대개 부인의 덕은 곧고 깨끗하며 온화하고 수종하는 것보다 귀한 것이 없다. (…중략…) 순종이라는 것은 남에게 굴복하는 것을 따르는 것이다.(盖婦人之德, 莫貴乎貞靜和順也. (…中略…) 順謂順於伏人也)[46]

⑦ (부인의 도리를 설명하며) 공순은 온갖 덕행의 모임이요, 화순은 온갖 상서의 창고이다.[47]

송시열이 딸에게 주는 계녀서에는 아내는 남편의 뜻을 결코 어기지 말아야 한다는 훈계가 담겨 있다. 남편이 세상에 용납하지 못할 일을 하지 않는 이상, 그 남편은 아내에게 절대적인 존재라는 것이다. 남편의 뜻에 맞추지 못하는 대하소설의 고집 센 아내가 남편에게 폭행당하고, 강간당하는 상황에 대한 이념적 고리를 확인할 수 있다. 한원진과 이덕무 역시 내훈에서부터 강조된 아내의 순종을 부각하고 있다.

16세기에 간행된 『내훈』으로부터 17세기의 『우암선생계녀서』, 18세기의 『한씨부훈』, 『사소절』에 이르기까지 관류하는 것은 아내의 순종이다. 『내훈』에서는 그에 덧붙여 아내에 대한 남편의 폭행이 정당함을 언명하였고, 『우암선생계녀서』에서는 비록 폭행을 운운하지는 않았으나 남편에게 폭행을 당해도 침묵하라는 메시지가 기저에 내포되어 있다.

사대부 남성들의 이러한 시각은 철저히 남성을 주체로 보는 시각이다. 당시의 지배층은 계급으로는 사대부였고 성별로는 남성이었다. 사대부 계급은 혼인 등을 통해 자신들의 카르텔을 형성하고 높은 벼슬을 한 사대부 가문은 따로 벌열 가문이라 일컬어졌다. 이러한 벌열 가문의 남성이 사회적 담론을 형성하는 주축이었고, 그러한 면에서 그들을 사회의 주체라 이를 만하다.

벌열 가문 남성의 대척점에 있는 부류가 천민 계급의 여성이지만 대하소설에서는 아예 취급도 되지 않는다. 대하소설에서 대척점에 있는 부류는 같은 가문의 여성으로 형상화되어 있다. 이들은 주체인 사대부 남성에 의해 철저히 타자 취급을 받는다. 여성은 주체인 그들에게 타자화된 존재이다. 이들은 남성의 가문에 편입된 여성이기는 하지만 남성에게 무조건 복종하고 남편의 뜻을 어기지 않으며 남편의 폭행에도 무던히 견뎌야 하는 타자들인 것이다. 남성 주체는 이처럼 아내인 여성을 이념을 매개로 철저히 타자화하고 있다.[48]

그런데 아이러니한 것은 자신들이 철저히 타자화한 여성을 결국에는 자신들의 가문으로 수용한다는 것이다. 그리고 그 과정에서 중요한 역할을 하는 것이 강간 모티프이다. 대하소설에서 강간은 이방인, 타자에 대한 낯섦을 제어하는 행위이다. 가문에 편입된 여성은 외부로부터 '도래'한 여성이다. "낯선 이는 '도래'를 특징으로 갖는다. 낯선 이방인은 외부로부터, 우리 공동체로 도래한 자이다. '이방인'이라는 표상은 주체 또는 집단 주체에 대하여 낯섦을 특징으로 갖는 타자화된 존재들이다. 외부자로서 이방인은 우리 공동체 안에서 주체로서의 힘을 갖지 못한 자, 권력에 참여하지 못하는 자, 이 장소에서 자기 권리를 주장하지 못하는 배제된 자이다."[49]

기존의 가문 구성원에게 그러한 여성에 대한 남편의 강간은 타자를 우리화, 주체화하는 과정이다. 사회라는 상위범주에서 남-녀는 대개 주체-타자의 관계를 가지는데 가문이라는 하위범주에서 이것이 재확인되고 있다. 그 확인 과정에서 결정적 역할을 하는 것이 아내에 대한 강간이다. 이로써 아내는 더 이상 타자가 아닌 가문의 일원으로서 주체가 된다. 남편과 남편의 가문은 타자였던 아내와 이방인을 주체로 동일화한 것이다. 아내가 강간을 당한 이후에 별다른 수난 없이 평탄한 삶을 살고 나이가 든 후에는 가문의 주인공으로 행세하는 것은 이러한 점이 반영된 서사이다.

한편, 가문 외적으로 이루어지는 강간 서사에서 당사자들은 대개 반동인물로 설정되어 있다. 강간 주체는 모두 반동인물이고 객체는 대개 반동인물이다. 이들은 작품의 주동가문에서 타자화된 존재들이다. 가문 내적 여성이 주동가문 내에서 타자화되었다면 이들은 주동가문의 일원에도 끼지 못하는, 타자 중의 타자인 것이다. 그러한 인물들이 벌이는, 쾌락을 위한 행위는 응당 처벌을 받는다는 시각이 이들 서사에 내재되어 있다. 가문의 일원과, 가문의 일원이 아닌 사람을 구분하려는 철저한 배타적 의식이 저변에 깔려 있다. 가문의 일원이 하는 행위는 용서를 받을 수 있지만, 그렇지 않은 경우에는 혹독한 처벌을 감수해야 한다.[50] 이들 인물을 통해 주체와 타자의 구분은 이중으로 설정되어 있고, 이러한 타자 중의 타자는 대개 부정적인 인물로서, 처벌의 대상임을 확인할 수 있다.

6. 결론

여타의 소설 유형에도 강간 모티프가 간간이 보이지만, 강간 모티프가 집중적으로 등장하고 또 중요한 기능을 담당하는 유형은 대하소설이다. 대하소설에서 남성은 아내, 시녀, 민간녀 등을 성욕 해소의 도구로 삼기 위해, 자신의 지배권을 확립하기 위해, 상대에게 모욕감을 주기 위한 목적으로 강간한다. 다양한 객체에, 다양한 목적을 함유하며 강간이 서사화되어 있는 것이다.

강간의 객체 가운데 예외는 있지만 아내, 시녀는 대개 주체적 인물로 등장한다. 이들은 자기 목소리를 지니고 있고, 성적 자기 결정권을 고수하려 하지만 남편과 아내, 주인과 시녀라는 권력 관계하에서 그러한 목소리와 성적 자기 결정권은 묵살된다. 특히 남편에게 저항하는 아내의 처절한 몸부림은 강간과 함께 무력화된다.

서술자는 이러한 아내와 시녀에 대해 심정적으로 동조하기도 한다. 특히 아내를 무참히 짓밟는 남편에 대해서는 작중 인물의 입을 빌려, 혹은 직접적 언술을 통해 몰인정하다는 표현을 하며 아내와 시녀의 입장에서 남편을 비판한다. 그러나 궁극적으로는 남편의 행위가 옳고 아내의 행위가 그르다는 입장을 드러내면서 남성 중심의 지배 이데올로기를 드러낸다. 가부장의 권위를 인정하고 있는 것이다.

서술자의 이러한 이중적 면모는 기실 사대부가 여성 향유층의 시각이 반영된 결과로 해석할 수 있다. 사대부가 여성은 경계에 있는 인물이다. 지배층의 일원이라는 점에서는 남성 지배층과 권력을 공유하며 피지배층을 배타적으로 인식하지만, 여성이라는 점에서 남성 지배층과 분리된다. 대하소설의 서술자는 여성 향유층의 이러한 면을 대변하는 존재로서, 여성의 입장을 부각하면서도 어쩔 수 없이 가부장제를 옹호해야 하는 줄타기를 서사에서 드러내고 있는 것이다.

이 글에서는 고전소설 가운데 강간 모티프가 집중적으로 드러나 있는 대하소설을 중심으로 그 양상을 살폈다. 강간의 속성을 밝히려 하였으나 이론적으로 미진한 점이 많아 이를 보완해야 할 필요가 있다. 또한 다른 서사 유형, 특히 문헌설화에 나타난 강간 모티프를 살피고 이를 대하소설의 그것과 비교하는 작업이 필요하다. 그러할 때 두 서사 유형에 보이는 강간 모티프의 속성이 보다 잘 추출될 수 있을 것으로 기대한다.

미주

* 이 글은 『국어국문학』 170(국어국문학회, 2015)에 실린 「고전 대하소설의 강간 모티프 연구」를 저서의 성격을 고려하여 일부 수정한 것이다.

1 '강간 모티프'는 대하소설에 강간 서사가 반복적, 지속적으로 등장한다는 점을 감안하여 필자가 명명한 것이다.

2 섹슈얼리티의 개념은 매우 다양하고, 때로는 이론끼리 상충하기도 하는데, 대개 성별 육체와 성적 욕망을 포괄하는 개념으로 사용된다. 조셉 브리스토우, 이연정 · 공선희 역, 『섹슈얼리티』, 한나래, 2000.

3 한국의 형법에서는 강간죄의 객체를 '부녀'(성전환자 포함)로 규정해 놓았었으나, 2012년 12월 18일에 형법을 개정하며 강간죄의 객체를 '부녀'에서 '사람'으로 변경함으로써, 그 객체가 남성임도 명시하였다. 김혜정, 「부부 사이 강간죄의 법리적 · 정책적 쟁점에 관한 소고」, 『법조』 62-10, 법조협회, 2013, 200~210쪽.

4 이 글에서 '동의'는 여성이 성적 자기 결정권을 가진 점을 중시한 용어로 쓰인다. 따라서 동의를 했다 해도 성교 중간에 폭력적으로 한다면 강간이고, 부부나 성매매 여성이라 해도 동의를 구하지 않으면 강간이며, 아는 관계에 있다 해도 성적 폭력을 행사했다면 강간으로 본다. 캐서린 맥키넌, 엄용희 역, 「강간-강요와 동의에 대하여」, 『여성의 몸, 어떻게 읽을 것인가?』, 한울아카데미, 2001 참조.

5 성기에 의한 성교 외에 구강 · 항문 성교까지 포괄하는 것이 온당하다. 이는 세계적인 추세이기도 한데, 미국의 「모범형법전」 제213.0조, 독일의 「형법」 제177조 제2항(1997년 개정), 프랑스 「형법」 등에서도 이를 반영하고 있다. 김혜정, 앞의 글, 215~216쪽.

6 「쌍천기봉」을 다룬 한 연구에서 이몽창을 짝사랑하는 아내 조제염이 이몽창을 속여 잠자리를 같이 한 것을 두고 이몽창에 대한 '강간'이라 하였으나(구선정, 「가부장제하 남성의 죄벌(罪罰)과 고통의 이면」, 『한국고전연구』 29, 한국고전연구학회, 2014, 425쪽) 동의하기 어렵다. 이몽창이 평소에 조제염을 거부하기는 했으나 사건 당시 이몽창은 자신과 잠자리를 한 사람이 조제염이 아니라 다른 아내 임혜란이라 착각하고 성교를 한 것이다. 조제염의 성적 강압에 의해 성교가 이루어진 것이 아니므로 이를 강간으로 보기는 어렵다.

7 최근 대법원 판결(대법원 2013. 5. 16. 선고 2012도14788 전원합의체 판결)로 부부 사이의 강간에 대해 법적으로는 해결되었지만 여전히 반대 의견이 적지 않을 정도로 우리 사회에서 이에 대한 거부감이 상당하다. 부부 사이에 강간이 성립되지 않는다는 것은 제도적, 법적으로 전통 시대로부터 내려온 뿌리 깊은 인식이다. 전통 시대에 아내는 남편의 소유물로 취급되고 법적으로 간음의 대상은 배우자 외의 대상으로 규정된바, 현대 사회에서도 그러한 관념이 계승되었던 것이다.

8 최기숙, 「17세기 서사문학을 통해 본 '성'의 문화 기호와 상상 구조」, 『고소설연구』 26, 한국고소설학회, 2008, 48~49쪽.

9 위의 글, 48~58쪽.

10 「창선감의록」에서 윤여옥이 엄월화를 강간하려 한 것을 남성의 정치적 목적을 달성하기 위한 수단으로 본(위의 글, 48쪽) 것은 타당한 지적이나, 그 행위의 이면에는 윤여옥이 엄월화의 아비인 엄숭에게 '모

욕'을 주기 위해 그녀를 수단으로 삼았다는 점도 구체적으로 적시될 필요가 있다.

11 부부 강간은 통상 남편이 아내에게 위해를 가한다는 점에서 '아내 강간'으로 칭할 수도 있으나 그 역도 성립하므로 '부부 강간' 또는 '배우자 강간'으로 칭하는 것이 온당하다. 용어에 대해서는 김혜정, 앞의 글, 199~200쪽 참조.

12 장시광, 「성현공숙렬기에 나타난 부부 갈등의 성격과 여성 독자」, 『동양고전연구』 27, 동양고전학회, 2007.

13 한길연, 「대하소설에 나타나는 '남편 폭력담'의 양상과 의미」, 『한국고전여성문학연구』 21, 한국고전여성문학회, 2010, 85~90쪽.

14 남자가 서조모 등이 자신의 팔에 찍은 앵혈을 소거하기 위해 서조모가 기르던 여자나 집안의 여종을 강간하는 모티프이다. 「소현성록」에서는 소운성이 서조모 석파가 자신의 팔에 앵혈을 찍자 서조모가 기르던 소영을 강간한다.

15 조혜란, 「고소설에 나타난 남성섹슈얼리티의 재현 양상」, 『고소설연구』 20, 한국고소설학회, 2005, 394쪽.

16 정선희, 「「소현성록」 연작의 남성 인물 고찰」, 『한국고전연구』 12, 한국고전연구학회, 2005, 48쪽; 최기숙, 앞의 글, 48~49쪽.

17 정선희, 앞의 글, 48쪽.

18 정선희, 「영웅호걸형 가장의 시원 – 「소현성록」의 소운성」, 『고소설연구』 32, 한국고소설학회, 2011, 163쪽.

19 박은정, 「'소운성'을 통해 본 「소현성록」의 성장소설적 성격」, 『어문학』 108, 한국어문학회, 2010, 61~64쪽.

20 위의 글.

21 초점을 강간 자체에 두었는가, 아니면 소운성의 성장에 두었는가에 따라 논의가 달라지게 되었다.

22 목적 혹은 원인과 과정, 결과로 구분하여 논할 수도 있으나 목적 혹은 원인 중심의 서술에서도 충분히 과정과 결과를 포괄할 수 있을 것으로 본다.

23 한스 페터 뒤르, 최상안 역, 『음란과 폭력 – 성을 통해 본 인간 본능의 역사』, 한길사, 2003, 537쪽.

24 전쟁이나 큰 사고 등은 인간에게 치유하기 힘든 정신적 상처를 남기는데 이러한 트라우마는 강간당한 이후에도 강하게 나타난다. 주디스 허먼, 최현정 역, 『트라우마』, 플래닛, 2007.

25 '성'이 개인의 차원이 아닌 사회적 담론에 의해 형성됨은 미셸 푸코에 의해 본격적으로 제기된 바 있다. 미셸 푸코, 이규현 역, 『성의 역사』 1, 나남출판사, 1990.

26 권수와 소장처 등은 참고문헌을 참조하기 바란다.

27 장시광, 「'호방' 관련 단어와 대하소설 호방형 남성주동인물의 개념」, 『동방학』 26, 한서대 동양고전연구소, 2013.

28 효장공주가 남편에게 분노하기는 하지만, 이 작품에서 효장공주는 자신 때문에 임세린이 소 소저와의 정혼이 취소되었음을 뒤늦게 알고 소 소저를 복귀시키는 데 최선을 다하는, 부덕이 있는 인물로 그려져 있음을 간과해서는 안 된다.

29 주 씨가 거듭해서 시가에 복귀하는 것을 거절하고 친정에서 생을 마치려 하며 남편에게 저항하는 행위

는 여성의 시가살이에 대한 염증이 일정 부분 담겨 있다.

30 원래 이경문의 양부는 유영걸이다. 유영걸이 잘못을 저지르자 위홍소의 아버지 위공부가 담당 관리였는데 유영걸을 매우 친다. 이경문은 위홍소와 혼인한 후 그 사실을 알고 위홍소가 원수의 자식이라 하여 냉대하고 급기야 위공부를 욕한다. 위홍소도 이경문이 자신의 아비를 욕하자 맞대응하여 이경문과 동침하지 않는다. 남녀 주동인물이 이데올로기 때문에 극심한 갈등을 벌이는 것은 대하소설의 전형적인 갈등담 중 하나이다. 장시광, 『대하소설 갈등담의 구조 시론』, 『국어국문학』 142, 국어국문학회, 2006.

31 이백문은 화채옥이 친정에 있으면서 시가에 복귀하려 하지 않아 이백문이 화씨 집안에 가 화채옥을 휘어 놓겠다고 하자, 이백문의 아버지 이몽창은 화채옥을 괴이하게 여기고 이백문의 행동이 그르지 않다고 옹호한다.(권21, 139~141쪽) 이몽창은 며느리가 아들에게 순종하지 않는 데 대해 매우 기이하게 여긴 것이다. 이후에 이몽창이 비록 화씨 집안에 가서 행패를 부리는 이백문을 중타하지만 그것은 이백문에 대한 중타라기보다는 화채옥에 대한 서운한 감정의 표출이다.

32 진비는 며느리 경벽주에 대해 여성으로서의 유대감을 갖고 있음을 알 수 있다. 아들이 며느리를 박대하고 폭행하는 것이 불합리함을 인식한 결과 그와 같은 유대가 가능해졌다. 진비는 「성현공숙렬기」에서 관 부인이 보여주었던, 가부장제에 대한 옹호 대신 가부장제가 여성에게 가하는 질곡을 투철하게 인식한 여인이다.

33 「현몽쌍룡기」에서 화파는 조무(아명 용홍)의 팔에 앵혈을 찍는데 군자형 인물인 조성(아명 용창)이 화파에게 단정하지 못하다고 하는 데서(권1, 38~40쪽) 이를 엿볼 수 있다.

34 조혜란은 「소씨삼대록」의 소운성과 소영 서사를 분석하며 이와 같이 해석하였는데 타당하다고 본다. 조혜란, 앞의 글, 394쪽.

35 기존 논의에서 남성 앵혈 모티프에 대해 남성 정체성의 훼손이라 한 것(위의 글)은 타당한 지적이나, 더 적극적인 의미 부여를 할 필요가 있다고 본다. 본고에서는 이를 '모욕'과 관련지어 해석하고자 한다.

36 이러한 면에서 서사에서 이들을 남자의 첩, 혹은 정실로 들어가도록 하는 것은 그녀들에게는 보상이라 이를 만하다. 강간을 통한 주인과 시녀의 관계는 교환적 가치가 있음을 발견하게 된다. 주인은 앵혈을 제거하는 대신 시녀를 첩, 혹은 정실로 격상시킨다. 시녀나 양녀 또한 의도하지 않았지만, 강간당한 사건은 신분 상승의 계기로 작용한다.

37 그가 시녀를 강간하는 데에 죄책감을 가지지 않는 것은 이러한 서사적 상황과 아울러 성 · 신분 차별 의식이 복합적으로 작용한 결과이다. 여자에게는 앵혈이 순결을 상징하지만 남자에게는 그것이 순결과는 무관하다는 차별 의식, 그리고 시녀는 곧 주인인 자신의 소유이므로 함부로 대해도 상관없다는 신분 차별 의식이 이 모티프에 담겨 있다.

38 이옥주는 애초에 부친의 사당을 지어 주고 자기의 절을 드러내면 동침하겠다 함으로써 효와 절을 강조한다. 그런데 이후 서사에서는 이들 부부의 의지와는 무관하게 불교에 대한 등장인물들의 갈등 때문에 부부의 동침이 미뤄진다. 즉 시조모인 양 부인과 시모 화 부인이 여승의 말을 듣고 이 씨를 양 부인의 협실에 두어 액운을 제거하고자 하는데 이에 대해 소경과 소운성이 반대하고 양 부인이 분노하는 것이다.

39 부부 강간으로 인정된 행위에 대한 대법원 판결문에는 남편이 아내를 강간하기 전에 칼로 찌르고 폭행했다는 점이 드러나 있다. 김혜정, 앞의 글 참조.

40 더 나아가 남성이 중심이 되는 성교 자체에 강간의 요소가 있는 것으로 파악할 수도 있다. 남성의 지배 아래에서 여성들은 강간과 성교를 구별하기가 어렵다. 캐서린 맥키넌, 엄용희 역, 앞의 글, 61쪽.

41 이는 대부분의 사람들이 강간으로 인식하는 가중강간에 해당한다. 수센 에스트리치, 이난영 역, 『진짜 강간』, 교육과학사, 1993.

42 다만 「성현공숙렬기」의 유 소저는 특별한 서사가 없이 유씨 집안이 이사 가는 것으로 처리되어 있다. 이 경우 유 소저를 강간하려 한 임유린이 주인공 집안인 임씨 집안의 일원인 것과 무관하지 않다.

43 각기 주동인물 유연과 반동인물 유홍을 돕는 주변인물로서 그 대립각을 첨예하게 세운다. 이 과정에서 요정이 처단당한 권6 이후에도, 요정과 결탁했던 유홍과 강형수의 원한 관계는 마지막 권인 권12에까지 지속된다. 「유효공선행록」에는 유연과 유홍의 형제 갈등, 유우성과 이 씨의 부부 갈등이 주축을 이루는데, 이처럼 자결한 아내를 위해 복수하려는 남편의 서사가 이면에 흐르고 있다. 이 서사는 이러한 종류의 다른 서사에 비해 이후의 서사를 추동한다는 점에서 차이가 난다.

44 소혜왕후 한씨, 육완정 역주, 『내훈』, 열화당, 1984, 79~83쪽.

45 송시열, 사문학회 편, 「지아비 셤기는 도리라」, 『송우암선생계녀서』(영인), 제문당, 1978.

46 한원진, 『남당집』, 「韓氏婦訓」(http://www.itkc.or.kr/itkc/Index.jsp)

47 이덕무, 『사소절』「婦儀」「性行」, 198쪽.

48 여성은 타자로 만들어졌다는 말은 강간을 당하는, 대하소설의 아내들에서 적실히 확인할 수 있다. 타자 관련 언급은 시몬느 드 보부아르, 조홍식 역, 『제2의 성』 상, 을유문화사, 1993 참조.

49 김애령, 『여성, 타자의 은유』, 그린비, 2012, 39쪽.

50 「창선감의록」의 윤여옥이 엄월혜를 강간하려 한 경우나, 대하소설의 호방형 남성 주동인물이 다른 가문의 여자를 강간하려 한 것을 풍정의 소치로 용서받는 경우에서 잘 드러난다.

팩션

'세계사 법정'에 선 클레오파트라

차영길

프롤로그

"세계사는 세계사 법정이다Weltgeschichte ist Weltgericht!"

세계사의 진실은 세계사가 진행되는 그 결과인 세계사 법정에서 밝혀진다는 헤겔의 유명한 이야기이지만, 오늘 이 말을 한 여인에게 덧쓰인 역사 속의 오해와 편견을 벗기는 데 써볼 수 있을까 생각해보게 된다. 이야기를 시작하는 방식은 팩션faction의 기법을 사용하는데서 출발한다. 팩션이란 팩트fact와 픽션fiction의 합성어로 사실과 허구가 결합된 서술의 한 방식이다. 역사학은 물론 픽션이 아니라, 팩트에 바탕을 둔 '증거에 의한 해석'이다. 20세기에는 이것을 '과학적 역사학'의 중요한 준거로 설정하고 있고, 이것이 때론 역사가로 하여금 생각은 있으나 글을 쓰지 못하게 하는 족쇄가 되기도 한다. 그런데 대중이 없는 진실의 탐구가 과연 살아남을 수 있을까? 역사학 역시 예외가 아니다. 그래서 최근에 대중과 좀 더 가까이 호흡하기 위해 문학적 상상력을 역사학의 서술에 과감히 도입하려는 시도가 있다. '역사학의 아방가르드' 전선에서도 팩션을 역사학의 새로운 영역으로 받아들여야 한다는 목소리가 제법 강하게 나오고 있는 것이다. 물론 역사의 모든 대상이 팩션 형태의 서술을 필요로 하는 것은 아니다. 그런데 한쪽 증거만 있고 반대쪽 증거가 전혀 없는 어떤 대상이 있다면 과연 어떻게 해야 할까? '쓰인 기록'은 그 자체로 무조건 객관적이고 '과학적' 증거가 되는 것인가? 클레오파트라로 말하면, 그런 점에서 매우 억울할 수 있는 여인이다. 로마 측 기록만 있고, 로마 측 소문만 무성하다. 진작 당사자의 항변도 없고, 변명의 기록도 없다. 이 글은 학술적 논증이라기보다 '팩션'이라는 형식을 빌어서 조금 가벼운 형태로 진실에 좀 더 가까이 다가 서보려고 하는 것이다. 지금 한 로마 시민과 클레오파트라가 '세계사 법정'에서 만나 논쟁을 벌이게 되는 상황을 상상해보자. 그들은 어떤 논점이 되었든, 각자 자신에게 유리한 증거를 들이대려고 한다. 우리는 어느새 때론 관객이면서 때론 판관이 되어 세계사 법정으로 빨려 들어 가고 있다.

1. 첫 번째 공판, 클레오파트라는 누구인가?

1) 머리카락은 검은색이란 소문

클레오파트라 7세는 이집트의 마지막 여왕이었다. 그녀가 속한 프톨레마이오스 왕조는 마케도니아 장군 출신으로 이집트의 왕이 된 프톨레마이오스 1세(재위 기원전 328~285)가 세운 왕조이다.

클레오파트라는 기원전 69년 이집트의 수도 알렉산드리아에서 태어났다. 그녀의 이름은 그리스어로 '민족의 영광'을 뜻한다. 그녀의 아버지는 프톨레마이오스 12세였고, 어머니는 프톨레마이오스 12세의 첩 가운데 한 사람이라는 것 말고는 알려진 게 없는데, 프톨레마이오스 12세의 누이동생이자 부인이었던 클레오파트라 트리패나가 그녀의 생모가 아닌가 여겨진다.

로마시민 : 클레오파트라의 모습에 대해 카시우스 디오는 이렇게 설명한다.

> 클레오파트라는 매우 아름다웠고, 그녀의 인생은 한창 꽃을 피웠다. 그녀의 음색은 정말 사랑스러웠고, 그 목소리의 마법에 걸려들지 않을 사람은 아무도 없었다. 그녀의 외모와 말은 깊은 인상을 주었다. 그래서 아무리 냉혈한이라도 해도 그리고 아무리 여성을 싫어하는 못난 사람이라고 해도 그녀의 품을 빠져 나갈 수 없을 정도였다.

클레오파트라는 지금까지 관능적이면서 이국적인 아름다운 여인으로 묘사되었다. 섬세하고 귀족적인 분위기가 나는 얼굴, 왕위를 뜻하는 머리띠를 한 윤나는 직모 흑발의 유혹적인 여성의 이미지를 간직하고 있다.

셰익스피어 역시 클레오파트라의 외모에 대해 찬양을 한다.

> 나이도 여왕을 시들게 하지 못하오.
> 일상의 향락이 그녀의 매력을 줄어들게 하지는 않소.
> 그녀는 항상 새롭소.
> 다른 여자들은 쾌락을 채우고 나면 싫증나는데
> 여왕은 점점 더 굶주림을 느끼게 하오.

클레오파트라의 변호인 : 2천 년이 넘는 세월 동안 클레오파트라에 대해서 무수히 많은 작품들이 쏟아졌고, 그녀에 대한 묘사가 줄을 이었다. 하지만 놀라운 것은 나일 강의 여왕 클레오파트라가 분명 실존하는 인물이었음에도 불구하고 사람들이 좋아하는 환상의 인물인 양, 다양한 형태로 표현된 그녀의 상 어디에서도 단 한 가지 공통점이 발견되지 않았다는 점이다.

최근 클레오파트라에 대해 유일하게 믿을 만한 그녀의 모습이 공개가 되었다. 주화의 그림(〈그림 1〉)에 근거하여 클레오파트라라고 결론지어진 두상의 모습은 여러 작품이나 연대기 사가들이 묘사하는 것처럼 로마의 여러 남자를 유혹하는 요부라고 할 만큼 치명적인 매력을

〈그림 1〉 기원전 32년의 데나리우스 은화의 클레오파트라(왼쪽)와 안토니우스(오른쪽)

가지고 있지는 않았다.

클레오파트라를 묘사한 고대 동전과 두상의 모습(〈그림 2〉)의 공통점을 살펴보면, 통통한 뺨과 가볍게 굽은 코가 있는 옆얼굴, 특히 왕위를 표시하는 머리띠를 하고 있는 점이 눈에 띈다. 아스테릭스가 열광했던 매력적인 코는 발견되지 않았다. 최근에는 클레오파트라가 통상적인 미인이 아니었다는 데 동의한다. 클레오파트라의 코는 이상적인 로마 미인보다 조금 길었고, 그 밖에도 다른 결점이 있었다고 한다. 당시에는 하얀 피부를 아름답다고 여겼는데, 클레오파트라는 페르시아

〈그림 2〉 헤르쿨라네움에서 발견된 클레오파트라 두상
(베를린 박물관 소장)

피가 섞인 셀레우코스 왕조에서 시집 온 할머니 한 분의 영향을 받았는지 피부가 약간 검은 편이었다.

클레오파트라의 외모에 대해 장 이브 앵페뢰 교수는 이렇게 말한다.

> 클레오파트라는 확실히 이집트 여자처럼 보이지는 않는다. 아마 그녀의 머리색은 밝고 눈이 갈색이었을 것이다. 그 당시 그리스 여자들이 그랬던 것처럼.

외모로는 로마의 권력자들을 유혹하기에 조금 부족함이 있어 보인다. 클레오파트라의 매력은 외모가 아니었다.

일단 그녀에겐 지적인 매력이 있었다.

규방에서 어린 시절을 보낸 클레오파트라는 수 세기 동안 파라오의 딸들에게 행해져 온 교육을 받았다. 이집트의 라지드 법에 따라 형제이자 남편인 왕의 곁에서 나라를 통치하게 되어 있는 딸들이 받는 교육은 남자들이 받는 교육과 다를 바가 없었다.

고대 이집트의 그리스 엘리트 교육은 문학적 교양을 쌓는 것이었다. 클레오파트라는 당시 궁정에서 높이 평가되던 호메로스의 서사시를 비롯하여 헤시오도스와 핀다로스의 작품, 유리피데스의 비극, 메난드로스의 희극, 헤로도토스와 투키디데스의 역사서들을 읽고 공부했다. 그리고 데모스테네스의 대화편으로 수사학을 배웠다. 과학 교육 역시 중시되어 대수와 기하, 천문학과 의학 수업을 받았다. 예술 분야에도 특별한 소질이 있어 그림 그리는 법, 7현 리라 연주법, 노래하는 법 능을 배웠으며 체육과목에도 열중했는데, 특히 말 타기를 아주 잘했다.

그녀의 지적인 소질은 뛰어났다. 특히 외국어에 특별한 재능을 보였는데, 에티오피아어, 아랍어, 히브루어, 시리아어, 메디아어 파르티아어 등 구사할 수 있는 외국어가 헤아릴 수 없이 많았다. 이런 외국어 실력을 바탕으로 그녀는 훗날 외교적인 업무를 할 때 통역이 필요 없었다. 당연히 그리스어에도 능통했으며, 클레오파트라는 선왕들과 달리 토착민의 언어인 민중 이집트어도 능숙하게 구사할 수 있었다고 한다. 이것은 이후 클레오파트라가 여왕으로 이집트 토착민들에게 상당한 인기를 구가하는 배경이 된다.

클레오파트라의 매력은 미모보다는 목소리에 잘 드러났다. 그녀의 목소리는 다정했으며, 즐거움을 주었다고 한다. 사람들에게 유혹적인 것은 목소리뿐만이 아니었다. 특히 그녀의 화술은 모든 사람들을 귀기울이게 할 정도였고, 그녀의 혀는 능란하게 연주하는 현악기와 같았다고 전해 내려온다.

클레오파트라는 외모뿐만이 아닌 자신의 매력에 대해 잘 알았고, 그 매력을 더욱 증대시키기 위해 많은 노력을 기울였다. 그렇게 가꾸어진 외모를 바탕으로 권력을 얻고자 했다. 그녀가 왕위에 있을 당시 국제 정세에 따라 이집트나 클레오파트라 자신에게 위협이 있을 시, 그녀는 적재적소에 자신의 외모를 잘 이용할 줄 알았다. 카이사르와 안토니우스와의 관계가 가장 큰 예라고 할 수 있다.

2) 카이사리온은 카이사르(시저)의 아들일까?

(1) 카이사르와 클레오파트라의 만남

기원전 51년, 프톨레마이오스 12세(아울레테스)는 자신의 장녀인 클레오파트라와 장남인 프톨레마이오스 13세에게 왕위를 물려줄 것을 유언한 뒤 죽음을 맞았다. 18세의 클레오파트라는 라지드 법에 따라 프톨레마이오스 13세와 결혼을 해야 했다. 10살이 갓 넘은 동생과 형식적인 결혼을 한 클레오파트라는 이집트 통치의 전권을 부여받았다.

하지만 클레오파트라는 곧 궁정 내부에서의 위협에 직면한다. 그녀의 정적들에 의해 결국 클레오파트라는 수도를 떠나 시리아 근처 이집트의 동쪽 국경선 부근에 있는 아랍의 속국들로 피신을 다녀야 했다.

다시 알렉산드리아로 돌아오기 위해 그녀가 군대를 일으켜, 왕의 군대와 충돌하기 직전 기원전 48년 카이사르의 군대에 대패한 폼페이우스가 알렉산드리아에 도착했다. 폼페이우스는 프톨레마이오스 군대의 섭정관들에게 자신의 안식처를 요청했다. 섭정관은 난처한 입장에 처하게 되었다. 결국 그들은 폼페이우스를 죽여 카이사르의 환심을 사고자 했다.

폼페이우스의 머리를 헌사 받은 카이사르가 호위병을 앞세우고 알렉산드리아에 입성했다. 카이사르는 클레오파트라의 아버지인 아울레테스의 유언장을 내세우며 자신이 로마의 대표자 격으로 클레오파트라와 프톨레마이오스 13세의 분쟁을 해결하겠노라 공언했다. 카이사르는 클레오파트라와 프톨레마이오스를 궁전으로 불러들였다.

카이사르는 클레오파트라가 도착하기를 기다렸다. 그는 이집트의 스파이들이 쫓겨난 젊은 여왕에 대해 많은 얘기를 해줬기에 얼마간의 호기심은 있었으리라 생각된다. 그녀가 얼마나 총명하며, 고집 세고 단호하면서 매력적인지에 대해 익히 들었다. 클레오파트라가 타고난 이야기꾼이라는 것도 잘 알았다. 스파이들은 또한 그녀의 아름다움보다 더 놀라운 음악같이 부드러운 저음의 목소리에 대해서도 말했을 것이다.

카이사르가 클레오파트라가 어떻게 왕궁으로 들어올지 궁금해 할 때, 공식적으로 안전하게 알렉산드리아에 입성할 수 없게 된 클레오파트라는 카이사르에게 가는 방법을 강구해야 했다. 시칠리아 사람으로, 아폴로도루스라 불리는 심복 한 명을 데리고 클레오파트라는 작은 배로 해안을 따라 내려가 궁전 가까이에 상륙했다. 그리고 아폴로도루스를 시켜 침대의 덮개(누더기 또는 융단이라고도 한다)로 자기 몸을 감싸게 한 후 궁전의 관문을 통해 곧장 카이사르의 방으로 옮겨 가도록 했다.

늦은 밤 카이사르가 숙소에 혼자 있을 때 선물을 지닌 한 상인이 손님으로 찾아왔다. 들어오도록 허락하자 키 크고 건장한 남자가 어깨에 메고 들어온 침대 덮개를 내려놓았다.

신하의 도움으로 은밀하게 당도한 클레오파트라가 몸에 두른 천을 풀고 일어섰을 때 그녀를 본 카이사르는 큰 매력을 느꼈다. 그날 밤부터 두 사람은 연인이 되었다.

클레오파트라의 변호인 : 카이사르가 알렉산드리아에 온 이유는 단지 폼페이우스 때문이 아니었다. 그에게는 돈이 절실하게 필요했다. 카이사르는 자신의 군인들에게 그들이 몇 년 전부터 기다려 온 휴식을 주어야 할 때가 됐음을 인식했다. 군인들은 충성의 대가로 전리품을 기대했다. 그 때문에 돈만이 마지막 조치였고, 반드시 성공해야 했다. 카이사르가 클레오파트라와 연인이 된 것은 단순히 그녀의 유혹에 빠졌기 때문만은 아닌 것이다. 카이사르에게 가장 필요한 것을 클레오파트라가 충족시켜 줄 수 있었다.

또한 카이사르는 유혹에 쉽게 넘어가는 난봉꾼이었다. 카이사르의 군인들은 갈리아 전에 이겼을 때 "도시들이여, 그대들의 부인을 보호하라. 우리 대머리 정부가 나가신다. 너는 여기에서 빌린 금을 갈리아에서 오입질하며 낭비하는구나"라고 외쳤다. 카이사르는 항상 상류층의 숙녀들에게 관대한 호의를 보였고, 원정 때 그곳 사람들을 억압하지도 않았다. 에스파냐에서도 갈리아에서도 이집트에서도 그는 그답게 행동한 것뿐이다.

(2) 카이사리온의 탄생

전투는 최종적으로 카이사르의 승리였다. 클레오파트라는 왕의 품위에 어울리는 제복을 입은 카이사르에게 융숭한 대접을 베풀었다. 또한 그의 승리를 기념하여 케사리움의 건설을 시작했다.

클레오파트라가 카이사르를 위한 대접을 할 때 카이사르는 3개 군단의 로마 병사들을 알렉산드리아에 남겨 클레오파트라를 보호하게 했다. 백성들을 진정시키기 위한 대책을 강구하고 전쟁 중에 자신을 지지했던 알렉산드리아의 유태인들에게 시가지의 오른쪽 구역을 할당해주었다.

클레오파트라는 카이사르를 위해 특별한 놀이를 계획했다. 그것은 거대한 유람선으로 나일강을 순항하는 것이었다. 카이사르는 나일 강변의 비옥하고 끝없이 펼쳐지는 농토와 전설적인 기념비, 사원과 과거의 유물들을 보고 싶어 했다. 이집트의 부를 자신의 눈으로 직접 확인하고자 했던 것이다.

유람선은 물 위에 떠 있는 궁전이었다. 이후 클레오파트라가 안토니우스를 만나러 가기 위해 꾸민 배보다 더 호화로웠다. 기록에 의하면 그 배는 길이가 3백 피트, 너비가 46피트였으며, 물 위에 떠오른 부분만도 60피트의 높이였다고 한다. 내부에는 연회실과 정원, 마당은 물론 성소도 갖추어져 있었다. 호사스럽기 그지없는 이 유람선에서 밤이 다 새도록 먹고 마시고 즐기며 카이사르와 클레오파트라는 사랑을 나누었다. 서로를 희롱하며 긴 유람을 즐겼다.

클레오파트라는 5월에 임신을 했고, 카이사르도 마침내 동방원정을 위해 떠나야했다. 카이사르가 떠난 후 클레오파트라는 그녀를 보호하기 위한 로마 군대에 힘입어 이집트를 통치해 나갔다. 그리고 기원전 47년 6월 23일 클레오파트라는 첫 아이를 낳았다. 사내아이였고 이름은 프톨레마이오스 카이사르였는데 알렉산드리아 시민은 그를 '케사리온'이라고 불렀다.

로마시민 : 카이사리온은 카이사르의 아들이 아니다.

카이사리온의 탄생에 대해서는 여러 가지 말이 많다. 어떤 역사가들에 의하면 2, 3년 후에 낳았다고도 하고, 그런가 하면 클레오파트라는 결코 카이사르의 아이를 낳지 않았다고 주장하는 역사가들도 있다. 학자들은 권력을 탐한 클레오파트라가 세련된 술책으로 카이사르와 자신의 관계를 좀 더 가깝게 하기 위해 카이사르를 속였다고 한다.

카이사르와 케사리온의 혈연관계를 반박하는 이들은 카이사르의 유언장을 증거로 삼는다. 만약 케사리온이 카이사르의 친자였다면 옥타비아누스를 유일한 상속자로 삼을 리 없다는 것이다.

클레오파트라의 변호인 : 그러나 사실 클레오파트라의 주변에, 카이사르 외에 그녀의 아들과 부자관계를 증명할 만한 어떤 남자도 그 당시에는 없었다. 옥타비아누스는 18년 후 악티움에서 안토니우스에게 승리한 후에 카이사리온에게서 잠재적인 경쟁자의 모습을 보았다. 그가 카이사리온을 제거함으로써 나타난 파장 등으로 이 아이의 혈통을 간접 확인할 수 있다.

카이사르가 이집트를 떠난 얼마 후에 태어난 아이는 정말 카이사르의 아이인지에 대한 의문은 고대부터 제기되어 왔다. 특히 로마인들은 케사리온이 여왕의 사생아에 지나지 않는다고 주장한다.

이와 관련하여 로마 역사가 수에토니우스는 말했다.

카이사르는 자신과 클레오파트라 사이에서 대어난 아이에게 자신의 이름을 허락했다. 몇몇 그리스 작가들은 이 아들의 외모와 태도가 카이사르를 닮았다고 적고 있다.

3) 클레오파트라와의 사랑 때문에 카이사르(시저)가 몰락했다는 소문

로마시민 : 카이사르는 클레오파트라에게 홀려있었다. 클레오파트라와의 만남 이후 그가 그녀에게 한 행동을 보면 클레오파트라 때문에 카이사르는 몰락을 향해 걸어갔음이 분명하다.

온갖 동방의 화려함으로 치장한 클레오파트라를 보는 순간 로마인들은 감탄과 동시에 두려움을 느꼈다. 원로원은 종교적 색채를 풍기는 그녀의 시가행진과 호화롭기 짝이 없는 동양적 생활방식에 경악했다. 공식적으로는 로마의 여인 칼푸르니아의 남편인 카이사르가 아무런 거리낌없이 이집트 여인을 자신의 사적인 손님으로 예우하며 로마에 머물게 한 것에 대해 원로원의 반감은 더욱 심해졌다.

클레오파트라는 2년 동안 지금의 빌라 파르네세 지대에 살았다. 신하 3백 명과 동양적인 화려함, 쉴 새 없이 베풀어진 연회가 로마인들 사이에 화제였다. 하지만 이 모든 일은 로마 시민들에게 근검절약의 령이 내려졌던 시기의 일이었다.

로마의 역사가 디오 카시우스는 당시의 분위기를 이렇게 묘사했다.

클레오파트라와의 관계 때문에 카이사르에 대한 반감은 극에 달했다. 그것도 지금껏 소문으로만 듣던 이집트 땅에서가 아니라 바로 이 로마에서 그런 일이 벌어지고 있으니 사람들의 분노는 꺾일 줄 몰랐다.

로마의 유명한 정치가 키케로 역시 다음과 같은 편지를 써서 친구 아티쿠스에게 보냈다.

> 나는 그 여왕을 증오한다. 테레베 강 건너편 카이사르의 정원에 머물며 교만을 떠는 걸 보면 정말 꼴불견이다. 생각만 해도 울화가 치밀고 분통이 터진다. 저들과 다시는 상종하고 싶지 않다!

이런 분위기에도 그치지 않고 원로원은 카이사르의 위세에 눌려 전통적 로마의 시각에서 보면 파렴치하기 짝이 없는 일련의 결정들을 승인해야 했다.

첫째, 카이사르는 이탈리아 밖에서는 왕으로 불릴 수 있다(이집트를 염두에 둔 결정이다)

둘째, 카이사르는 두 번째 부인과 결혼할 수 있다(클레오파트라를 염두에 둔 결정이다)

셋째, 카이사르는 외국 여인과의 사이에서 낳은 자식을 합법적으로 인정할 수 있다.

넷째, 카이사르는 로마 외에 두 번째 수도를 건설하거나 승인할 수 있다.(알렉산드리아를 염두에 둔 결정이다)

카이사르가 클레오파트라의 동상을 베누스 여신의 신전 안에 세웠을 때 드디어 로마인들의 인내심도 바닥을 드러내고야 말았다. 로마인들에게 있어 스스로를 신이라 생각하는 오만방자한 현 군주의 동상을 로마의 신전에 세우는 일은 모욕이나 다름없었다.

또한 카이사르는 점점 신하들을 멀리했다. 그가 클레오파트라 편에 서서 왕이 되려고 한다는 사실은 점점 뚜렷해졌다. 이런 지도자 밑에서는 로마 공화국의 고귀한 정치적 전통이 지켜질 수 없을 것 같았다. 결국 원로원 의원들은 공화정의 붕괴에 대한 두려움으로 카이사르를 제거했다.

클레오파트라의 변호인 : 클레오파트라와 만나기 이전부터 이미 카이사르는 '독재'라는 목표가 있었다.

도덕적 목표와 가치가 상실된 공화정 말기, 로마는 술라의 공포정치를 잊고 다시 한번 이런 혼돈의 와중에 질서를 세워줄 강한 남자를 찾았다. 권력이 극단적으로 돌고 있는 동안 이런 외침에 귀를 열어놓은 남자들이 있었다. 자신이 소명을 받았다고 느끼는 폼페이우스와 가이우스 율리우스 카이사르다. 이 두 사람은 공통적으로 원로원과 공화국을 경멸했다. 그들은 제도권만을 비방한 것이 아니라 로마 시민의 근심과 빈곤도 거의 개의치 않았다. 그들은 권력을 극대화시키고, 일인 독재 체제를 심화시키는 목표에만 집중했다. 카이사르는 이런 혼돈의 시대가 낳은 산물이다. 폼페이우스를 제거한 후 카이사르가 명실상부한 로마의 최고 권력자가 되었을 때 그는 공화정을 수호하는 일보단 자신이 확실하게 권력을 다잡은 것에 만족했을 뿐이다. 그는 자신이 존경하는 알렉산드로스를 점점 닮아가고 있다고 확신했고 세계 제국에 대한 독재정치를 꿈꿨다.

이미 심중에 황제에 대한 꿈이 있었기에, 클레오파트라가 로마에 입성하기 전 카이사르는 이미 정치권력을 둘러싸고 반대파들과 갈등을 겪고 있었다. 사실 카이사르 같은 인물은 로마 공화국에는 어울리지 않는 사람이었다. 로마는 부유한 남자들의 집단인 원로원이 공동으로 다스렸는데, 그들은 영향력과 권력을 동등하게 나누어 가지고 싶어 했을 뿐, 그 모든 것이 한 사람에게 집중되는 것을 결코 반겨하지 않았다. 하지만 카이사르는 이미 말했듯 독재를 지향했고, 원로원은 하는 수없이 그를 10년 임기의 독재관으로 임명할 수밖에 없었다.

카이사르는 도시를 개조하려는 광범위한 계획과 법을 제정하여 로마의 모든 상황을 그의 일인 독재 체제에 맞추려 했다. 자신의 계획을 실천하기 위해 무료로 곡식을 받는 17만 명을 명단에서 지워버리도록 했다. 시민들에게 자신의 계획을 따를 것을 강요했고, 휴경지를 경작함으로써 그들이 생활비를 직접 벌게 했다. 불안한 정세를 가장 잘 인식하는 이들이 모이는 정치 연합과 클럽을 해체하고 원로원과 공직을 자신에게 우호적인 사람들로 채웠다.

이렇게 모든 것을 획일화하는 독재정치가 옛 공화국 헌법을 신봉하는 사람들에게 경종을 울렸다.

클레오파트라에 대한 카이사르의 호의가 그의 몰락을 앞당긴 면이 없다고는 할 수 없다. 하지만 로마인들이 카이사르를 결국 죽이게 된 결정적인 이유는 카이사르의 일인 독재에 대한 열망이었다. 공화국에 대한 미련이 있는 원로원들이 결국 자신들의 위치를 위협하는 카이사르를 제거하기로 마음먹은 것이다. 클레오파트라의 유혹에 빠져 카이사르가 타락을 한 것이 아니라, 카이사르의 몰락은 황제 체제와 공화정 체제라는 두 가지 정치 체제의 갈등으로 비롯된 것이다.

클레오파트라가 단순히 카이사르의 정부고, 그의 노리갯감에 불과하다는 평가 역시 수정되어야 한다. 카이사르의 클레오파트라에 대한 태도를 다시 면밀히 살펴야 한다.

카이사르는 할 수 있는 한 항상 클레오파트라를 지지했고, 그녀의 비굴한 아버지 아울레테스가 뇌물로 살 수 있었던 것보다 더 많은 것을 그녀에게 베풀고, 권리를 인정해주었다. 카이사르가 동방원정을 위해 이집트를 떠나야 했을 때 클레오파트라를 보호하기 위해 로마 군대를 일부 남겨두고 떠났던 것을 잊어서는 안 된다.

냉혹한 전략가 카이사르는 이집트에 머물렀던 때만큼 비이성적으로 행동한 적은 없었고, 어느 누구에게도 클레오파트라를 상대할 때만큼 정치적 계산을 완전히 배제한 적이 없었다.

카이사르가 클레오파트라에게 보인 태도는 그녀에 대한 깊은 애정으로밖에 설명이 되지 않는다. 그 애정이 자신의 몰락을 재촉했을 정도로 과했을지는 몰라도 그것은 방탕과 퇴폐, 타락으로 보기에는 무리가 있지 않을까.

2. 셰익스피어도 믿었던 '안토니우스와의 사랑'

1) 안토니우스의 유혹에 관한 소문

로마시민 : 카이사르의 죽음으로 클레오파트라는 또 한 번의 위기에 봉착했다. 로마에서 귀환한 그녀에게 많은 어려운 일들이 기다리고 있었다. 아르시노에의 사주를 받아 프톨레마이오스 13세의 행세를 하여 혼란을 야기하는 이가 있었으며, 기원전 42년과 41년에는 나일강의 물이 말라 기근과 페스트가 번졌다. 그 무엇보다 클레오파트라에게 중요한 건 국제정세였다. 카이사르의 죽음 이후 안토니우스와 옥타비아누스가 카이사르의 후계자 자리를 놓고 대립하고 있었다.

한편 이집트에서는 클레오파트라가 귀환한지 얼마 되지 않아 프톨레마이오스 14세가 살해되었다. 클레오파트라의 명령에 의한 독살이라고 한다. 클레오파트라는 프톨레마이오스 13세처럼 지금의 남편도 자신에게 위협적인 존재가 될 수 있다는 불안함이 있었던 것 같다.

이러한 일로 알렉산드리아에 동요가 있었다는 기록은 존재하지 않는다. 클레오파트라는 카이사르의 죽음과 프톨레마이오스 살해 사건을 극복하고 통치권을 확립하는 데 성공했던 것이다. 그녀에겐 카이사르가 이집트에 남겨둔 군단이 여전히 존재했던 것이다.

하지만 클레오파트라의 위치는 안정적이지 못했다. 이집트는 원래 군사력이 막강하지 않았고, 비옥한 농토는 항상 외부의 침략을 불러일으키는 요소였다. 때문에 클레오파트라는 다시 한번 왕위를 지키기 위한 모든 수단과 방법을 동원해야 함을 깨달았다. 그녀는 일단 스스로 조치를 취하지 않고 로마의 상황에 주시하면서 기다려야했다.

카이사르 사후 그의 가장 가까운 부관이었던 안토니우스가 카이사르의 장례식에서 추도연설을 하며 그를 칭송했다. 안토니우스는 카이사르의 피 묻은 옷을 치켜들며 극적으로 찬사를 늘어놓았다. 안토니우스의 연설에 감동한 군중들이 흥분했고, 카이사르를 죽인 반역자들에게 분노했다. 브루투스와 카시우스가 로마에서 도망을 쳤고 안토니우스가 로마에서 가장 유력한 권력자가 되었다.

안토니우스는 외모가 그리스 신 헤라클레스의 후손이라는 주장을 어느 정도 믿게 할 정도로 뛰어났다고 한다. 그의 외모에 대해 플루타르크가 이렇게 묘사했다.

> 그는 매우 준수하고 기품 있는 외모를 지녔다. 잘 자란 턱수염과 넓은 앞이마, 그리고 매부리코는 그를 보는 사람으로 하여금 조각이나 그림에 새겨져 있는 헤라클레스의 얼굴을 상기시키는 용맹스럽고도 남성스러운 인상을 심어주었다.

반란을 일으킨 브루투스와 카시우스의 군대를 패퇴시키고, 안토니우스는 대규모 동방원정 길에 올랐다. 이것은 파르티아 침공 계획을 세웠던 카이사르의 뜻을 이은 것인데, 이 기회에 옥타비아누스보다 자신의 권력을 더 공고히 하려는 안토니우스의 야심에도 부합했다.

기원전 41년 안토니우스는 타르수스에 정박하여 클레오파트라를 소환하는 조치를 취했다.

클레오파트라는 이집트 왕국의 부를 과시할 요량으로 성대한 차비를 갖추고 떠났다. 타르수스를 향하는 배는 온통 금장식으로 빛났고, 진홍빛 돛대는 현란하게 나부꼈다. 노예들이 플루트와 피리, 류트의 리듬에 맞추어 은으로 된 노를 저어나갔다.

클레오파트라는 신화 속에 나오는 아프로디테처럼 치장하여 금으로 장식된 별실에 누워 있었다. 그녀의 주위에는 사랑의 신 큐피드의 의상을 차려입은 소년들이 형형색색의 깃털로 클레오파트라를 위해 부채질 했다. 배에 탄 모든 선원들은 클레오파트라의 아름다운 여자 노예로 구성되었는데, 그들 역시 신화 속의 요정처럼 차려 입고 있었다. 배가 타르수스 가까이 접근하자 수많은 향로에서 뿜어져 나오는 향기가 사방으로 퍼져나갔다.

안토니우스는 선상 만찬에 클레오파트라를 초대했다. 그러나 클레오파트라는 우세한 입장을 견지하고자 그 초대를 거절했고 도리어 안토니우스를 자신의 배에서 벌어지는 저녁 식사에 초대했다. 안토니우스가 그녀의 호화로운 배에 오르자 그의 눈이 휘둥그레졌다. 화려한 조명 등으로 장식된 배는 하나의 궁전과도 같았다. 내부의 식탁과 의자는 화려하게 수놓아진 천으로 꾸며져 있었고, 그 위에 금제 술잔과 쟁반들이 놓여 있었다. 수많은 횃불이 밝혀진 가운데 축제는 나흘이나 계속되었다.

이 연회에서 단연 최고의 백미는 클레오파트라가 그리스인과 로마인들이 눈을 휘둥그렇게 뜨고 쳐다보는 가운데 값비싼 진주를 식초로 녹여 포도주에 넣어 마시는 장면이었다. 확신할 수는 없지만 문헌에는 그렇게 전해져 내려오고 있다.

이와 같은 이집트의 부를 과시한 축제가 끝난 후 28살의 젊은 여왕은 자신이 안토니우스를 매혹시키는 데 성공했음을 알 수 있었다.

클레오파트라의 변호인 : 클레오파트라가 안토니우스를 유혹하기 전에 이미 안토니우스의 심중에는 오리엔트가 존재하고 있었다.

H. 벵트존은 안토니우스의 전기에 이렇게 서술했다.

> 오리엔트의 국가들에서부터 시작한다는 것은 필설로 다할 수 없을 정도로 매력적이었다. 안토니우스는 몇 년 전에 가비니우스의 군대에서 오리엔트를 직접 느꼈다. 알렉산드로스의 모든 정복자와 심지어 나폴레옹까지 사로잡았던 나일강의 나라 이집트는 마찬가지로 안토니우스를 깊이 사로잡았다.

클레오파트라는 이번에 안토니우스에 대해 철저하게 연구했다. 그의 야망과 능력, 약점을 훤히 알았다. 로마인들이 비난을 하는 이런 사치스럽기 그지없는 등장은 안토니우스의 이런 점에 근거하여 연출한 것이었다. 클레오파트라가 보기에 마르쿠스 안토니우스에게는 로마와는 완전히 생활방식이 다른 오리엔트 성향이 내재되어 있었다. 그는 화려하게 정제된, 그러면서도 야만적으로 허영을 부리는 동방의 사치스런 생활에 경의를 표했다.

그리고 온갖 화려함으로 치장한 연회가 로마 학자들에게는 퇴폐의 상징으로 보였을지는 모르나, 그것은 클레오파트라가 상대방에 대한 우월함을 잔뜩 과시하는 것일 뿐이다. 그녀는 자신의 지위를 보여주기 위한 하나의 수단으로 사치를 선택한 것이다.

안토니우스가 클레오파트라를 소환한 것도 내심 심중이 있었기 때문이었다. 그는 옥타비아누스와 대립할 때 이집트에 있던 로마 군단이 반역자 카시우스를 지원한 이유를 묻겠다는 명목으로 소환을 했지만 그건 핑계에 불과했다. 카이사르처럼 그 역시 자신이 여왕의 군사적, 재정적인 후견인이 될 수 있는지가 궁금했다. 클레오파트라 또한 동방의 새로운 실력자와 동맹을 맺는 것을 중요한 일로 생각했다.

이런 클레오파트라와 안토니우스의 만남에 대해 플루타르크는 이렇게 적고 있다.

> 안토니우스에게 최후의 재앙을 장식해 준 것은 클레오파트라와의 사랑이었다. 그녀의 사랑은 여전히 그의 본성 속에 고요히 잠들어 있던 그의 열정을 깨우고 불을 붙였으며, 아직까지는 선함과 올바른 판단을 내릴 수 있도록 스스로를 자제할 수 있는 모든 힘의 요소를 불씨 하나 남기지 않고 태워버렸다. 그는 다시는 헤어 나올 수 없는 올가미에 얽매였다.

물론 이런 이야기에 따라 안토니우스를 클레오파트라의 성적 매력에 빠져 하릴없이 추종하는 인간으로 볼 수 있다. 하지만 두 사람의 결합에는 정치적인 이유가 작용했다. 두 사람은 서로 협력을 함으로써 이득을 얻었다. 클레오파트라는 그녀의 정적들에 대항하기 위한 로마의 군대의 힘을 얻었으며, 안토니우스는 이집트의 부에서 옥타비아누스와의 결전과 파르티아 원정에 소요될 비용을 충당하고자 하고자 한 것이다.

로마시민 : 클레오파트라는 안토니우스를 계속 붙잡아두기 위해 안토니우스를 허영과 사치에 빠져들게 만들었다. 그는 클레오파트라가 자신을 위해 벌이는 모든 향락에 속절없이 빠져들었다.

클레오파트라는 안토니우스에게 깊은 인상을 심어주기 위해 도시 전체를 환락의 도가니로 만들었다. 연일 축제와 쾌락에 빠져 있었으며, 클레오파트라는 검술장 연습장, 사냥터 등 안토니우스를 따라다니며 한시도 그의 곁을 떠나지 않았다. 귀금속으로 장식된 식기에 연일 진수성찬이 차려졌으며, '모방할 수 없는 삶(아미메토비온)'이라 명명한 생활을 하는 부와 쾌락을 추구하는 무리가 형성되었다.

안토니우스는 밤이고 낮이고 클레오파트라를 벗어날 수 없었으며, 함께 주사위를 하고 술을 마시고 사냥을 했다. 또 때로는 둘이서 흠뻑 취한 상태로 평민 복장을 하고 한밤중에 시내를 다니며 취객들과 어울리기도 했다 한다.

2) 악티움 해전의 숨겨진 진실

기원전 37년 가을, 안토니우스는 이탈리아를 떠나 시리아의 안티오키아를 점령한다. 안토니우스는 클레오파트라에게 자신이 있는 안티오키아로 오라는 전갈을 보냈다. 클레오파트라가 도착한 식후 안토니우스는 곧 그녀와 결혼식을 올렸던 것 같다. 물론 로마에서는 인정되지 않았지만 그들의 결혼식은 일부다처를 허용한 이집트와 제국의 동부 지역에서는 그대로 받아들여졌다. 이 결혼식이 실제 이루어졌는지는 확실하지 않다고 한다.

어쨌든 안토니우스는 클레오파트라에게 초기 프톨레마이오스 왕들이 건설했던 제국의 많은 지역을 되돌려 주었다. 칼키스 왕국, 시리아 해안, 키프로스 등지와 실리시아, 크레타, 유대 지방의 몇몇 지역이 클레오파트라에게 주어졌다. 그리고 그녀의 쌍둥이 남매를 자기의 아들과 딸로 인정했다. 그와 함께 클레오파트라의 위신을 한층 높여 주는 수많은 칭호와 왕관을 수여했다.

안토니우스는 곧 파르티아 원정을 시도한다. 하지만 이 원정은 대실패로 끝나고 말았다. 안토니우스는 병력의 대부분을 잃었고, 아르메니아 왕 같은 과거의 동맹군들이 그에게 반기를 드는 사태까지 벌어졌다. 안토니우스의 패전은 뼈아픈 실책이었다. 그는 옥타비아누스와의 결전에 꼭 필요한 병사들을 잃어야 했고, 가장 중요한 로마에서의 자신의 위신이 한층 떨어졌다.

안토니우스를 파르티아 원정에 보낸 클레오파트라는 알렉산드리아로 돌아와 또 하나의 아들을 낳았다. 이 아들의 이름은 프톨레마이오스 제국을 최대로 확장시켰던 프톨레마이오스 2세의 이름을 본떠 프톨레마이오스 펠라델푸스라고 지었다. 아이를 낳은 후 안토니우스의 승전 소식을 애타게 기다렸지만, 돌아온 것은 안토니우스의 패전 소식이었다.

안토니우스는 클레오파트라에게 원조를 요청했다. 안토니우스의 패배는 클레오파트라에게도 충격이었지만 그녀는 안토니우스를 위해 군자금과 보급품을 마련했다.

안토니우스는 알렉산드리아로 돌아왔다. 그는 클레오파트라와 함께 새로운 전투 계획을 짜기 시작했다. 이 무렵 안토니우스의 아내 옥타비아가 남편을 위해 보급품과 군대를 이끌고 아테네로 온다는 소식을 전해왔다. 옥타비아가 그리스로 가도록 부추긴 사람은 옥타비아누스였던 것 같다. 만약 옥타비아가 남편 안토니우스에게 모욕당하거나 거부당한다면 그를 선전포고의 구실로 삼을 생각이었던 것이다.

안토니우스 역시 옥타비아누스의 의중을 알아채고 아내의 제의를 받아들일 생각을 했던 것 같다. 이런 안토니우스의 계획에 클레오파트라는 몹시 불안했다. 그녀는 안토니우스를 자신의 곁에 붙잡아두기로 결심했다. 연기였는지 아닌지는 알 수 없지만 클레오파트라는 식음을 전폐하기 시작했다. 플루타르크는 이렇게 말한다.

> 그녀는 식이요법으로 몸무게를 줄여 마치 안토니우스에 대한 사랑 때문에 죽어가는 것처럼 꾸몄다. 그가 방으로 들어오면 그녀는 환희의 눈빛으로 그를 응시했고, 그가 방을 나가면 그토록 빛나던 눈빛은 초점을 잃고 반은 기절한 듯이 보였다. 그녀는 안토니우스가 자기의 눈에 어려 있는 눈물을 보도록 하는 데 상당히 애를 썼다. 그러나 곧 그가 그것을 본 듯하면 급히 눈물을 닦고 고개를 돌렸다. 마치 눈물이 보이지 않는 것처럼.

이 이야기가 사실이든 아니든 결국 안토니우스는 옥타비아에게서 보급품과 군사들만 받고, 옥타비아와의 만남은 거절했다. 결국 옥타비아는 홀로 로마로 돌아갔고, 옥타비아누스는 자기 누이에 대한 안토니우스의 푸대접에 화를 냈다고 한다. 이 일은 옥타비아누스가 안토니우스를 공격하는 명분을 얻는 데 일조를 하게 된다.

그리고 안토니우스는 자신을 배신한 아르메니아를 천신만고 끝에 쳐부순 후 안토니우스는 클레오파트라의 도움으로 알렉산드리아로 돌아왔다.

그런데 이 과정에서 안토니우스는 인생에 있어 최대의 실수를 저질렀다. 아르메니아를 격파한 후 개선식을 알렉산드리아에서 거행한 것이다. 아르메니아의 전리품으로 알렉산드리아 왕궁은 더 휘황찬란하게 장식되었고, 승리를 기념하는 호화축제가 이어졌다.

장대한 행렬이 이어졌다. 여신 이시스의 복장을 한 여왕에 금으로 된 왕위가 있었고, 그 앞에는 디오니소스 복장을 한 장군이 전차에 서 있었다. 은줄로 포박된 아르메니아 왕과 왕족들이 행렬 앞에 세워져 클레오파트라의 발밑으로 끌려왔다. 이것은 로마의 전통을 깬 것이었다. 로마를 위한 승리의 축하연에서 로마인이 아닌 타 지역의 사람에게 승리의 영광을 바친 적은 없었다. 안토니우스의 승리연은 로마인들의 눈에 클레오파트라에게 승리를 바친 것으로 보였고, 그 말인 즉 로마와 알렉산드리아가 동등한 지위에 놓는 일과 똑같았다. 이러한 이집트에서의 개선식은 안토니우스가 알렉산드리아를 위해 의도적으로 로마를 무시하고 권력의 중심을 이집트로 옮기려고 한다는 인상을 로마인들에게 심어 주었다.

중요한 문제는 다음에 일어났다. 안토니우스는 알렉산드리아 시민을 모아 축하연을 베풀었다. 이건 안토니우스보다는 클레오파트라의 계획에 따른 것인데 동양의 빛을 발하는 대향연이었다. 안토니우스와 클레오파트라가 황금 왕좌에 앉아 집회를 총괄했다. 클레오파트라는 이시스의 복장을 하고 안토니우스는 그리스의 신 디오니소스의 차림새를 했다. 그보다 낮은 자리에 13살짜리 왕 케사리온이 안토니우스 부부의 세 아이와 함께 자리했다. 클레오파트라가 낳은 4명의 자식들은 아시아와 동부 지중해 여러 나라의 의상을 걸치고 앉아있었다. 쌍둥이 클레오파트라 셀레네와 알렉산더 헬리오스는 메디아의 왕처럼 치장하고 왕관을 썼고, 두 살짜리 프톨레마이오스 필라델푸스는 마케도니아 왕처럼 치장했다.

이 이유는 명백해졌다.

안토니우스는 클레오파트라 '여왕 중의 여왕', 케사리온을 '왕 중의 왕'으로 치송하면서 이집트·키프로스·리비아·시리아의 공동 지배자로 선언했다. 쌍둥이 중 아들인 알렉산더 헬리오스에게는 아르메니아와 메디아, 곧 정복할 파르티아의 지배권을 부여했다. 클레오파트라에게는 리비아와 리비아의 동부의 키레나이카가, 막내 프톨레마이오스 필라델푸스에게는 북 시리아와 페니키아, 킬리키아가 할당되었다. 하지만 이 모든 지역을 경영할 수 있는 사람은 클레오파트라뿐이었다. 모두 그녀의 것이 되었다.

이리하여 초기 프톨레마이오스 왕의 위대한 시기가 다시 돌아왔다.

클레오파트라와 안토니우스 그리고 그들의 자식들은 모두 더불어 알렉산더 대왕의 제국보다 더 큰 영토를 통치하게 된 셈이었다. 로마인들에게는 이제 로마가 동방을 점령한 것이 아니라 거꾸로 동방이 로마를 접수한 것처럼 비쳐졌다. 로마의 장군이라면 로마에 자주 얼굴을 내비치는 것이 얼마나 중요한지 안토니우스는 잊고 있었다.

이 기념식은 옥타비아누스에게 불쾌감과 함께 안토니우스를 공격할 좋은 기회를 제공했다.

이 당시 제2차 삼두 정치의 3인자 레피두스는 옥타비아누스에게 완전히 패배했다. 그리고 안토니우스와 옥타비아누스 사이에도 투쟁선이 명확하게 그어진 상태였다.

양측은 즉각적으로 자신들의 위치를 드높이기 위해 기동을 시작했다. 클레오파트라는 이집트에 기병대를 보낸 메디아 왕의 딸과 자신의 아들과 결혼하기로 약속함으로써 동맹을 강화했다. 안토니우스는 동부 지중해 지역의 여러 왕들에게 지지를 요청하여 다짐을 받아냈다.

옥타비아누스도 부산히 움직였다. 그는 로마에서 안토니우스에 대한 대중들의 반대를 부추겼다. 그는 안토니우스가 로마와 동부의 속국들 간에 쐐기를 박고 있다고 비난했다. 두 사람의 사이에는 설전이 오갔다. 케사리온은 카이사르의 아들이 아니다, 안토니우스는 클레오파트라와 방탕한 생활을 즐기고 있다는 등 갖은 소문이 번져갔다. 비난과 모함이 난무하였고, 안토니우스는 옥타비아누스에게 "네 아내는 네가 사랑하는 사람으로 취한 유일한 여자인가?"라는 질문을 통해 비난의 화살을 퍼부었다.

옥타비아누스 역시 클레오파트라 문제에 대해 맹렬한 비난을 퍼부었다. 옥타비아누스의 지지자들은 치욕스럽게도 클레오파트라가 안토니우스를 마음대로 조종하고 있다는 소문을 퍼트렸다. 공식 연회석상에서 안토니우스가 클레오파트라의 발을 마사지한 일까지 있다는 등의 얘기까지 퍼졌다. 물론 이러한 이야기들의 대부분은 거짓이라 한다. 옥타비아누스가 황제에 즉위한 후 안토니우스에 대한 긍정적 사료를 모두 없애 버렸기 때문에 얼마만큼이 사실이고 얼마만큼이 허구인지는 정확히 알아내기 힘이 든다.

사실이든 아니든 이러한 공작을 통해 로마의 여론은 옥타비아누스에게 유리하게 작용하고 있었다. 기원전 32년, 안토니우스의 지지자였던 당시 집정관들이 이런 로마의 분위기를 바꾸고자 노력했지만 실패했다. 옥타비아누스는 회의 도중 안토니우스의 '알렉산드리아 할양'을 고발했고 로마인들의 적대감은 한층 커졌다. 안토니우스의 지지자들은 이탈리아를 탈출하여 에페수스의 안토니우스와 합류했다. 마침내 로마가 완전히 분열되었다.

그 해 말엽, 안토니우스는 정식으로 옥타비아와 이혼했다. 클레오파트라는 더없는 승리를 거둔 셈이 되었지만, 이로써 로마와의 관계는 완전히 끊어졌다. 이 일은 로마에서의 그의 지지 기반을 훨씬 약화시켰다. 안토니우스의 모든 비밀을 알고 있는 친구들이 옥타비아누스에게 돌아섰다. 그들은 옥타비아누스에게 안토니우스의 유언장이 아트리움 사원에 보관되어 있다는 말을 전했다. 그는 안토니우스의 유언장을 탈취하여 원로원에서 공개했다. 유언장에는 안토니우스가 죽으면

시체를 클레오파트라에 보내 알렉산드리아에 묻어주기를 원했다. 로마인이 로마의 땅에 묻히기를 원하지 않는 다는 것은 상상도 할 수 없는 일이었고, 옥타비아누스는 안토니우스에 대한 로마 시민의 분노를 자아낼 수 있었다. 배신자 마르쿠스 안토니우스와 '동방의 신전 창녀'에 대한 로마 대중의 분노는 갈수록 커져갔다.

결국 옥타비아누스는 이러한 여론에 힘입어 군사를 일으켰다. 안토니우스는 모든 권력을 박탈당했고, 드디어 옥타비아누스가 선전포고를 했다. 현명했던 그는 안토니우스가 아닌 클레오파트라에게 선전포고를 했다. 여전히 로마에는 안토니우스에게 우호적인 강력한 정치 세력이 존재하고 있었기 때문이다. 옥타비아누스의 공격 목표는 이집트, 클레오파트라였다.

3) '클레오파트라는 안토니우스를 배신했다' –진실 혹은 거짓?

로마시민 : 옥타비아누스는 현명한 판단력의 소유자였다. 그는 자기가 장군으로서 안토니우스에게 미치지 못한다는 사실을 인정하고 군대의 지휘를 마르쿠스 아그리파에게 맡겼다. 안토니우스와 옥타비아누스가 악티움에서 대치했을 때 군대의 규모로는 안토니우스의 우세였다. 옥타비아누스의 군사력은 안토니우스에 비해 열세였는데, 아그리파는 그리스 해안의 남쪽 지방을 모두 점령함으로써 안토니우스의 주요한 보급로를 차단해 버렸다. 안토니우스의 군대에 군수품 보급이 끊어지면서 안토니우스의 군대가 힘을 잃어가기 시작했다. 안토니우

스는 훨씬 어려운 길을 통해 육지에 보급품을 조달해야만 했다.

안토니우스는 항만 지역이 잘못된 선택임을 깨달았고, 그의 참모들도 그리스 중심부로 군대를 철수시킬 것을 재촉했다. 하지만 클레오파트라가 반대했다. 그녀가 보기에 그 계획은 악티움에 있는 함대를 포기하는 뜻으로 보였고, 그렇게 된다면 이집트가 옥타비아누스의 침공에 직면하도록 내버려 두는 일과 같았기 때문이다. 안토니우스는 클레오파트라의 반대에 굴복했다.

상식적으로 따진다면 옥타비아누스보다 더 강력한 육군을 가진 안토니우스는 바다가 아닌 육지에서 전투를 치러야 했다. 그럼에도 안토니우스는 해전을 선택했고, 플루타르크에 따르면 안토니우스의 해군은 전함의 수에 비해 인원이 절대적으로 부족했다 한다. 그 부족분을 그리스의 하층민으로 채웠기에 제대로 된 전투가 이루어질 리 없었다.

안토니우스는 모든 배에 돛을 달도록 명령했다. 그리고 클레오파트라의 기함에 그들이 축적한 금은보화를 실었다. 이 사실을 바탕으로 두 사람은 도망칠 경우를 충분히 고려했던 것으로 판단된다.

도주 준비를 모두 끝낸 후 안토니우스의 함대가 일렬로 완전히 모습을 드러냈다. 옥타비아누스의 함대도 차츰 빨리 움직이기 시작했다. 날개 대형으로 정박해 있던 함대가 옥타비아누스 함대를 뚫기 위해 움직이자 아그리파가 돌연 퇴각하기 시작했다. 이건 후퇴가 아니라 일렬로 대형을 지어 오는 안토니우스의 함대를 분산시키기 위한 작전이었다. 우익의 함대가 옥타비아누스의 함대를 뒤쫓기 시작하며 균형이 깨어지고 결정적인 순간이 왔다. 아그리파는 다시 함대를 돌려 안토니우스의 함대를 공격했다. 안토니우스의 함대가 흩어졌고 그의 해군이 적들에게 난도질당하는 순간 클레오파트라는 그 혼란한 틈을 타 먼저 망망대해로 도망치기 시작했다. 안토니우스는 전투중인 자신의 병사들을 우선하는 것보다 도망치는 여왕의 뒤를 따르기를 선택했다. 안토니우스가 함대를 이끌고 클레오파트라의 뒤를 따라 도망쳤고, 그는 그녀를 따라잡기 위해 작고 빠른 전함으로 갈아탔다고 한다. 그리하여 100여 척만이 간신히 도망쳐 나올 수 있었다.

클레오파트라의 변호인 : 클레오파트라는 전쟁에서 드러난 여러 사건을 접하면서 승산이 없다는 확신을 가졌을 것이다. 처음의 성공은 시간이 지나면서 완전히 판도가 뒤바뀌었다. 이제 권력정치의 현실주의자 클레오파트라는 구할 수 있는 것이라도 구해야 한다고 생각했을 것이다.

또한 적의 공격을 받지 않고 방관하던 클레오파트라는 계속 되는 전쟁과 그녀가 본 광경으로 공포에 빠졌다. 사냥개처럼 사냥감 주위를 빠르게 맴도는 옥타비아누스의 전투함. 그러나 안토니우스의 어설프고 거대한 갤리선. 안토니우스의 방어에 구멍이 뚫리면, 그녀와 그녀의 작은 배는 사냥당한 짐승 꼴이 될 것이다.

한눈에 보이는 전력의 열세에 물론 겁을 먹은 것도 있겠지만, 클레오파트라는 그녀의 함대를 도망치게 함으로써 로마인들의 파괴적인 공격을 피하고자했다. 그렇게 하여 로마와 새로운 전투를 할 수 있는 힘을 계속 유지하고자 했다. 미래를 위한 담보물. 그 때문에 돛을 올리고 금은보화를 실었던 것이다.

당시 안토니우스가 지휘하던 배들은 한결같이 돛을 올린 상태였다. 언제든 후퇴할 가능성을 열어두고 있었다는 말이다. 어쩌면 이 예방조처로 인해 연합군들은 지휘관의 전투의지를 의심했을 것이다. 그래서 전투 초기에 바로 배를 돌려 항구에서 항복했을지도 모른다. 어쨌든 안토니우스 자신도 그 순간에 클레오파트라에게 탈출 신호를 내리고는 황급히 그 뒤를 쫓아갔다. 이집트에서 전열을 재정비한 뒤 훗날을 기약하고자 했던 것이다.

로마시민 : 하지만 많은 학자들은 다르게 본다. 클레오파트라는 도망침으로써 선택의 여지를 남겼고, 그녀의 생애에서 세 번째 남자인 옥타비아누스 역시 게임에 끌어들이려고 했다. 이것이 일반적인 설명이다. 안토니우스가 확실하게 실패한 후 로마와 오리엔트 제국에 대한 그녀의 꿈은 로마의 새로운 지휘자 옥타비아누스도 자신에게 넘어올 때만이 실현 가능했을 것이다. 그가 클레오파트라를 무조건 신뢰하리라는 무분별한 억지 생각. 절망적인 생각이었다.

왜냐하면 로마인 옥타비아누스는 클레오파트라에게 결코 빠지지 않았기 때문이다. 패배자가 된 클레오파트라의 미와 권력은 이제 시효를 다했다. 냉정한 서른두 살의 옥타비아누스는 카이사르나 안토니우스처럼 오리엔트적인 화려함에 쉽게 현혹될 남자가 아니었다.

3. 클레오파트라는 정말 독사에 물려 죽었을까?

1) 옥타비아누스도 유혹하려고 했다는 소문

로마시민 : 승전한 옥타비아누스는 마지막으로 클레오파트라를 생포하기 위해 자신의 신하에게 명령을 내렸다. 신하 프로쿨레이우스는 자신의 무덤 속에 숨어 있는 클레오파트라를 생포하려고 했으나 그녀는 쉽게 문을 열어주지 않았다.

문을 열수 없게 된 프로쿨레이우스가 한 가지 계책을 생각해 냈다. 그는 로마의 장군 갈루스가 성소의 밑창을 통해 클레오파트라에게 이야기를 걸어 주의를 분산시키는 동안 자신은 몇 명의 부하를 데리고 사다리를 이용하여 그 기념비의 꼭대기에 열려 있는 창을 통해 침입하고자 했다. 놀란 클레오파트라가 단도를 들고 자결하려고 했지만 재빨리 그 단검을 빼앗았다. 프로클레이우스의 부하들은 그녀를 꼼짝 못하도록 붙잡았으며, 클레오파트라는 이제 꼼짝없이 옥타비아누스의 포로가 되어버렸다.

옥타비아누스는 클레오파트라가 안토니우스의 장례 의식을 갖추어 장엄하게 치를 수 있도록 허용해 주었다. 장례를 치른 클레오파트라는 정복자에게 당할 모욕을 피해 죽기를 결심했다. 무장해제 당한 채 감시를 받던 그녀는 일체의 음식을 거부한 채 죽기만을 기다렸다. 죽어가는 안토니우스 앞에서 입은 상처가 곪아갔다. 클레오파트라는 점점 쇠약해졌다.

옥타비아누스의 설득으로 클레오파트라가 다시 식사를 하게 된 며칠이 지난 후 옥타비아누스는 다시금 클레오파트라를 방문했다. 디온 카시우스는 클레오파트라가 이 마지막 회담에서 그를 유혹하려 했다고 주장한다. 그녀는 얇은 실내복만을 걸친 채 병석에서 일어나 옥타비아누스의 발 아래로 몸을 던졌다.

장황하게 미화시켜 설명한 그의 글의 요체는 바로 이것이다.

'옥타비아누스는 역사에서 교훈을 얻었다. 믿을 것은 자신의 힘뿐이다. 이집트를 다스리는 데는 클레오파트라가 없어도 충분하다. 로마에서 황제에 오르기 위해 오로지 이집트의 부만 필요할 따름이다.'

디온 카시우스처럼 플루타르크 역시 그 장면을 묘사했는데 이렇게 말한다.

> 그녀의 머리칼은 헝클어져 있었고, 얼굴 표정은 몹시 일그러졌다. 목소리는 떨렸고, 눈은 깊이 잠겨 있었다. 비록 젊은 시절의 매력과 과감함은 조금도 보이지 않았으나 (…중략…) 여전히 그녀의 내부에서 빛을 발했다.

클레오파트라는 여전히 남자의 욕망에 호소함으로써 옥타비아누스의 의지를 자기에게로 돌릴 수 있다는 생각을 했을지도 모른다. 하지만 창백하고 야윈 환자의 몰골로는 유혹할 수 없었을 것이라 말하는 이도 있다. 결과적으로 옥타비아누스는 클레오파트라의 유혹에 넘어가지 않았다.

플루타르크의 주장에 따르면 그녀는 자기가 옥타비아누스를 반대한 것은 안토니우스에 대한 두려움 때문이었다고 말했다. 만약 그녀가 이러한 말을 했다면, 그것은 너무나 부조리하여 옥타비아누스는 전혀 그 말을 믿지 않았을 것이다.

디오 카시우스 등 클레오파트라가 옥타비아누스를 유혹했을 것이라 주장하는 역사가들에 따르면 그녀는 예전 자신의 연인이자 옥타비아누스의 양아버지인 카이사르의 이미지를 이용해 그를 유혹하려 했다고 한다. 더구나 옥타비아누스 역시 '카이사르'라는 호칭을 사용하고 있었기 때문에 그녀가 양아버지와 양아들을 혼동할 수도 있다는 것이다.

하지만 유혹은 실패했다. 클레오파트라는 자기 소유의 재산 목록을 옥타비아누스에게 넘겨주지 않을 수 없었다. 그녀가 재산 목록을 내밀자 충성스럽지 못했던 시종 하나가 그 목록에 몇 가지 재물이 빠져 있음을 지적했다. 분노한 클레오파트라가 시종의 얼굴을 할퀴었고, 옥타비아누스가 시종에게서 그녀를 떼어내야 했다.

클레오파트라는 자세를 가다듬고 그 빠진 재물이 옥타비아누스의 여동생 옥타비아와 그의 아내 리비아에게 선사할 것이라 말했다. '그녀들의 중재에 의해 옥타비아누스의 자비를 원했기 때문'에 숨긴 것이라 말하며 옥타비아누스의 동정심을 사고자 했다. 옥타비아누스는 클레오파트라에게 관용을 베풀 것을 약속하고 바로 그곳을 떠났다.

클레오파트라의 변호인 : 단지 포로로 두기 위해 옥타비아누스가 클레오파트라를 생포로 잡으려고 시도한 것은 아니었다. 옥타비아누스는 클레오파트라가 자신의 능에 유폐된 채 자결하거나 보물들을 파괴하진 않을지 걱정했다. 그는 자신의 개선식 때 로마인의 소통 속에서 그녀가 포박당한 채 행진하게 되기를 원했다. 그리하여 그는 신하 프로쿨레이우스에게 클레오파트라를 생포하고 그녀의 재물을 고스란히 지키도록 하라는 책임을 맡긴 것이다.

그러나 클레오파트라는 순순히 문을 열어줄 만큼 어리석지 않았다. 그녀는 프로쿨레이우스와의 담판에서 이집트 왕국을 자기 자식들에게 물려줄 것을 요구했다. 프로쿨레이우스는 자신은 약속할 수 없는 내용이지만 옥타비아누스를 믿어도 좋다고 클레오파트라를 설득했다. 클레오파트라는 옥타비아누스를 믿을만한 증거를 볼 수 있을 때까지 기다리겠노라고 말했다.

식음을 전폐하고 죽기를 자처하던 그녀가 다시 음식을 먹게 된 이유도 따로 있다.

옥타비아누스는 클레오파트라가 죽어버리면 자신의 계획에 문제가 생기기 때문에 클레오파트라의 자식들의 안전을 위협했다. 그런 식으로 식음을 전폐하면 그녀의 자녀들을 '수치스럽게' 죽이겠다고 협박했다. 클레오파트라는 '어쩔 수 없이' 다시 음식을 먹기 시작했다.

옥타비아누스의 최종 목적은 단 한 가지 클레오파트라의 목숨과 그녀가 가진 재물이었다. 그녀는 자신의 보물을 모두 내밀며 자신의 아이들을 살려달라고 애원하는 수밖에 없었다. 클레오파트라는 자신을 위해서는 아무것도 청하지도 희망하지도 않았다. 그녀는 알렉산드리아 전쟁 후에 승리의 사슬에 묶여 로마군에 끌려온 자매의 운명을 직접 목격했다. 클레오파트라는 자매들과 같은 종말을 맺고 싶지 않았다.

2) 최후의 순간은 알려져 있는가?

클레오파트라가 자신의 재물을 모두 건넸을 때 이미 그녀는 자살을 결심했던 것으로 짐작 된다. 클레오파트라가 자신의 재물을 건네고 얼마 지나지 않은 후 옥타비아누스는 로마로 돌아갈 계획을 세웠다. 그때 클레오파트라와 그녀의 자식들을 로마로 데리고 가겠노라는 말을 전해왔다. 그 순간 클레오파트라의 머릿속에서는 잠시나마 카이사르의 로마 승리연 때 사슬에 묶여 끌려 다닌 여동생 아르시노에의 모습이 스쳐지나갔을 것이다.

로마행을 3일 앞두고 클레오파트라는 잠시 안토니우스의 무덤에 참배할 수 있도록 청하여 허락을 받았다. 무덤까지 가는 동안 그녀는 하염없이 눈물을 흘렸다고 한다. 플루타르크에 따르면 그녀는 안토니우스의 무덤 앞에서 한탄했다고 한다.

> 오, 사랑하는 안토니우스여! 나의 이 두 손으로 당신을 매장했구려. 그러나 이제 당신은 자유롭지만, 나는 포로의 몸이 되었습니다. 당신에게 드리는 이 마지막 참배도 경비병이 지켜보고 있습니다. 왜냐구요? 나의 당연한 슬픔과 수심으로 이 천한 몸을 해쳐서 저들의 승리연에 축하의 재물로 쓰이지 못할 까 두려워서이지요.

그렇게 말한 그녀는 무덤에 화한을 씌우고 안토니우스의 비석에 입을 맞추었다.

숙소로 돌아온 클레오파트라는 충실한 하녀인 이라스와 카르미온을 시켜 목욕을 하고 나서 여왕답게 성장을 했다. 호사스런 식사를 준비시켰는데 잠시 후 그녀의 문 앞에 무화가 열매를 가득 담은 바구니를 든 사람이 나타났다. 옥타비아누스의 경비병은 그를 불러 세우고는 그 열매에 독이 들었는지 조사하기 위해 열매 하나를 그 사람에게 먹였다. 그리고 나서 그를 통과시켰다. 전하는 바에 따르면 그 무화과 바구니 속에 독사가 들어있을 것이라 한다.

생애 마지막 식사를 마치고 클레오파트라는 자기 방문을 걸어 잠그고 옥타비아누스에게 한통의 편지를 썼다.

편지에서 그녀는 자신을 안토니우스 곁에 묻어달라고 부탁했다. 클레오파트라의 편지를 받은 옥타비아누스는 클레오파트라가 자살을 결심했음을 직감했다. 즉시 사람을 보냈지만 옥타비아누스가 한 발 늦었다.

클레오파트라, 이집트의 여왕은 가장 화려한 옷을 입고 금침대에 누워 영원히 잠들어 있었다. 그녀의 시녀 이라스는 그녀의 발치에서 죽어 갔다. 또 한 시녀 카르미온은 여왕의 머리에 얹혀 있는 왕관을 똑바로 하고 있었다. 급히 달려온 옥타비아누스의 사자들 중에서 한 사람이 카르미온에게 물었다.

"이봐, 카르미온. 일이 어떻게 치러졌지?"

"아주 훌륭했답니다. 수많은 성왕들의 후예답게 말입니다."

그렇게 답한 카르미온 역시 클레오파트라의 발밑에 쓰러져 죽었다. 의사와 독약 전문가를 불렀으나 소용이 없었다.

이와 같은 독사에 의한 죽음에는 많은 이들이 의심을 하고 있다. 플루타르크도 뱀은 전혀 발견되지 않았다고 했다. '단지 뱀의 자취 같은 것이 그녀의 창 밖, 바닷가 모래 위에서 발견되었다고만 전해져 왔다'고 서술했다.

이처럼 뱀을 이용해 자살했다는 의문의 여지를 뒷받침하는 사실은 클레오파트라가 혼자가 아닌 시녀 두 명과 자살을 했다는 점이다. 코브라는 단 한 번에 독을 뿜어내기 때문에 한 마리 뱀이 세 명을 죽일 정도로 충분한 독을 품고 있다고 볼 수 없다. 또한 세 마리나 그보다 많은 뱀을 옥타비아누스의 엄중한 감시체계를 뚫고 몰래 들여오는 것도 거의 불가능한 일이다.

어떤 이들은 클레오파트라의 팔에 바늘 같은 것에 찔린 듯한 흔적이 두 군데 나 있었다고도 주장했다. 아마 뱀의 독을 주사하는 방법이 그 당시에도 잘 알려진, 가장 문제없는 집단 자살 방법은 아닐까 싶다. 플루타르코스는 "거의 눈에 띄지 않는 주사자국 두 개를 클레오파트라의 팔에서 발견했다고 말하는 사람들도 있었다"고 강조한다.

클레오파트라가 코브라의 독을 이용해 자살을 했다는 가정은 시신 상태가 깨끗했다는 점에 근거한다. 플루타르코스는 "몸의 어디에도 붉은 자국이 남아 있지 않았다. 독살에 뒤따르는 어떤 다른 증상도 확인할 수 없었다"고 보고했다. 신경을 마비시키는 코브라 독만이 물렸을 때 붉은 자국이 남지 않는다.

이처럼 독바늘에 찔린 것인지 독사에 물린 것인지 그녀의 죽음의 원인은 확실하지 않다. 이후 오랫동안 일반적으로 독사가 그녀의 가슴을 물어 죽였다고 받아들여져 많은 문학작품과 그림 속에 묘사되었다.

어떻게 죽었든 간에 클레오파트라는 옥타비아누스의 손에 의해서가 아니라 자신 스스로 죽음을 선택했다. 그녀는 자살을 선택함으로써 로마 승리연 때 클레오파트라를 거리에 전시하여 자신을 더욱 돋보이게 하려 했던 옥타비아누스의 계획을 좌절시켰다.

38세의 클레오파트라는 살아생전의 치욕이 아닌 그녀에게 유일하게 남아있던 자유, 죽음을 택했다. 그녀는 아르시노에가 걸었던 길을 되풀이하지 않기 위해 옥타비아누스의 경계를 잠재워 계획을 성공시켰다.

에필로그 – 클레오파트라의 꿈과 야망

기원전 323년, 알렉산드로스 대왕의 죽음 이후, 그의 후계자들 사이에 갑작스럽게 벌어졌던 싸움은 제국을 분해해 버렸다. 알렉산드로스의 동료 장군들 중 한 명인 프톨레마이오스가 이집트에 대한 통치권을 얻었다. 그는 라지드 왕조를 세웠으며, 이 왕조의 창건자 이름인 프톨레마이오스는 15대 왕인 프톨레마이오스 케사리온이라는 이름에 이르기까지 변함없이 왕에서 왕으로 전승되어 왔다.

제 3대까지의 프톨레마이오스 왕들은 정열적인 통치자였다. 그들은 이집트의 영토에 만족하지 않고 키레나이카, 팔레스타인 지역의 대부분, 지중해 동부 해안, 나아가서는 키프로스 섬을 위시해서 소아시아의 일부까지 정복했다.

그러나 차츰 왕조가 쇠퇴해지면서 그들은 바다 건너 영토의 대부분을 잃게 되었다. 클레오파트라가 항상 염두에 둔 목표 중의 하나가 바로 초기 프톨레마이오스 왕들이 건설한 대제국의 영토를 회복하는 것이었다.

그녀가 태어나기 얼마 전부터 로마가 강성해지기 시작하여 알렉산더 대왕 사후 3분된 분할 체제를 위협하기 시작했다. 로마군은 마침내 안티고노스 왕조를 점령하고 셀레우코스 왕국의 일부를 차지했다. 그러나 키프로스 섬과 이집트 본토는 여전히 프톨레마이오스 왕조의 통치하에 있었다. 따라서 클레오파트라의 아버지 프톨레마이오스 12세와 클레오파트라의 주요 사업은 능란한 외교술을 발휘하여 로마로부터 이집트의 독립을 유지하는 일이었다.

아버지 프톨레마이오스 12세의 왕관을 지키기 위한 투쟁과 그녀의 언니들의 짧은 통치 기간 이후 마침내 클레오파트라가 권력을 쟁취했다. 그녀는 이제 지금껏 자신이 체득한 모든 수단과 방법을 동원하여 권력을 공고히 해 가기 시작했다.

클레오파트라는 이때부터 자신의 지칠 줄 모르는 정열과 영리함을 보여주었다. 부패한 정치, 끊임없는 권력 투쟁의 와중에서 성장한 클레오파트라 역시 무자비한 면모를 보였다. 그녀는 초기 프톨레마이오스 왕들의 위대함을 잘 알고 있었기에 스스로 역시 초기 제국의 회복을 열렬히 갈망했다.

클레오파트라는 여러 면에서 초기의 프톨레마이오스 왕들과 비슷한 면모를 보인다. 통치 기간 그녀는 학문과 예술을 후원했고, 가끔 궁전 박물관에서 열리는 학술토론회에도 참가했다. 또한 그녀는 자기의 신민, 즉 이집트인의 언어를 습득한 최초의 프톨레마이오스 왕족이었다. 이 언어 구사 능력을 바탕으로 그녀는 토착 이집트인의 지지를 이끌어 낸다.

과거 이집트의 영광을 회복하고자 갈망했던 클레오파트라는 자신이 원하는 꿈을 달성하기 위해서는 로마의 지원이 필요함을 알았다. 로마의 지원을 받는다면 알렉산드리아가 알렉산더 대왕 당시 갖추었던 제국의 수도로서의 위용과 힘을 다시금 보유하게 될 것이라 생각했다. 클레오파트라가 카이사르, 안토니우스와 사랑을 했던 건 이집트의 독자적 지위를 보장받기 위함도 있었지만 최종적으로는 그녀의 최종 꿈의 발판을 마련하고자 했던 것이다.

여성의 성性의식, 성性행동 다시보기

최정혜

1. 들어가며

이 글은 여성과 몸을 주제로 하고 있다. 사실 필자도 여성이지만 그동안 나 자신의 몸의 주인으로서 여성의 성의식이나 성행동에 대해 구체적으로 바라보거나 깊이 생각해 본 적이 거의 없다. 이번에 경상대 여성연구소 학술대회 원고를 준비하는 과정에서 비로소 나 자신이 여성으로서 여성의 성의식이나 성행동에 대해 얼마나 인지하고 행동해 왔는가 하는 생각을 진지하게 해보게 되었다. 이 글에서는 여성이 자신의 몸에 대해 어떤 인식을 가지고 있는지 알아보기 위해서 여성의 성의식과 성행동, 섹슈얼리티sexuality 등을 함께 살펴보고자 한다.

성은 개인의 행동에 의해 구성되는 것과 동시에 개인 외부에 존재하는 사회현상인 하나의 담론이다. 이러한 의미를 총체적으로 충족시키는 성 개념인 섹슈얼리티는 성기능적 행동만을 지칭하는 것이 아니라 개인적·사회적 삶의 제 측면에서 나타나는 성적 의미를 갖는 모든 태도, 가치, 믿음, 행동들을 지칭하는 것으로 신체와 자기 정체성, 그리고 사회규범이 일차적으로 연결되는 지점이라 하겠다.[1] 즉 섹슈얼리티란 한 개인의 정체성의 통합이며, 성을 다양한 사회문화적 맥락들 내에서 모든 사회관계들과의 작용을 통해 구성되는 것으로 본다.[2]

현재 한국사회에서 성性은 어떠한 의미를 가지고 있는가?

지금 우리 사회에 존재하는 성 개념은 성행위 중심의 표현들이 대부분이다. 특히 성 담론의 많은 부분들은 과거 유교사상에 따른 가부장제의 영향과 성기 중심적인 생식위주의 성 관념으로 인해 성별에 따른 성의 이중 기준 적용, 결혼제도를 기준으로 한 미혼의 성에 대한 편협한 시각, 왜곡된 순결이데올로기 강조 등 복합적인 문제점들을 함축하고 있다.[3]

사회문화적으로 인간의 성을 허용하는 절대적인 기준은 결혼제도라 할 수 있으므로, 이에 따라 개인이 태어나 자라면서 겪게 되는 몸의 변화나 성적 호기심, 성적 욕구 등은 결혼이라는 사회제도적 범위 안에서 판단되며, 그 외의 단계에서는 감추어지고 문제시되어왔다.

그러나 최근 한국사회의 성 문화는 다양성의 분출로 급변하고 있어서 미혼 성인남녀의 성의식 및 성행동은 과거에 비해 매우 개방적이지만 또 다른 한편으로는 극심한 혼란을 겪고 있는[4] 것도 사실이다. 사회문화적 맥락에서의 성의식에 대한 변화 흐름을 볼 때 이제 미혼 성인남녀의 성이란 은밀하고 감추어야 하는 금기적인 행위만이 아닌, 개인의 삶의 역사와 사회문화적 맥락과 연관된 섹슈얼리티의 관점에서 진지하게 개방된 논의를 시작해야 할 때이다.

섹슈얼리티에 관한 연구 시 주목해야 할 점은 두 가지가 있는데, 첫째는 성과 관련하여 여성이 남성과 동등하게 취급받지 못하고 있다는 점이며, 둘째는 사회문화적 맥락에서 인간의 섹슈얼리티를 탐색하려는 연구 분야가 여성학, 사회학 등에 집중되어 있어서 다양한 각도에서의 학문적 접근이 필요하다는 점이다. 그리고 또 하나 고려할 점은 섹슈얼리티를 단순히 하나의 사회 문제적 시각에서 보는 경향에서 벗어나 개인적 · 대인적 · 가족적 · 사회문화적 맥락 등을 포함한 다측면적인 각도에서 심층적으로, 또한 개개인의 특성과 환경을 고려하여 접근하는 것이 필요하다는 점이다.[5]

푸코Foucault는 개인의 섹슈얼리티 연구에서 무엇보다도 중요한 것은 성에 관해 말한다는 사실이며, 인간의 섹슈얼리티란 그 사회를 살아가는 인간의 말을 통해, 맥락을 통해 접근해야 한다고 제안했다. 섹슈얼리티 형성에 가족의 영향력이 어떠한지에 대한 연구들이 국내에서는 몇 편 되지 않으나 외국문헌에서는 가족기능이 자녀의 성행동 여부와 정도, 성문제와 어떠한 관련이 있는지 탐색하는 주제들이 중요하게 취급되고 있어[6] 앞으로 연구 방향에 이런 측면에서도 접근이 되어야 할 것이다.

섹슈얼리티에 대한 연구의 시작은 서구사회에서 오래전부터 진행되어 왔으며, 연구 분야는 크게 정신분석학, 성과학, 의학, 사회학, 심리학, 생물학, 가족학, 역사학, 문학 등으로 나누어진다.[7] Kinsey, A.

C. · Pomeroy, W. B. · Mattin · C. E. · Gebhard, P. H.[8]와 Masters, W. H. · Johnson, V. E.[9]는 남성과 여성의 성적 행동에 대한 실증적인 연구를 통해 인간의 섹슈얼리티가 대중적인 관심을 받았으며, 그 후 연구들에서 결혼제도 이외의 성에 관심을 보이며 전 생애의 각 단계별 섹슈얼리티 접근과 젠더와 관련된 다양한 연구가 이루어지고 있다. 우리나라에서 섹슈얼리티에 대한 학문적인 논의는 80년대 중반 여성학자들에 의해 다루어지기 시작하였다. 여성들의 성적 억압이 여성 억압의 핵심 기제가 된다는 사실을 강조하고, 여성들이 당하는 성적 억압이 남성 우위의 사회체제 아래에서 남성들의 권력을 유지하기 위한 것이라고 전제함으로써, 섹슈얼리티의 연구가 활발하게 진행되게 되어 왔다.[10]

최근 들어 인간의 섹슈얼리티는 변화하는 사회의 성 태도를 이해하는 기본 틀로 자리 잡기 시작했으며,[11] 좀 더 명확한 데이터들을 통해 성행동을 이해하려는 시도들이 계속되고 있다. 또한 섹슈얼리티와 임신, 그리고 피임법 사용에 대한 대부분의 연구들에서 성행동과 사회인구학적인 변수들과의 관련성을 살펴보거나 가족적 특성을 연결시키고 있다. 근래에는 미혼들의 성행동 결정에 영향을 미치는 직접적인 요인들을 알아보는데 초점을 맞추고 있고, 안전한 성행위를 위한 다방면의 연구들이 진행되고 있으며, 안전한 성행위의 지표로 콘돔 사용이 언급되고 있다.[12]

한편 Weis[13]는 각본Scripting의 개념을 이용하여 인간의 성행동을 설명하는 모델을 제시하였는데, 각본은 어떤 대상이 보유하고 있는 신념과 가치의 복잡한 인식체계를 의미하며, 성 각본은 사회문화적 각본, 대인적 각본, 심리적 각본으로 나눌 수 있다. 먼저 성에 대한 사회문화적 각본은 학교, 교육기관, 종교단체, 대중매체 등이 포함된 집단 조직의 다양한 구성요소들에 의해 유지되고 형성된다. 이 각본은 개인이 성행동에 대해 인식하고 행동을 결정하는 모든 인지 과정에서 규범으로 작용하는 중요한 역할을 한다. 따라서 개인들은 사회문화적 맥락 안에서 성의 의미를 깨닫고 성행동에 대한 나름대로의 제한선을 정하며, 그 안에서 상상하고, 결정하고 행동에 옮긴다. 개인에게 많은 영향력을 주는 요인은 사회적 성규범인 성의 이중 기준과 그 개념을 재인식하게 하는 통로인 대중매체, 그리고 학교환경을 들 수 있다.

다음으로 성에 대한 대인적 각본은 파트너와의 관계가 주요내용이다. 성인이 되어 이성교제를 시작하고 서로 간에 친밀감과 사랑이 생기면서 스킨십에 대한 욕구가 커지고 실제적인 경험을 하게 되면서 개인의 섹슈얼리티는 많은 변화를 경험한다. 파트너와 성에 관한 의사소통은 만족스러운 성적 관계형성의 필수적인 요소이며,[14] 성이 친밀감을 표현하는 중요한 방법이다. 그럼에도 불구하고 대부분의 사람들은 성에 대한 의사소통을 시도하기조차 힘들어 하고 있으며, 시작한다고 해도 어떠한 방법으로 이야기를 이어나가야 할지 모르고 있는데, 그 이유는 성에 대한 사회문화적인 금기시와 이로 인한 은밀성 때문이다.[15]

마지막으로 성에 대한 심리적 각본은 개인의 성행동과 관련되는 내면적인 요인으로 과거, 현재, 미래의 경험을 통하여 형성되는 개인적 측면이다. 성에 대한 의미의 형성은 한 개인이 성적 자기개념과 성지식 성태도 및 성가치를 통해 획득하는데, 이는 거대한 성 사회화 과정의 한

부분이며,[16] 가족환경은 개인의 성적의미를 발전시킬 수 있는 최초의 관련 집단으로 중요한 곳이다. 성에 대한 의미는 한번 형성되면 변하지 않는 것이 아니라 외부적 요인에 의해 얼마든지 변화 가능하다.[17]

본 글에서 미혼에서 기혼까지의 여성을 대상으로 성의식과 성행동을 다시보기로 탐색해보는 것은 여성이 스스로 자신의 신체인 몸에 대해 어떠한 인식을 하고 있는지를 이해할 수 있는 척도가 될 것이다. 이에 필자는 여자 청소년, 여자대학생, 미혼 여성, 기혼 여성을 대상으로 성의식과 성행동이 어떠한지 그동안 연구되었던 관련 논문들을 중심으로 고찰해 보고자 한다.

2. 여자 청소년의 성의식과 성행동

최근 들어 청소년의 성행동과 관련된 사회적 일탈문제가 뉴스로 많이 나타나고 있어 청소년의 성행동은 이제 더 이상 사회적으로 간과할 문제가 아니다. 특히 청소년은 다음세대 사회구성원의 핵심이 되므로 이들을 유능한 사회인으로 잘 키워나가는 것이 무엇보다 중요하다. 이에 청소년들의 성의식과 성행동을 다시 돌아볼 필요가 있다. 본 장에서는 여자 청소년의 성규범, 청소년의 성행동 실태, 부모의 청소년 자녀에 대한 성행동 허용성, 10대 미혼모의 실태 등에 대해서 살펴보기로 한다.

1) 여자 청소년의 성규범

성규범이란 사회의 특정 집단의 성행동에 대한 사회적 허용성 및 태도를 의미한다. 그런데 청소년의 성규범은 부모의 영향을 가장 많이 받으며 성장한다. 따라서 성규범에 대한 부모와 자녀세대 간의 생각이 어떻게 다른지 살펴볼 필요가 있다.

성규범에 대한 부모와 청소년 간의 세대 차이를 보면, 부모세대는 통상적으로 성인의 성규범을 청소년에게 적용시킴으로서 청소년들의 성규범에 대한 고려를 하지 않고 있다. 따라서 이로 인해 청소년들이 경험하는 모든 종류의 성행동(이성교제, 포옹, 키스, 성관계 등)을 비행으로 규정함으로써 청소년과 성인세대의 성규범의 차이를 벌어지게 하는 결과를 만들고 있다.[18]

이처럼 사회적으로 수용되는 성에 대한 부모의 성규범 가치관과 청소년들이 가지고 있는 성에 대한 성규범 가치관의 차이는 성행동과 성행동 허용성 간의 간격을 벌어지게 하기 때문에 청소년에게 상당한 죄의식을 갖게 하거나 혼동에 빠뜨리고 있다. 이는 부모자녀 간의 대화를 단절케 하는 요인이 될 수 있고, 청소년들이 자신들의 성적인 욕구를 사회적으로 바람직하지 않는 방향으로 발산하게 함으로서, '성 = 비행'으로 부추길 수도 있다.

우리는 청소년 중에서도 고등학생과 그들의 부모의 성규범에 관심을 둘 필요가 있는데, 그 이유는 고등학교 시기의 청소년들의 성경험이 상당히 증가하기 때문이다. 실제로 청소년의 성행동을 살피보면,

키스나 포옹을 해본 경험이 중학생은 17.5%였으나 고등학생은 51.7%이고, 애무를 경험해 본 중학생이 5.9%인데 비해 고등학생은 22.3%로 나타나서,[19] 청소년에게 성규범 가치관을 정립시킬 필요가 있다.

청소년과 부모세대의 성규범 의식의 차이에 대한 선행연구의 흐름을 보면, 1970년대 연구에서 여학생의 경우 95%가 혼전 순결을 지지하였으나, 1980년도에는 81%, 1990년도에는 67%로 점차 감소되는 것으로 나타나, 결혼 전 순결에 대한 태도가 허용적으로 변화해 가고 있음을 보여준다. 또한 1990년대 중반 서울 지역 중·고생 1,171명을 대상으로 실시한 이성교제 실태조사에 의하면,[20] 전체학생의 약 45%가 혼전순결을 지킬 필요가 없다고 응답하였고, 순결을 따지는 것 자체가 낡은 사고방식이라고 대답하였다.

또한 이창식 · 김윤정[21]은 중 · 고등학생 510명을 대상으로 조사한 결과, 결혼할 사이라면 성관계를 가져도 된다는 응답이 46.1%로, 결혼할 사이라도 성관계를 가져서는 안된다는 응답 26.8%에 비해 거의 2배 정도로 높게 나타났다고 보고하고 있다. 이처럼 1970년대에 비해 1990년대 중반 이후는 청소년들의 성에 대한 태도가 상당히 허용적으로 변화되고 있고 성관계 비율이 증가되고 있는 것으로 나타나, 순결관을 고집했던 이전 세대와 달리 청소년들은 성행동을 비행이 아닌 경험의 하나로 인정하고 있다는 점을 시사한다.

2) 청소년의 성행동 실태

청소년들의 성행동과 관련하여 청소년의 성관계 경험 비율을 살펴보면, 1990년대 초 13세에서 18세 청소년의 성관계 비율이 6.3%였던 것이 2000년대 초 34.2%의 높은 수준으로 나타나서[22] 청소년의 성관계 경험 비율이 급격하게 증가되고 있음을 보여준다. 청소년의 성행동은 성태도와 관련이 있다는 연구가 상당히 일관성 있게 보고되고 있다. 즉 성에 대한 태도가 개방적일수록 성교 경험율이 높다거나,[23] 보수적인 성 태도를 가진 학생들이 문제 성행동을 적게 하는 반면, 허용적이고 쾌락적인 성 태도를 가진 학생들은 문제 성 행동을 많이 하는 것으로 보고되고 있다.[24] 또한 남녀 학생간의 차이도 밝혀지고 있는데, 남학생은 성개방성과 성행동의 관련성이 두드러지고, 여학생은 성 평등성이 성행동의 주요 예언변인임을 밝히고 있다.[25]

〈표 1〉에 나타난 바와 같이 청소년의 성행동 실태는 전체 180명의 학생들 중에서 손잡기를 경험한 것이 56.8%이며, 포옹은 35.7%, 키스

〈표 1〉 청소년의 성행동 실태

(N : 180)

구분	그런 적 없다(%)	그런 적 있다(%)	자주 그랬다(%)
손잡기	61(43.3)	60(42.6)	20(14.2)
포옹	90(64.3)	40(28.6)	10(7.1)
키스	109(77.9)	25(17.9)	6(4.3)
애무	129(92.1)	9(6.4)	2(1.4)
성관계	135(96.4)	4(2.9)	1(0.7)

는 22.2%, 애무는 7.8%, 성관계는 3.6%를 경험한 것으로 나타났다. 이를 통해 보면 청소년의 성행동에서 손잡기나 포옹은 다반사이고 키스나 애무 같은 성행동이 자주 일어나고 있음을 시사한다.

3) 부모의 청소년 자녀에 대한 성행동 허용성

현대를 살아가는 우리 사회는 아직도 부분적으로는 전통사회에서 전수된 유교적인 문화 및 가부장제의 문화가 남아있어서 부모들이 아들과 딸에 대한 가치관이 다르며, 이로 인해 자녀의 성별에 따른 성행동 허용정도 역시 다르게 나타난다.

부모의 성행동 허용성을 자녀 성별에 따라 조사한 결과(김윤정·이창식, 2005)를 보면, 부모는 여자청소년의 경우 남자 파트너와 손잡기 정도는 57.8%로서 허용하나 포옹부터는 반대의 입장을 51.7%로 보이고 있다. 특히 키스의 경우, 반대가 79.3%로 나타나 부모가 여자청소년에게 남자 파트너와의 키스를 다수가 허용할 수 없다는 입장을 취하고 있다. 그러나 이러한 부모가 남자 청소년 자녀에 대해서는 조금 더 허용적인 것으로 나타났다. 즉 부모가 남자청소년이 여자파트너와 손잡기는 64.1%로서 허용을 하는 편이고, 포옹은 허용이 40.6%, 반대가 43.7%로서 거의 반반 정도씩이며, 키스의 성행동에 대해서는 61.7%로 반대의 입장을 보이고 있다. 결론적으로 부모는 여자청소년에게 남자 청소년에 비해 손잡기, 포옹, 키스 등에서 모두 반대하는 비율이 더 높음을 보여준다.

〈표 2〉에서 보여주는 바와 같이 부모세대의 청소년자녀에 대한 성규범은 보수적인 편인데, 남자청소년에 비해 여자청소년에게 보다 엄격한 것으로 나타났다. 부모세대의 이중적 성가치관은 21세기를 살아가는 청소년에게 적합하지 않는 것으로 생각되며, 이는 청소년 성문제의 주요한 원인으로 작용할 수 있다. 즉 가부장제 사회는 남성 중심적인 시각으로 여성을 대상화하고 여성의 성을 규정하여 여성에게는 순결과 정절을 강조하고 남성에 대해서는 축첩, 혼외관계, 매춘과 같은 성적인 자유를 허용하는 이중적 성규범을 적용하고 있다.

특히 우리 사회에서는 성의 이중구조가 심하여 공적인 영역에서는 성에 대한 논의가 금기시되나 사적인 영역에서는 특히 남성의 경우 성의 방탕이 용인되고 조장되기까지 한다. 그러나 반대로 여성에게 강조되는 순결이데올로기는 여성을 정숙한 여성과 부정한 여성으로 이분화하고 있으므로, 우리 사회의 이러한 이중적 성규범은 성폭행 발생률을 높이는데 기여하고 있다고 주장되기도 한다.[26] 따라서 청소년들의

〈표 2〉 부모의 청소년자녀의 성행동 허용 정도

구분		절대반대	약간 반대	중간	약간 허용	적극 허용	평균(t값)
손잡기	남	8(6.3)	13(10.2)	25(19.5)	64(50.0)	18(14.1)	2.393*
	여	15(12.9)	16(13.8)	18(15.5)	56(48.3)	11(9.5)	
포옹	남	31(24.2)	25(19.5)	20(15.6)	46(35.9)	6(4.7)	3.047**
	여	39(33.6)	21(18.1)	21(18.1)	30(25.9)	5(4.3)	
키스	남	57(44.5)	22(17.2)	32(25.0)	13(10.2)	4(4.1)	4.524***
	여	65(56.0)	27(23.3)	14(12.1)	10(8.6)	0(0.0)	

* p 〈 0.5, ** p 〈 0.1, *** p 〈 0.001

올바른 성문화 정착을 위해서는 먼저 부모세대의 이중적 성가치관부터 바로 잡을 필요가 있다.

4) 10대 미혼모 실태

10대 미혼모 문제는 우리 사회의 큰 이슈 중의 하나로 지속되고 있다. 우리나라 미혼모는 1980년대 중반까지 계속 증가 하다가 1980년대 후반부터는 점차 감소하고 있는 추세이다. 그러나 주목할 점은 미혼모의 연령이 급격히 낮아지는 현상을 보이고 있다는 점이다. 즉 15세에서 19세의 미혼모가 차지하는 비율이 1984년 24.8%에서 1996년 48.3%, 1998년 54.4%에 이르는 것으로 나타나서, 나이 어린 미혼모의 증가추세를 보여준다.

이처럼 10대 미혼모가 급증하게 된 원인은 가정, 학교, 직장 그 외의 어떤 곳에서도 체계적인 성교육이 제대로 실시되지 않은 상태에서 서구의 성개방 풍조가 급속히 밀려왔기 때문이며, 상업적 대중매체의 무분별한 성적 자극도 주요한 원인으로 지적되고 있다. 10대 미혼모의 문제는 학업중단으로 연결되는데, 19세 미만의 미혼모 중 약 80%가 고등학교 중퇴나 중학교 졸업 또는 중퇴로 나타나 미혼모들의 학력이 낮을 수밖에 없는 현실을 보여준다.[27]

10대 미혼모들의 인터뷰 연구를 살펴보면[28] 우리의 형식적인 성교육을 그대로 드러내고 있었으며, 그 결과 임신한 청소년들 중 30%가 임신 6개월 후에 임신을 인지하게 된다는 결과를 보인다. 또한 한국성문화연구소가 실시한 연구[29]에서도 성경험이 있다고 응답한 여자 고등학생들 중 20.4%만이 피임을 한 것으로 나타났는데, 피임을 하지 않은 80%의 여고생들은 '피임에 대해 몰라서'라는 응답이 높은 비율을 차지하고 있어 학교교육에서 실제적인 성교육이 부재함을 보여준다.

청소년들의 성과 임신에 대한 무지는 낮은 산전 진찰 비율을 가져오며, 자신의 몸을 제대로 관리하지 못해서 기형아 출산의 가능성을 높이게 된다. 따라서 10대 미혼모의 발생 예방과 재임신 방지를 위해서는 무엇보다 실제적이고 체계적인 성교육이 절실히 필요하다고 본다.

10대 미혼모를 대상으로 하는 성교육에서 특히 중요한 점은, 성과 관련된 지식이나 구체적인 피임방법 등 기술적인 부분뿐만 아니라, 성에 대한 책임과 주체성, 성행동의 결과에 대한 책임의식 등을 고취시키는 내용까지 포함할 때 10대 미혼모의 문제를 감소시킬 수 있다.[30]

3. 여자대학생의 성의식과 성행동

여자대학생의 성의식과 성행동을 알아보기 위해 미혼 여성의 섹슈얼리티 형성 과정, 여자대학생들의 성의식 실태 및 데이팅 폭력 실태, 여자대학생들의 성희롱·성폭력 피해 경험, 그리고 대처 인식 등에 대해 살펴본다.

1) 미혼 여성의 섹슈얼리티 형성 과정

여자대학생의 성의식과 성행동을 알아보기 위해 먼저 미혼 여성의 섹슈얼리티 형성 과정을 사회문화적 측면, 대인적 측면, 심리적 측면으로 살펴보고자 한다.[31]

(1) 사회문화적 측면

미혼 여성의 섹슈얼리티가 사회문화적 측면에서 어떻게 형성되는지 살펴보면 크게 두 가지로서 성의 이중 기준과 대중매체의 영향을 들 수 있다.

먼저 미혼 여성은 섹슈얼리티 형성에 있어 최면에 걸린 듯 벗어나기 힘든 거대한 장막인 '성의 이중 기준'을 느끼며 살아간다. 이는 생활에서 어떤 영향을 주게 될까? 첫째는 결혼 전 성행위에 대한 막연한 두려움을 가지게 된다. 즉 현재 미혼 여성이 성의 이중 기준에서 가장 절실하게 갈등하고 있는 부분은 순결의 의미라고 할 수 있다. 여성에게 내면화된 순결 의식은 여성의 몸을 통제하고 임신과 낙태에 대한 두려움을 가중시켜 여성의 진정한 성적 자율성을 제한한다.

미혼 여성의 임신이란 성행동을 하는 미혼 여성들에게 피할 수 없는 부담이며, 본인이 결혼 전에 성교를 했다는 것을 확인해 주는 결과이다. 여성은 일생에서 최초의 성경험을 겪게 되면서 그 전에는 몰랐던 본인의 성 욕구를 인식하게 되지만, 다른 한편으로는 사회적으로 미혼 여성이 처한 성직 불평등과 이중적인 성 기준에 반대되는 행동을 하고 있다는 새로운 딜레마 상황에 처하게 된다. 또한 여성 자신들의 주변에는 성에 대해 구체적이지 않은 왜곡된 정보들이 많으며, 특히 여성의 유일한 성 담론 장소인 인터넷 게시판에서조차 성교를 한 후 임신 여부를 걱정하는 여성들의 사연들이 대부분이어서 무책임한 성행동의 궁극적인 피해자는 여전히 여성임을 알 수 있다.

둘째는 여성에 대한 성의 사회적 편견이 만들어낸 것으로, 여성의 성의 획일화는 여성의 성적 표출을 더욱 힘들게 만든다. 미혼 여성들은 이성을 만나고 스킨십을 하면서 막연히 두려워하는 상황에서, 성적인 존재로서 재발견되는 예상치 못한 자신의 모습에 당황하게 된다. 이는 여성의 성적 터부시가 강한 우리 사회에서 여성의 순결이라는 절대적 명제를 깨뜨리는 '또 다른 나'로 다시 태어나는 것을 의미한다. 이로 인해 미혼 여성에게 있어 순결의 의미란 소용없는 것이며, 성행동을 한 미혼 여성들은 실질적인 자신의 상황에 알맞은 자신만의 순결의 의미를 찾게 된다.

한편 섹슈얼리티 형성에 있어 대중매체는 여성들에게 허가된 유일한 성교육의 장으로서의 역할을 한다. 이 측면에 대해 살펴보면 여성들 대부분은 어려서부터 성에 관한 수동적인 자세가 내면화되면서 이로 인해 성에 대한 자연스런 호기심이 억제되고 통제되어, 섹슈얼리티 형성을 위한 여러 가지 자원들, 즉 남녀 간의 성적 차이점, 성의 의미, 성의 다양성 등을 알 수 있는 방법은 거의 찾기 힘들다.

그래서 나름대로의 통로로서 대중매체인 TV프로그램을 들 수 있으며, 또 하나의 새로운 장으로 인터넷 환경을 들고 있다. 예를 들면 어떤 여성은 남자친구와 애무를 하고 성교를 결정하기까지 대부분의 정보를 성 관련 인터넷 게시판에 의존하여 이를 근거로 자신의 생각을 정리한다. 대중매체는 성추행, 성폭행 경험을 한 여성에 대해 표면적으로는 '여성의 잘못이 아니다'라고 말하고 있지만, 또 다른 한편으로는 여성에게 '순결을 박탈당했다'는 무언의 메시지 형성에 강력한 영향을 미치고 있다.

(2) 대인적 측면

미혼 여성의 섹슈얼리티가 대인적 측면에서 형성되는 과정을 살펴보면, 성은 미혼 여성에게 성주체성 형성에서 필수 과정인 파트너와의 개방적인 의사소통을 통해서이다.

미혼 여성들은 성행동에 대한 자신의 의사정립 과정이 필요하다. 그럼에도 대부분의 미혼 여성들은 성적 행동에 관한 대화를 나누는 것을 매우 어렵게 여기고 있으며, 미혼 여성 제보자 대부분이 성경험을 하고 있음에도 불구하고 거의 대화 없이 성행동을 하는 경우가 대부분이라고 말하고 있다. 이는 성적 표현을 하면 정숙한 여성으로 보일 수 없다는 성의 이중 기준에 여성들이 무의식적으로 길들여있기 때문에 나타나는 현상이다. 본인이 실제로 성행동을 하면서도 자신의 성적 의사조차 표현하지 못하는 것은 파트너와의 관계에서 주체적이지 못한 미혼 여성의 현재 위치를 반영하는 것으로 보인다.

남자친구와 성교직전 단계까지 스킨십을 하는 대부분의 파트너 사이에 있어서, 성에 관한 의사소통 여부는 성적 주도권을 갖고 있는 남성에 의해 결정되며, 의사소통이라는 상호작용 속에서 여성들은 점진적으로 성적 주체자로서의 자신을 발견하게 된다.

> 남자친구가 내게 물어봤어요. 왜 키스, 애무까지 되는데 그 마지막이 안 되느냐고. 그래서 제가 얘기를 했어요. "내가 원하지 않는다. 임신을 할 수 있고, 임신을 하게 되면 내가 그 다음에 책임을 질 수 없다. 당장은 학교도 다녀야 하고, 돈도 벌어야 하고, 그리고 임신을 하게 되면 내가 창피해서 살 수가 없을 것 같다." 그렇게 말하니까 내가 정리되는 것을 느꼈어요. 나를 새로 깨닫는 계기가 됐어요.

위의 사례에서 미혼 여성은 남성파트너와 의사소통을 하면서 사회적 편견이라는 부담을 지고 있는 자신의 모습에서 조금씩 벗어나 개인의 심리에 묻혀있는 자신만의 욕구를 들여다보게 됨으로써 섹슈얼리티에 대한 추상적인 관점이 점진적으로 구체화되어 감을 느꼈다고 한다.

'내가 정리되는 느낌', '새롭게 다가오는 성 결정권의 중요한 의미', '새로 태어나는 과정' 등, 이것이 새로운 주체적인 여성 스스로의 섹슈얼리티가 형성되는 과정이라 하겠다.

미혼 여성이 남성 파트너와 성에 관한 의사소통을 나눌 수 있게 된다는 것은 여성의 성적 욕구가 부정되는 사회적 현실에서 벗어나 자신의 욕구파악, 상대와의 사랑 확인, 자신을 당당한 성적 주체로서 확인하는 과정을 의미한다. 이는 미혼 여성의 주체적인 성적 의사결정 과정 형성에 남성 파트너와의 성에 관한 의사소통이 필수 요소로 작용함을 의미한다.

(3) 심리적인 측면

미혼 여성의 섹슈얼리티가 심리적인 측면에서 형성되는 과정을 살펴보면, 성 의미에 대한 변화를 통해서이다. 이는 두 가지 측면을 가지는데 첫째, 자신만의 성의 의미를 찾아가는 과정이다. 즉 미혼 여성이 성에 대한 자신의 생각을 정리하고 타인에게 전달한다는 것은 주체적인 섹슈얼리티 형성에 중요한 요소임에도 불구하고 미혼 여성은 전생애를 통해 성에 대해 언제나 수동적인 존재로 인식되어 왔다.

따라서 미혼 여성은 성에 대한 자신의 생각을 타인에게 표현하기 쉽지 않은데 이것 역시 사회적으로 만들어 놓은 정숙한 미혼 여성의 모습에 부합하려는 인식 때문이다. 사랑하는 남자친구와의 성행동 경험은 성교에 대한 의미변화를 가지고 온다고 미혼 여성들은 이야기 하고 있다. 한 미혼 여성 제보자는 '정말로 사랑하는 사람과 성교를 하고 나면 일치감을 이루고 자신의 성적 욕구가 채워지는 것 같다'라고 하였고, 또 다른 미혼 여성 제보자도 '사랑하는 남자친구와의 성행동 경험을 통해서 성교에 대한 의미변화가 일어나 성을 긍정적으로 바라보게 되는 계기가 되었다'고 하였다. 이는 대다수의 미혼 여성 제보자들이 성교를 결정하는 요인으로 두 사람간의 '신뢰'를 든 것과 일맥상통한다 하겠다. 결국 미혼 여성의 성에 관한 의미 변화에 가장 큰 영향을 미치는 것은 사랑하는 사람과의 성행동에 의한 자신의 인식으로 볼 수 있다.

둘째, 자신의 삶에 주체가 되는 과정이다. 성경험에 노출된 대다수의 미혼 여성들은 처음에는 전통적으로 사회에서 요구하는 미혼 여성의 모습에서 벗어나는 듯한 모습에 힘들어했지만, 스스로 그 과정을 해결해 나가는 자신을 바라보며 '이제 나도 성인이구나' 하는 생각이 들었다고 한다. 그리고 스스로 당당하게 자신의 성행동에 대해 생각하게 된다고 하였다. 그러나 성에 대해 자신의 생각을 정리해 볼 수 있는 과정을 경험하지 못한 채, 강압적으로 성경험을 하게 된 여성들은 대부분 가정 폭력을 행사하는 아버지로 인해 가정 안에서 자신의 정체성을 확인하지 못하고 외부에서 자신의 존재를 확인하려 했으며, 그런 과정에서 어린 나이에 많은 남자친구를 사귀었으며 대부분 성관계까지 하게 된다.

최초의 성경험에 대한 노출은 미혼 여성들의 삶에 엄청난 변화를 가져오며 지금까지 살아온 자신의 모습을 돌아보는 계기가 된다. 그러나 미혼 여성은 소속된 곳에서 자신의 성적 정체성 확립 여부에 따라 성경험을 받아들이는 태도에도 차이가 있는 것으로 나타났다.

2) 여대생들의 성의식 실태

여대생들의 성의식을 알아보기 위해서 성에 대한 가치관을 정의하면, 성 가치관이란 성에 대해 개인이 가지고 있는 체계화되고 일관성 있는 사고, 감정 및 행동의 양식으로 볼 수 있다. 개인의 성에 대한 가치관은 극히 다양하여 이를 단정적으로 말할 수는 없으나 두 가지 측면에서 언급할 수 있다.

하나는 전통적인 성 가치관으로서 성에 대한 통제를 강조하고 결혼을 기반으로 한 성행위만을 인정하려는 것이며, 다른 하나는 개방적인 성가치관으로서 개인의 자유의사를 강조하고 성충동이 자유롭게 허용될 때 개인의 행복과 만족이 증대된다는 가치관이다. 여대생의 성 가치관 중에서 특히 순결에 대한 가치관은 이중적인 기준이 나타나는데 우리나라에서는 대체로 결혼 전에 순결을 지켜야한다는 가치관이 아직도 우세하나 성적표현, 성행동의 중요성에 대한 가치관도 증가되고 있어 갈등이 나타나고 있으며 성별이나 연령에 따른 차이도 나타나고 있다. 또한 성적 자유를 인정하면서도 자신의 배우자에게는 순결을 요구하는 이중성이 여성보다 남성에게 더 두드러지게 나타나고 있다.[32]

대학생의 성의식 조사[33]에서 성교육 요구도를 조사한 결과(〈표 3〉) 8개 항목 중 첫 번째가 사랑, 배우자 선택에 관한 요구였고, 두 번째가 임신, 피임에 대한 요구도로 나타났다. 성별로 보면 남자대학생은 성행위 교육에 대한 요구도가 높은 반면 여자대학생들은 임신이나 피임, 성기호에 대한 교육 요구도가 높게 나타났다.

또한 대학생들의 성의식인 성역할 태도, 성가치관, 성지식의 일반적

〈표 3〉 남녀 대학생의 성교육 요구도 차이

구분	교육 요구도 항목	남자	여자	t
전체	임신, 피임	3.38(0.99)	3.84(0.68)	3.94***
	성기호	2.60(1.43)	3.23(1.01)	3.82***
	성행위	3.93(0.99)	3.52(0.77)	-3.43***

*** $p < 0.01$

경향을 살펴본 결과 성역할 태도와 성가치관은 근대적인 경향을 보이고 있었으며 특히 성역할 태도는 성가치관에 비해 근대적인 경향이 두드러졌다. 성지식의 경우 주관적인 성지식은 중간 수준이며 객관적인 성지식은 100점 만점에 42점 정도로 낮게 나타나서 정확한 성지식 전달이 필요함을 알 수 있다.

여자대학생은 결혼과 장기적인 성인지 적응을 앞두고 있으므로 그 이전까지의 성의식에 대한 자기 평가와 점검이 필요하며, 이를 토대로 자신의 성의식을 재구성하여야 할 필요가 있는 것으로 보인다. 성역할에 대한 확고한 태도 정립이나 올바른 배우자 선택의 과정, 결혼관계에서의 성 적응 방법 등의 현실적인 학습이 필요한 것으로 나타났다.

3) 여자대학생들의 데이팅 폭력 실태

최근 들어 데이팅 폭력이 사회적 이슈로 떠오르고 있다. 여자대학생들이 데이트 과정에서 폭력을 얼마나, 어떻게 경험하는지에 대해 살펴보자.

친밀감을 수반하는 데이트관계가 결혼관계나 동거관계에서처럼 종종 폭력적이라는 것이 밝혀지고 있다. 결혼관계에서 발생하는 폭력 피해자들의 상당수가 결혼 전의 데이트 관계에서 발생한 데이팅 폭력을 일회성으로 간주하고 폭력 가해자와 결혼한 경우가 많았으나,[34] 최근 데이팅 폭력 피해자들은 큰 심리적·신체적 외상을 경험하고 불안장애나 우울증, 분노, 자아존중감 손상 및 만성 신체질환을 유발하는 것으로 보고되고 있다.

데이팅 폭력의 피해자는 성별에 따라 차이를 보이는데 전통적으로 여성이 남성보다 피해를 더 많이 받는 것으로 나타나고 있다. 전세계적으로 대학생들의 데이팅 폭력은 신체적 폭력과 성적 폭력을 포함하여 매우 높은 발생율을 나타내고 있으며, 데이팅 경험이 있는 사람들 중 약 삼분의 일 혹은 그 이상이 데이트 폭력을 경험한 것으로 보고되고 있다.[35]

대학생들이 데이트관계에서 신체적 폭력을 경험하는 비율이 21%에 이르고, 정서적 폭력을 포함할 때에는 50%에 이를 만큼 광범위하게 발생하고 있다.[36] 성폭력은 파트너의 동의 없이 이루어지는 성행위, 성적 통제 및 모든 형태의 성적 조종을 포함하는데, 성폭력은 모르는 사람보다는 지인에 의해 발생하는 경우가 훨씬 많다고 보고되며, 이중 데이팅 성폭력이 10.0%로 나타났다.[37]

데이팅 폭력에 관한 여러 연구 결과는 데이팅 폭력이 우연하게 산발적으로 발생하는 현상이 아니라 친밀한 관계에서 흔하게 발생되는 문제이며, 대학생들의 이성교제에 있어서의 어두운 단면이라는 것을 보여준다. 즉 대학생들의 데이팅 폭력은 부부 폭력보다 더 폭력적이기 쉬우며, 그 정도가 심하여 데이팅 폭력을 경험한 여자대학생의 50%가 부상을 입은 것으로 나타나기도 한다.[38]

여성주의 관점에서 여성은 데이트 관계에서 권력의 불평등함으로 인해 종종 폭력의 피해를 입는다고 본다. 성별에 관련된 데이팅 폭력의 경우 여성과 남성이 모두 데이팅 폭력의 피해를 경험하는 것으로 조사되었다. 그러나 여성들은 남성들보다 신체적 손상뿐만 아니라 정서적 손상을 많이 입으며, 피해자라는 느낌과 또 다른 폭력에 대한 두려움도 더 많이 경험하는 것으로 나타났다.

국내에서 다국가 간 데이팅 폭력연구 콘소시엄에 참가하여 한국 남녀 대학생 344명을 대상으로 연구한 윤경자의 연구를 중심으로 여자대학생들의 데이팅 폭력 실태를 보면 다음과 같다.

〈표 4〉에 나타난 바와 같이 여자대학생들이 데이팅에서 경험한 심리적 폭력이 전체의 50% 이상으로 높은 비율을 나타내고 있으며, 그 중에서 심한 심리적 폭력도 33.1%나 되는 것으로 나타나 여자대학생들이 데이팅 과정에서 심리적 폭력 경험이 높음을 알 수 있다.

또한 데이팅 과정에서 신체적 폭행은 여자대학생들의 34.7%가 경험하여 데이팅에서 신체적 폭력이 만연되어 있음을 보여준다. 데이팅 과정에서 여자대학생들이 성적 강요를 당한 경험은 전체의 27.7%로 나타나 상태가 심각함을 보여준다. 특히 데이팅 과정에서 심한 성적 강요도 14.9%로 나타나서 여자대학생들의 성적 강요에 대한 대비책이 필요함을 시사한다.

〈표 4〉 한국 여대생의 데이팅 폭력 피해 정도

구분	N(215)	%
심한 심리적 폭력	46	33.1
전체 심리적 폭력	86	59.7
심한 신체적 폭력	50	34.7
심한 성적 강요	21	14.9
전체 성적 강요	39	27.7

4. 여자대학생들의 성희롱 · 성폭력 피해 경험 및 대처 인식

여자 대학생들이 대학생활에서 경험하는 성희롱 · 성폭력정도가 어떠한지 그리고 대처정도는 어떠한지 알아보기 위하여 경상대 여성연구소에서 12개 단과대학 남녀 대학생 649명을 대상으로 조사한 연구(2013)를 살펴보면 다음과 같다.

〈그림 1〉에서 보여주는 바와 같이 여자대학생들이 '학교 내의 다른 사람으로부터 성희롱 피해를 경험하여 불편한 적이 있는지' 성희롱·성폭력 피해의 구체적 경험의 정도를 살펴보았을 때, '가벼운 신체 접촉'이 35.7%, '외모에 대한 성적 비유나 품평'이 31.8%, '가벼운 성적 농담'이 19.3%, '성적 경험의 공개적 질문'이 13.5%, '짙은 성적 농담'이 12.4%, '심한 신체 접촉'이 3.0%, '성적 사진을 보여주거나 노출'이

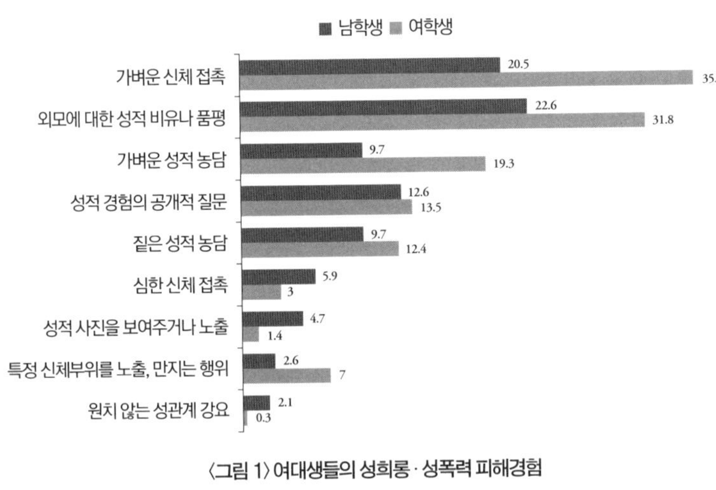

〈그림 1〉 여대생들의 성희롱 · 성폭력 피해경험

1.4%, '특정 신체부위를 노출, 만지는 행위' 7.0%, '원치 않는 성관계 강요' 0.3% 순으로 나타났다.

즉 이같은 결과는 여대생들이 성희롱에 많이 노출되어 있음을 보여준다. 특히 가벼운 신체접촉이 35.7%라는 비율은 10명 중 3.5명이 신체적 성희롱을 경험한다는 의미로 매우 심각한 수준이라 하겠다. 그 외에도 그림에서 보여주는 것처럼 여대생들이 여러 측면에서 성희롱을 당하고 있어 대학교에서는 남녀학생들에게 성희롱·성폭력 피해를 파악하고, 이러한 환경을 개선할 수 있도록 노력해야 할 필요가 있겠다. 문제는 대학교 생활이 이럴진대 일반 사회에서는 미혼 여성에게 얼마나 성희롱이 나타날지 우려된다 하겠다.

또한 성희롱·성폭력 발생 시 대처에 대한 여자대학생들의 인식을 살펴보면 〈그림 2〉에서 보여주는 바와 같이, 많은 여자대학생들이 성희롱·성폭력 발생 시 대처하는데 어려움을 느끼고 있음을 알 수 있다.

여자대학생들은 '학교에서 성희롱 피해에 대한 문제제기가 어려움'이 66.9%, '성희롱을 문제 삼으면 인간관계가 나빠짐'이 40.3%, '성희롱을 문제 삼으면 피해자만 손해'라고 보는 인식이 47.5% 등으로 나타

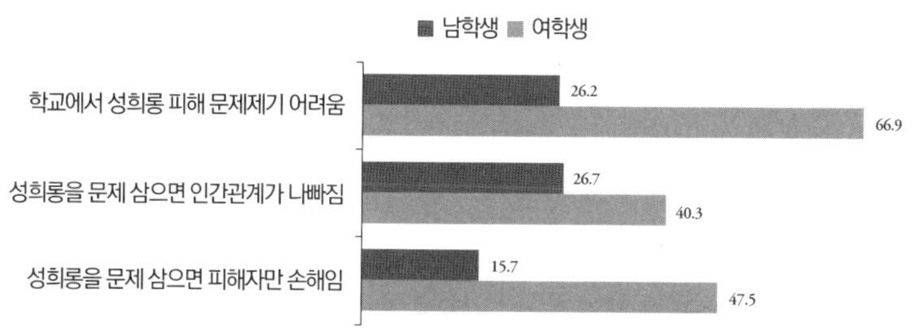

〈그림 2〉 성희롱·성폭력 발생 시 대처에 대한 인식

났다. 이는 성희롱·성폭력 발생에 대처하는데 어려움이 있다고 느끼고, 성희롱을 문제 삼으면 인간관계가 나빠지거나 피해자만 손해라는 인식이 남자대학생에 비해 여자대학생의 비율이 훨씬 높게 나타나, 여자대학생들의 성희롱·성폭력 발생 시 대처가 제대로 되기 어려움을 알 수 있다.

이는 요즘 문제제기 되고 있는 사회적인 성희롱문제와 관련해서 볼 때 결코 간과할 수 없는 중요한 결과라 하겠다. 따라서 대학 내의 성희롱 피해 문제제기에 대한 방안 모색이 적극적으로 이루어져야 할 것으로 보인다.

다음은 대학 내 성희롱을 당한 직접적인 사례를 살펴본 경우이다.

> 대학원 선배가 개인적 연락을 하여 농담 식으로 오빠 말을 듣지 않으면 뽀뽀해야겠다, 귀요미 보여달라, 생각 외로 놀리기 쉽겠다. 등으로 이야기하거나 가끔 힘내라며 팔뚝을 만지는 등 불쾌한 이야기와 행동에 이러지 말라 성희롱으로 신고하겠다고 하였더니, 은근 똑똑하네라며 대충 넘기고 그 뒤 다른 일을 하다 ○○대 여자면 ○○대 여자답게 굴라는 등 성적 비하발언에 굉장히 불쾌하였습니다.
>
> 심한 성희롱을 당한 적이 있었고 그 일로 집 밖을 무서워서 못나간 경험이 있었는데 대처할 방법도 몰랐고 지금도 여전히 눈치를 보며 학교를 다니는 것이 힘들다.

위의 두 사례에서 보여주는 것처럼, 여자대학생들은 대학생활에서 성희롱을 당하고도 제대로 신고도 못하고 불편한 생활을 지속하고 있는 것으로 보여 대책이 필요함을 보여준다.

위와 같은 같은 결과를 통해 볼 때 대학교에서는 여대생을 대상으로 성희롱·성폭력 발생에 대한 대처교육이 좀 더 활발히 이루어질 필요가 있다.

4. 기혼 여성의 성의식과 성행동

기혼 여성의 성의식과 성행동을 알아보기 위해서 기혼 여성의 성생활 만족도, 기혼 여성의 혼외경험, 기혼 여성의 낙태 경험 등에 대해 살펴본다.

1) 기혼 여성의 성생활 만족도

우리나라 기혼 여성의 성생활 만족의 정도가 어떠한지 알아보기 위해 도시가족 중심으로 성생활을 살펴보면 다음과 같다.[39]

(1) 기혼남녀의 성생활 차이

성생활의 인식, 태도, 가치관은 사회에 따라 달리 나타나지만 개인적인 차이 못지않게 남녀 간의 차이가 크다. 일반적인 성생활 만족에 있어 남편이 부인보다 덜 만족하고 있는 것으로 나타났으며, 남녀 간에 성관계의 빈도나 절정감 정도, 성에 대한 태도와 정서 그리고 성적 욕망과 충족 정도가 다르다고 보고되고 있다. 또한 성에 대한 태도와 심리적인 반응에서 차이를 보면 성적 상호관계에 있어 남성은 육체적인 접촉과 반응을 본질적인 것으로 보고 정서적·심리적 만족은 그것에 동반되나, 여성은 남성과 반대로 육체적 측면보다는 정서적·심리적 만족을 더 중요시하고 있다.[40]

기혼 여성의 성생활 만족과 정서적 친밀감 사이에는 상호관련성이 있고, 결혼생활에서 성생활과 친밀감은 깊은 관계가 있어 배우자 간의 친밀성이나 지지가 의사소통의 방법의 하나로서 성생활에 영향을 미친다. 우리나라 기혼남녀의 성생활 만족도에 관한 연구 결과에 Hudson 척도[41]를 적용한 결과[42]를 살펴보면 다음과 같다.

〈표 5〉 Hudson 척도로 본 우리나라 도시가족 기혼 여성의 성생활 만족도

(N : 521)

구분	여성		남성		전체		t
	평균	표준편차	평균	표준편차	평균	표준편차	
1. 나는 배우자가 성생활을 즐긴다고 느낀다.	3.36	0.92	3.23	0.93	3.28	0.93	1.36n.s.
2. 나의 성생활은 매우 자극적이다.	2.74	0.93	2.98	0.86	2.85	0.91	2.99**
3. 성관계는 배우자와 나에게 재미있다.	3.25	0.90	3.48	0.88	3.36	0.90	2.98**
4. 나는 배우자가 나를 볼 때 성생활에만 만족한다고 느낀다. (*)	3.79	1.17	3.66	1.05	3.73	1.12	1.26n.s.
5. 나는 성행위가 더럽고 혐오스럽다고 느낀다. (*)	4.32	0.89	4.52	0.70	4.41	0.81	2.81**
6. 나의 성생활은 단조롭다. (*)	3.12	0.91	3.25	0.92	3.18	0.92	1.62n.s.
7. 우리 부부는 성관계시 너무 빨리 서둘러 끝내 버린다. (*)	3.40	1.00	3.49	0.89	3.44	0.95	1.09n.s.

구분	여성		남성		전체		t
	평균	표준편차	평균	표준편차	평균	표준편차	
8. 나의 성생활은 수준(Quality)이 낮다고 느낀다. (*)	3.67	0.97	3.58	0.97	3.63	0.97	1.02n.s.
9. 배우자는 성적으로 매우 자극적이다.	2.94	0.93	2.78	0.84	2.96	0.89	1.95*
10. 나는 배우자가 좋아하거나 사용하는 성 기법을 즐긴다.	2.99	1.05	3.22	0.93	3.10	1.00	2.61**
11. 나는 성관계가 멋진 것이라고 생각한다.	3.20	0.88	3.57	0.83	3.37	0.88	4.97***
12. 배우자는 성행위 시 너무 거칠고 난폭하다. (*)	4.25	0.89	4.35	0.75	4.30	0.83	1.32n.s.
13. 배우자는 청결을 중요시한다.	3.45	1.03	3.80	0.90	3.62	0.98	4.10***
14. 나는 성이 부부관계에서 정상적 기능이라고 생각한다.	3.86	0.92	4.02	0.81	3.93	0.87	2.16*
15. 내가 성관계를 원할 때 배우자는 원하지 않는다. (*)	3.81	0.94	3.48	0.85	3.66	0.92	4.11***
16. 나는 성생활이 우리 부부관계에 진실로 많은 보탬이 된다고 생각한다.	3.41	0.96	3.60	0.82	3.49	0.91	2.30*
17. 나는 배우자 이외의 다른 누군가와 성행위를 하고 싶다. (*)	4.21	1.06	3.02	1.00	3.65	1.19	13.0***
18. 나는 배우자에 의해 성적으로 쉽게 흥분한다.	3.02	0.92	3.25	0.79	3.12	0.87	3.01**
19. 나는 배우자가 나에게 성적으로 만족한다고 느낀다.	3.43	0.88	3.43	0.86	3.43	0.87	0.01n.s.
20. 배우자는 나의 성적 요구와 욕망에 매우 민감하다.	3.19	0.90	2.98	0.81	3.09	0.86	2.76**
21. 나는 성생활이 지루하다고 느낀다.	3.73	0.97	3.91	0.83	3.82	0.91	2.21*
문항별 전체 점수(1~5)의 평균	3.48	0.47	3.50	0.47	3.49	0.47	0.56(n.s.)
문항별 전체 총점(21~105)의 평균	73.10	9.88	73.59	9.86	73.33	9.86	

* $p < 0.05$, ** $p < 0.01$, *** $p < 0.001$ n.s.=not significant

주) (*)한 문항은 재부호화하여 '그렇지 않다'는 의미이다. 따라서 점수가 5점에 가까울수록 그 문항 내용에 대해 성생활 만족도에 긍정적인 것으로 해석된다.

〈표 5〉에 나타난 바와같이 먼저, '기혼 여성이 성생활에 어느 정도 만족하는가?' 에서 평균 점수가 가장 높게 나타난 항목은 '나는 성행위는 더럽

고 혐오스럽다고 느낀다' 였고, 두 번째는 '배우자는 성행위 시 너무 거칠고 난폭하다'이고, 세 번째는 '나는 배우자 이외의 다른 누군가와 성행위를 하고 싶다' 등으로 나타났다. 그리고 현저하게 낮은 평균 점수를 보인 문항은 '나의 성생활은 매우 자극적이다', '배우자는 성적으로 매우 자극적이다, '나는 배우자가 좋아하거나 사용하는 성 기법을 즐긴다'로 나타났다. 이러한 결과는 기혼 여성이 성생활에 대한 느낌이나 배우자로부터 성낙태 경험 받는 느낌 등을 반영한 내용으로 성생활에 대한 여성의 부정적인 태도와 관련이 있다.

우리나라 기혼 여성 전체의 성생활 만족도 평균은 5점 만점에 3.49점으로 나타나서 기혼 여성은 자신의 성생활에 보통이상으로 만족하고 있는 것으로 나타났다. 또한 기혼 여성의 성생활 만족도 평균은 3.48점, 기혼남성의 성생활 만족도 평균은 3.50으로 나타나 기혼남녀 두 집단 간에 성생활 만족도는 차이가 나지 않음을 알 수 있다.

2) 기혼 여성의 혼외경험

우리 사회에서 성적 배타성은 남성보다 여성에게 더 엄격하게 적용되고 있다. 이러한 이면에는 남성이 여성보다 더 성욕이 강하고 충동적이라는 생물학적 본질론과 순수 부계혈통의 유지를 위해서는 여성의 정조가 필수적이라는 가부장적 성규범이 상호작용하고 있다. 따라서 남성과 달리 여성의 혼외관계는 자신의 지위를 보장해주는 결혼의 해체와 바로 연결되는 위험한 관계가 된다. 그런데도 왜 기혼 여성은 혼외관계에 들어가는 것일까?

Greeley, Andrew, M.[43]에 의하면 배우자 이외의 사람과 성관계를 하는 것은 잘못된 일이라고 생각하는 사람 중에서 혼외관계 비율은 10%에 불과했지만, 잘못된 일이 아니라고 생각한 사람 중에서 혼외관계 비율은 70%로 급증하고 있다고 하였다. 또한 혼전 성허용도가 높은 사람일수록 혼외관계의 경험이 있는 것으로 나타났다고 보고되고 있다.

우리 사회에서 적용되는 성의 이중규범은 여성의 성에 대한 인식을 분열시키고 혼란으로 이끈다.[44] 현재 우리 사회는 이중적인 성윤리가 적용되고 있지만 점차 성이 개방되고 있는 상황에서 실제 혼외관계를 경험한 여성들을 대상으로 혼외관계 시 나타나는 유형과 문제점을 살펴보자.

(1) 성의 이중구조

우리 사회에서 결혼제도는 공식적인 성과 비공식적인 성을 구분하는 기본적인 척도이다. 즉 결혼제도 안에서 이루어지는 성행위는 합법적이고 공식적이다. 그러나 결혼제도 안의 신성하고 배타적인 성은 비공식체계에 의해 종종 위협받으며 무너진다. 다시 말해서 비공식체계에서 이루어지는 성은 매매춘, 혼외성관계, 혼전 성관계, 성폭력 등과 같이 소위 일탈적인 성으로 비도덕적이고 나아가 법적으로 처벌되기도 하지만 여전히 우리 사회 성문화의 한 부분으로 존재하기도 한다.

성체계의 이중구조에서 또 다른 축은 성별이다. 결혼의 불평등성은 남녀간의 성적 불균형과 밀접한 연관이 있다. 이러한 성적 불균형은 생물학적 본질론에 근거하고 있으며, 이는 남성에게는 공격적이고 쾌락적인 성적 표현을, 여성에게는 정숙한 모성역할을 강조하는 이중적 도덕 기준을 조장한다.[45] 이렇게 성은 우리 사회에서 공식적인 체계와 비공식적인 체계로 뚜렷하게 구분되는 상황에 있다.

(2) 사회각본 관점과 혼외성관계

Weis는 사회각본의 개념을 이용하여 인간의 성행동을 설명하는 모델을 제시하였다.[46] 사회각본은 개인에 의해 내면화되고 집단 속에서 제도화되는데, 세 가지 수준으로 구분된다. 첫째, 개인적인 수준에서 각본은 개인에 의해 내면화되며, 둘째, 대인관계 수준에서 각본은 사회문화적 수준에서 집단 속으로 제도화된다. 셋째, 내면화된 각본은 제도화된 각본을 반영하며, 제도화된 각본은 사회경계적 기제의 역할을 한다.

또한 결혼을 규정하는 방법에 따라 혼외관계를 바라보는 관점도 달라진다. 전통적인 시각을 갖고 있는 학자들은 개방결혼이 혼외 성관계를 정당화하는 방편일 뿐이라고 주장하는 반면, 진보적인 학자들은 혼외관계가 개인의 성장과 결혼친밀감을 증진시키는 촉매제가 될 수 있다고 보고 있다.

Weis는 혼외관계를 설명하기 위해 두 가지 기본적인 각본을 제시하고 있다.[47] 이 각본은 양극에 혼외관계를 수용하거나 거부하는 연속체로 구성되는데, 우선 혼외관계를 거부하는 각본은 부부관계를 배타적인 것으로 보기 때문에 혼외관계는 부부간 친밀감과 결혼생활의 안정을 위협하여 부부관계를 해체하는 파괴적인 요인이 된다. 이 각본에 의하면 사랑, 성, 결혼은 오직 하나의 관계, 즉 부부관계에서만 가능하다.

한편 혼외관계를 수용하는 각본은 개인의 결혼생활에서 자율성과 독립성에 가치를 둔다. 이들은 사랑이나 성을 배타적인 것으로 보지 않기 때문에 정서적 욕구나 성적 욕구가 반드시 배우자에 의해 충족되어야 하는 것으로 생각하지 않는다. 따라서 이들은 혼외관계를 개인성장의 자원으로, 친밀감이나 욕구를 충족시키는 정당한 방편으로 보고 있다. 이 각본에서 혼외관계는 결혼생활의 불만이나 사랑의 손실에 의해 동기화 되는 것이 아니므로 결혼생활에 유해한 요소가 될 수 없으며 개인은 성, 사랑, 결혼을 분리하여 보는 경향이므로 혼외관계는 문제가 되지 않는다. 이는 대부분 남성들에게서 많이 나타난다.

(3) 인터뷰를 통해 나타난 혼외관계의 실제

인터뷰를 통해 기혼 여성 16인의 혼외관계를 살펴본 연구[48]에서 기혼 여성들은 대부분 10년 이상의 결혼생활 유지하고 있으며, 2명만 혼외관계로 인해 결혼생활을 종식하고 그 외는 결혼생활을 유지하면서 혼외관계를 지속하고 있는 것으로 나타났다. 이들의 혼외관계의 특성에 대해 살펴보면 다음과 같다.

① 혼전 성관계 – 이중적인 성

혼외관계를 가진 기혼 여성은 혼전 성관계에 대해 개방적인 태도를 지니고 실제 경험한 경우는 5사례이며 그중 결혼으로 연결한 것은 2

사례, 혼전 성관계를 경험하지 않는 경우가 9사례였다. 혼전 성관계를 긍정적으로 보고 개방적인 행동을 보인 여성들은 성에 대한 인식이 진보적이어서 사랑한다면 '정조관념'에 관계없이 얼마든지 성관계가 가능하다고 보고 있다. 적어도 이들 여성들에게 성은 사랑과 일치되는 각본이 되고 있는 것이다.

② 혼후 성관계 – 수동적인 성

우리 사회에서 부부간 성관계를 제안하고 주도하는 쪽은 남편이다(변화순외, 2000). 인터뷰 대상 여성 중 과반수는 남편과의 성관계를 수동적으로 보고 있으며, 남편과의 관계가 심각하게 악화된 경우인 4사례는 아예 성이 배제된 상태에서 지내고 있었다. 그리고 남편과 만족스런 성관계를 유지하고 있는 경우는 2사례로 나타났다. 우리 사회의 이중적인 성 체계는 여성에게 혼전 순결과 혼내 수동성을 요구하기 때문에 인터뷰 참여 기혼 여성들도 역시 성의 이중규범이 요구하는 아내로서의 정숙함을 가져 성관계에서 주도권이나 적극성을 보이지 않는 것으로 나타났다.

③ 혼외 성관계 – 정서적 친밀감으로서 성

인터뷰의 기혼 여성들은 혼외 성관계를 긍정적으로 보고 있는 여성은 총 12사례이고, 부정적으로 보고 있는 여성은 4사례였다. 이들의 성에 대한 인식은 남성과 달리 '사랑한다면'이라는 조건이 붙어 있어 이들 기혼 여성의 혼외관계는 호기심이나 쾌락을 위해 일회성으로 끝나는 남성의 혼외관계와 구별되는 것으로 보인다.

이들이 혼외관계를 가지는 이유를 정리해보면 다음과 같이 볼 수 있다.

첫째, 사랑 때문에–이들 기혼 여성의 성에 대한 인식은 남성과는 달리 '사랑한다면'이라는 조건이 붙는다. 이들은 거의 전부 '처음부터 성적인 관계는 생각하지 않았다'고 말한다.

그러나 함께 지내는 시간이 많아지면서 '어떤 느낌이 느껴지고 서로의 감정이 불같이 일어나다보니', '내 마음이 다가가는 걸 느꼈기 때문에', '자연스럽게 그 사람과 여행을 떠나면서' 등 이들 기혼 여성에게 성관계는 바로 사랑과 연결되고 있다.

둘째, 결혼생활의 불만을 해소하기 위해–이들 기혼 여성은 불만족스러운 결혼생활이지만 그대로 유지하려는 생각을 가지고 있고 혼외관계를 통해 성적인 만족보다는 정서적 친밀감을 추구하고자 한다. 특히 남편의 외도로 이미 결혼생활에 금이 간 경우와 성적인 불만이 있는 경우에 기혼 여성들은 혼외관계에 더 집착하고 있다.

> '남편이 그 여자와 외도했다는 걸 알게 되면서', '그 여자가 불쌍해서 정리 못하는' 남편과의 관계에서 외로움을 느껴서 등

셋째, 정서적인 친밀감 때문에–정숙과 수동성을 상징하는 결혼이라는 제도권내의 성관계보다 혼외관계에서 더 적극적이고 자극적인 것으로 나타난다.

서로 뭔가에 끌려서 갑자기 키스를 했는데요, 참 좋았어요. 처음부터 그런 관계까지는 생각지 않았는데 …… 만나면 만날수록 운명적이라는 생각을 떨쳐버릴 수가 없었어요. 일단 원해서 하는 거니까 적어도 수동적이진 않죠.

넷째, 성적으로 폐쇄적인 여성들—성에 대해 보수적인 인식을 가지고 있으므로 우연한 기회에 혼외성관계를 맺었지만 그 관계를 부정적으로 생각한다.

이들은 혼외관계를 '이성을 잃은' 상태에서, '우연찮게' 거의 한번 정도로 끝났다고 말하고 있다. 이는 성과 사랑이 배우자에게 한정되는 배타적인 각본이므로 이들에게 혼외관계는 부부관계와 결혼생활에 파괴적인 요인이 된다. 그래서 이들은 혼외관계를 서둘러 종식하거나 정신적인 관계로 전환한다.

이 사람을 만난 지는 한 4~5년 되었는데 실제적으로 좋아하는 관계로 되었던 것은 2년 정도 되었구요. 그동안 성관계는 딱 한번 했었어요. (…중략…) 다시는 이런 관계를 갖지 말아야겠다고 결심했어요. 나는 혼외관계가 있을 수 없는 관계라고 생각했어요. 그런데요 사람의 마음이라는 게 이상해요. …… 잘 통제가 되지 않았어요. 딱 한 번 있었어요. …… 처음부터 성적인 관계를 생각한 것은 아니었어요. ……그 자리에서 내가 이성을 잃었나봐요.

혼외관계를 가진 기혼 여성 중 2/3는 혼외 성관계를 긍정적으로 생각하고 있었으며, 성은 쾌락을 위한 것이라기보다는 정서적 친밀감이나 사랑과 밀접하게 연관되어 있다고 생각했다. 그리고 혼외관계를 경험한 여성들의 관점은 기본적으로 성·사랑이 일치되는 각본을 가지고 있다.

3) 기혼 여성의 낙태 경험

2017년 말 낙태죄에 대한 폐지 여부에 대한 논란이 사회적 이슈가 되면서 현재까지 낙태죄의 폐지여부에 대해서 찬반양론이 팽팽하게 대립되고 있다. 우리나라는 2009년 7월 모자보건법의 시행세칙 변경과 2010년 생명윤리 및 안전에 관한 법률의 제정으로 인해 '실질적으로 태아가 유전적 질환을 지니고 있는지'를 임신중절의 판단 기준으로 삼는 규정을 만들었다.

여기서는 부부관계 맥락에서 여성의 낙태 경험을 심층적으로 고찰하고자 강명선·양성은의 연구 결과[49]를 중심으로 살펴보기로 한다. 연구에 나타난 기혼 여성의 낙태 경험 참여자는 수도권에 거주하는 31~44세까지의 여성 20명으로, 학력은 고졸에서 대학원졸까지, 소득은 중하에서 중상까지, 직업은 회사원 10명, 전업주부 10명이다. 결혼유지 기간은 5~18년까지로서 평균 12.5년, 자녀수는 대부분 2명이며, 무자녀 1명과 세 자녀를 가진 여성이 2명 있다.

기혼 여성의 낙태 경험은 한 번이 9명, 두 번이 8명, 세 번이 4명으로,

참여자 절반 이상의 기혼 여성이 두 번 이상의 낙태 경험을 가지고 있었다. 결혼 전에 처음 낙태를 경험한 10명은 20대 초중반에 낙태를 경험하였고, 결혼 후에 낙태를 경험한 여성은 18명으로 혼전 낙태 경험이 있는 참여자가 낙태를 반복한 경우는 9명(45%)이었다. 기혼 여성의 피임은 여러 가지 피임법의 부작용으로 인해 월경 주기로 하는 자연피임이 4명, 피임약을 복용하는 사람이 2명, 난관 수술과 콘돔 사용이 각각 1명씩, 그리고 남편이 정관수술한 사람이 6명(30%), 본인의 루프 시술이 6명(30%)이다.

인터뷰 대상자인 기혼 여성의 낙태 경험을 살펴보면 다음과 같다.

(1) 통제가능성에 대한 인식의 오류

기혼 여성들은 한 번의 성관계로 인해 임신이 될 수 있다는 생각은 하지 못했으며, 잘못된 피임방법이 임신을 가능하게 하지 않을 것이라는 터무니없는 확신을 가지고 있었다.

① 성관계의 결과에 대한 무지

기혼 여성들은 성관계를 하면서 임신 가능성에 대해서는 생각하지 않았다. 배란일을 맞추면 절대 임신이 되지 않을 것이라고 생각했으며, 질외사정이나 모유 수유로 임신이 이루어질 가능성이 없다고 확신하며 성관계를 하였다.

나는 생리 주기가 계속 고르지 못해 안 들어맞더라고. 콘돔은 불편해서 사용할 수가 없었는데, 그래서 절대로 사정을 안에다 안 시키는 (…중략…). 셋째는 진짜 생각도 안했어요. 마음이 없었으면 아무래도 대처를 했었어야 했는데 (…중략…). 내가 둘째를 늦게까지 모유 수유를 했었거든요. 모유 수유만 하면 자연피임이 되는 줄 알고 …… 근데 들어섰더라고요.

그 경험이 딱 한 번이었거든요. 약국 가서 테스트기를 사서 확인하니까 임신으로 나와 굉장히 좀 당황스러웠고, 이게 정말 말로만 듣던 그런 것인가 보다.

혼전 임신은 성관계를 혼전에 했다는 게 공개되는 거여서 싫었어. 한 것에 대한 게 싫은 게 아니라 혼전 성관계를 했다는 것이 증명되는 게 싫은 거지.

② 피임의 실패

기혼 여성들은 한 번의 낙태 이후 피임을 철저히 했는데도 반복되는 임신 사실에 더욱 당황스러워하고, 임신의 책임이 자신에게 돌아오니 더욱 참담한 기분이 들어서 이 상황을 빨리 벗어나고 싶다는 느낌에 낙태를 결정하였다.

나는 그게 미스터리가 내가 생리를 시작한지 일주일이 지난 상태였어요. 그니까 가임 기간은 아니었걸랑, 그게 그럴 수도 있다는 것을 나중에 알게 되있어.

야! 이걸 왜 못했어? 피임얘길 하더라고. …… 내가 무슨 선수야? 그리고 남자들 입장에서 너무 황당하게 그걸 왜 못했느냐하고 하더라고, 당황했어. 그런데 남자가 그게 나하고는 전혀 상관없다는 식으로 이야기를 했었지. 지금도 그렇지만 그때도 그런 이야기를 해. …… 그럼 내가 조심을 해야지 라고 생각하게 되고. …… 지금 이 상황에서 빨리 벗어나고 싶다. 두렵고 두렵다는 생각이 가장 많았지.

그냥 한 번의 실수였던 거 같아요. 근데 너무 쉽게 임신이 돼서 놀랐고, 내가 엄마가 된다는 마음의 준비도 전혀 없었고……. 나이도 어렸고 사실 22살 때니까 그 친구는 23살이었기 때문에 본인도 당황했고, 저도 당황했고. ……그래서 제가 낙태를 선택했어요.

이처럼 참여자 기혼 여성들은 낙태 후 자신의 몸에 미칠 영향 등을 생각하지 않은 채 현재의 곤혹스러운 상황을 벗어나고자 낙태 결정을 하였다.

(2) 지각한 현실에 대한 불안

참여자 기혼 여성들이 지각한 현실에 대한 불안은 다음과 같은 상황으로 나타났다.

① 육아에 대한 걱정

기혼 여성들은 결혼과 동시에 자녀출산과 육아와 일을 병행하면서 경제적 부담과 육아에 지쳐 있는 상황이다. 그런데 여기서 또 다른 자녀를 임신하게 되어 현재 자녀에게 미칠 여러 가지 부정적인 영향에 대한 걱정을 하였고 그 결과 낙태를 선택했다.

> 임신했을 때 축복처럼 안 느껴졌던 것 같아요. …… 남편 회사가 부도가 나서 첫째를 낳고나서 힘든 기억이 …… 신혼에 힘든 기억밖에 없는 거예요. 그래서 낙태를 ……

> 나는 아들을 키우면서 일을 같이 하고 있어서 넘 힘들고 바빠서……. 하나도 버거운데 갑자기 아이가 또 들어서버리니까 너무 힘들어서 낳을까 말까 고민을 하다가 낙태를 ……

② 자아성취에 대한 좌절

참여자 기혼 여성들은 일찍 아이를 가졌기 때문에 그동안 가질 수 없었던 나의 시간들에 대한 아쉬움과 육아를 마치고 새로 시작한 공부를 육아라는 희생으로 대체하고 싶지 않은 마음 때문에 낙태를 선택했다.

> 살기도 빠듯한데 셋까지 키워야 하니까 또 일찍 애기를 낳아서 그때는 내 생활이 갖고 싶었어요. …… 근데 애가 생김으로써 또 나를 포기해야 하는 거잖아요. 엄마로서 …… 그게 나한테 싫었던 부분이었고 …… 좀 무책임했죠.

작은애가 여덟 살이고 내가 공부하는 과정도 막 달려가는 상황인데 다 멈춰야 되고, 경제적으로도 그렇고……. 아무리 생각해봐도 이건 아닌 거예요. 그래서 두 번 말할 것도 없이 낙태 결정을 했죠.

③ 배우자와의 관계를 고려

배우자의 사회적 지위나 경제적 상황, 건강 등을 고려하여 낙태를 결정하였다.

우리가 군인아파트에 살아서, 그때 나라 정책이 둘만 낳아 잘 기르자 이어서, 셋이 되면 아파트를 나가야 되는 거야. 그러니 어떡해 그래서 낙태를 하게 됐고……

애기아빠가 당시 공황장애를 앓고 있어서 …… 임신 사실을 알고, 또 내가 입덧을 계속하는데 애기아빠가 그것을 싫어하는 거야. 그래서 지우라고 하더라고.

애기아빠가 네가 애기를 낳으면 이혼할 생각해라. 딱 그러더라고 못 낳는다고. 낳으면 나랑 그냥 살 생각하지 말라는 식으로 이야기하는 거예요. 그래서 눈물을 머금고 …… 내가 아이한테 너무 미안했어.

(3) 낙태 결정 후 예측하지 못한 결과

참여자 기혼 여성들이 불안한 현실을 회피하고자 했던 낙태 결정은 스스로에게 신체적, 심리 · 정서적으로 소외감을 주어 우울을 느끼게 하는 경험이 되었다.

① 병원에서 낙태 경험

기혼 여성들은 병원에서의 낙태 과정에서 몸과 마음이 모두 소진되는 상태를 경험하였다. 특히 표현하지 못할 수치심과 죄책감 때문에 정서적으로 침체된 경험을 하였다.

> 나는 굉장히 많이 힘들었어. 막 많이 어지럽고 구토를 많이 하고...마음이 울고 싶은 걸 어디다 풀지도 못하고 울 수가 없으니까 몸이 울었던 건 아닌가 하는 생각도 들고 …… 일주일 심하게 아프고 나니까 조금 정신이 들었어.

> 막 …… 수술대 위에 누워서 그런 나의 비참함, 옛날일인데도 놀랍게 그때의 감정이 다 남아 있네.

② 낙태 후 부정적 정서 경험

기혼 여성들은 낙태 결정을 하고 혼자 낙태수술을 치르며 이후의 마음을 다스리는 과정에서 배우자와 공감을 나누지 못하고 자신의 마음을 억누른 채 현실로 돌아와야 했다. 이러한 과정에서 부정적 정서 경험을 하였다.

혼자 그냥 미역국 사서 먹었던 것. 별로 위로도 안해주고 시큰둥하더라구요. 애 아빠가. 그냥 알아서 시켜 먹어 이런 식으로 해서 서운했어요. 애기아빠가 아주 가부장적인 면이 많아서 그게 좀 힘들었던 것 같아요.

결정하기까지는 힘들었죠. 낙태하는 과정보다는 하고 나서가 너무 힘들었어요. 너무 당황스럽고 누가 알게 될까봐 특히 가족이 알까봐 수치스런 것이 가장 컸고, …… 낙태를 하고 나서 죄책감이나 그 아이에 대한 미안함이 너무 커서, 거의 몇 개월 동안 악몽을 꾸고 …… 그래서 낙태 후가 훨씬 더 힘들었던 기억이 있어요.

저는 물건 취급받듯이 그런 기분 나쁜 취급이 (…중략…) 그게 제일 오래 갔어요. 그 불쾌감이 너무 오래 갔어요. 진짜 오래 가더라구요.

병원에 혼자 찾아가서 수술하고, 아무도 모르고 …… 혼자 생각하고, 혼자 병원가고, 다 혼자 했어요 …… 결혼을 일찍 하다보니까 학교친구가 다 단절된 상태고, 그런 이야기를 나눌만한 곳이 없었어요.

③ 피임을 위한 노력

낙태 경험을 한 기혼 여성들은 다시는 낙태를 하지 않기 위해 여러 가지 피임방법을 써 보았지만 몸에 나타나는 부작용으로 인해 피임의 어려움을 경험하였다.

낙태하고 얼마 있다가 …… 우리 남편은 피임을 안한다 그러고 또 그런 일이 생기면 내 몸만 망가지니까 할 수 없이 내가 루프를 끼게 되었어요 …… 그걸 끼고 나면서부터 냉이 많이 생겼어요. 그래서 많이 불편하죠.

요새 피임약을 먹는데, 피임약을 먹으면 피곤하고 또 성관계를 하면 아프고, 위에도 부담되고, 한번은 안 좋은 걸 많이 느껴서 ……

신랑한테 피임수술을 해라 남자가 하는 건 몸에 아무런 변화도 없고, 나쁜 것도 아니고 …… 그런데 안 들어줘요. 그래서 어떻게. 제가 다시 루프를 꼈는데 안맞아가지고 …… 너무 배가 아픈거예요. 배가 아프고 피도 보이고, 그래서 그걸 빼고 약을 먹는데 피임약 먹었더니 피곤하고 의욕이 없어.

④ 배우자와의 관계회피

기혼 여성들은 낙태 후 임신에 대한 불안감과 자신에 대한 배려 없이 일방적으로 원하는 배우자와의 성관계를 회피하고 있다.

큰애 낳고도 임신에 대한 두려움 때문에 남편하고 섹스가 하나도 즐겁지가 않았어요. 남자들은 즐거울지 몰라도 여자들은 많이 힘들어요. …… 저 같은 경우는 아프고 귀찮고 번거롭고 더럽다는 생각도 들고 하여간 굉장히 좀 힘들었어요. 또 임신에 대한 공포, 두려움, 후유증이 남은 것 같아요.

그냥 미웠죠. 애기아빠는 막 원하고 그러나 내 마음은 상처가 아직 회복이 안됐는데, 끌려가는 그런 거죠, 내 의지와는 상관없이 남편이 원하니까 그냥 해주고 …… 근데 그 마음이 한참 우울증으로 갔어요.

낙태 후 오랫동안 마음이 편치 않았어요. 6개월 정도까지. 난 남편에게 되게 서운하다고 그런 얘길 했거든요.

⑤ 자녀에 대한 성교육 필요성

낙태 경험을 가진 기혼 여성들은 자신의 낙태 경험을 통해 자신에게 성교육의 부족함을 인식하고 현재 자녀들에게 필요한 성교육을 받게 하여 자신의 경험을 대물림하고 싶지 않다고 하였다. 그러나 실제적인 성에 대한 인식을 교육해주기를 원하지만 현실적으로 이야기하기 어려운 면이 있음을 토로하였다.

제가 어렸을 때는 부모님에게 성에 대한 이야기를 못 들었어요. 제가 성추행이나 성폭력을 경험했기 때문에 아이들한테 성지식에 대해 알려 주어야한다는 생각이 들어요. 남편이 관심이 없기 때문에 내가 얘기를 많이 해주죠. 아들에게.

책임감을 가지고 피임을 잘해야 한다는 얘기를 해주고 싶어요. …… 우리 아들한테 피임을 안 해가지고 엄마가 이렇게 몇 번이나 낙태를 했는데…… 하고, 나는 이거 다 얘기해 줄거예요. 엄마는 병원 갈 때 창피했다. 근데 네 여자친구를 그렇게 해봐라. 얼마나 창피하겠니? …… 그래서 사전에 미리 예방을 좀 해야 될 거 같아요. 여자도 마찬가지이고.

책임을 지게끔 서로에게 이야기를 해야죠. 여자한테만 책임이 있는 것이 아니라 남자한테도 함께 했기 때문에 서로 간에 책임 질 수 있게끔 얘기를 해야 할 거 같아요. …… 그런 교육을 좀 받았으면 하는 마음이에요.

5. 맺는 말

이상에서 살펴본 바와 같이 여성의 몸에 대한 인식을 고찰하기 위한 일환으로 여자청소년의 성의식과 성행동에서부터 여자대학생의 성의식과 성행동, 그리고 기혼 여성의 성의식과 성행동을 전체적으로 살펴본 결과 다음과 같은 결론을 얻었다.

첫째, 남녀 청소년들에게 성의식과 성 가치관에 대한 사고를 정립할 수 있는 교육이 필요하다고 생각한다. 여자 청소년들이 자신의 몸에 대한 성적 결정권과 함께 자신의 몸에 대한 소중함을 인식하도록 하기 위해서 그에 따른 여러 가지 성교육이 필요하다고 본다. 또한 남자 청소년의 경우 여자 청소년의 성에 대한 존중의식을 가져야 하고, 단순히 호기심 위주의 성교육이 아니라 자신의 성행동에 책임을 지고 상대 파트너인 여자 청소년의 인권을 생각할 수 있도록 가치관 교육을 함께 하는 성교육이 필요하다는 생각이다.

이를 위해서는 초등학교에서부터 시작해서 중·고등학교에 이르기까지 인권교육과 성교육을 비교과 프로그램으로 활용하여 확립시킬 필요가 있겠다. 어릴 때부터 남녀 간에 파트너의 성에 대한 존중이 이루어질 때 청소년의 건전한 성에 대한 가치관 확립은 물론 현재 사회적 문제가 되고 있는 10대 미혼모의 문제도 함께 해결될 수 있으리라 본다.

또한 부모들의 청소년 자녀에게 대한 성행동 허용 가치관도 바람직한 방향으로 개선되어야 한다고 생각한다. 본문 내용에서 보여주듯이 부모들이 아들에게는 성행동을 허용적으로 하고, 딸에게는 아들에 비해 비허용적이며, 금기시하는 경향을 계속 가진다면 이중적인 성 기준으로 인해 남녀 청소년들은 계속해서 이중적인 가치관을 가질 수 밖에 없다. 그러나 모든 남자 청소년의 성행동 대상이 되는 파트너는 누군가의 딸이기 때문에 남녀별로 다른 성행동 허용 기준을 적용한다는 것은 모순인 것이다. 따라서 남녀 청소년에게 똑같이 적용되는 동일한 성 허용 기준을 만들 때만이 남녀 청소년이 함께 보호받을 수 있을 것이다.

둘째, 여대생들에게 자신의 몸에 대한 성적 결정권을 가질 수 있도록 하는 교육이 필요하다고 본다. 왜냐하면 사회에서 만연하고 있는 성의 이중적인 기준에 대해 여대생 스스로 가치의식을 정립하고, 자신의 성에 대한 존중과 함께 자신의 몸을 스스로 보호하고 관리할 수 있기 위해서는 성적 결정권을 행사할 수 있는 능력이 키워져야 하기 때문이다. 또한 이러한 측면과 관련해서 여대생의 데이팅 폭력에 대한 자각교육 역시 이루어져야 할 것이며, 성희롱·성폭력에 대한 대처도 직극적으로 할 수 있도록 교육이 이루어져야 한다고 본다. 이를 위해서는 대학 신입생부터 4학년에 이르기까지 남녀 대학생에게 비교과 프로그램을 활용하여 대학생들의 성 의식과 성행동에 대한 교육을 단계적으로 실시할 필요가 있으며, 그에 관련된 토론의 장이 지속적으로 마련되어야 한다고 생각한다.

셋째, 기혼 여성에게 혼외관계 및 낙태에 관한 자각교육이 필요하다고 본다. 특히 오늘날 대중매체의 잘못된 전달로 혼외관계를 마치 낭만적인 사랑인 것처럼 미화시키거나 정상적인 일탈처럼 호도하는 것은 지양되어야 하겠다. 일부 매스매디어의 잘못으로 기혼 여성들이 보다 쉽게 혼외관계에 빠져들 수도 있으므로 정확한 판단력을 위해 기혼 여성에게도 성적 결정권과 관련된 성교육이 필요하다 하겠다. 또한 낙태 금지에 대한 교육도 이루어져야 하는데, 이를 위해서는 여성에게만 낙태금지를 강요할 것이 아니라 파트너인 남자들에게 낙태교육이 이루어져야 하겠다. 낙태가 여성의 몸에 미치는 해악이 어떠한지에 대한 교육을 해서 남자들 스스로가 낙태의 위험성을 인식할 수 있도록 해야 할 필요가 있다.

본 글에서 보여주듯이, 낙태는 여자 혼자서 처리해야 할 문제가 아니라 부부가 함께 해결해야 한다는 기본적인 안내교육이 필요하다. 특히 낙태를 한 기혼 여성들은 죄책감과 수치심으로 견디지 못해 우울증으로까지 연결되고 있는 경향이므로 남자 파트너들에게 낙태금지교육을 잘 시켜서 아내와 함께 행복한 가족생활을 이끌어나갈 수 있도록 하는 교육이 정말 중요하고 필요한 일이라 본다. 따라서 직장생활을 하고 있는 남자들에게 가정건강성을 수호하는 의미에서도 낙태의 실상 및 후유증에 대한 교육이 이루어져야 할 필요가 있다고 본다.

마지막으로 성에 대한 사회적 담론의 활성화를 통해 섹슈얼리티 교육이 이루어질 필요가 있겠다. 우리나라의 현실에서 볼 때 남성들의 성에 대한 담론은 많이 회자되고 있는데 비해 여성들의 성에 대한 담론은 극히 폐쇄적이고 비밀스럽다. 다시 말해 사회적 담론으로서 여성의 성은 거의 언급되지 않고 있으므로 이에 대한 활성화가 필요하다 하겠다.

본문에서도 여러 번 언급된 바와 같이 가부장제 의식의 잔재로서, 우리 사회는 아직도 남성의 성이 주도적이고, 여성의 성은 수동적이기를 강요하고 있다. 이는 조선 후기 부부관계에서 비롯되어 현재까지 이어지고 있는데, 결국 현대사회에서 여성의 성은 조선후기사회에서 남성에게 지배받는 여성의 몸에 대한 의식, 즉 이중적 가치 기준 등과 연결되어 있다고 볼 수 있다.

지금 한국사회에 존재하는 여성의 성 개념은 성행위 중심의 표현들이 대부분이다. 특히 성 담론의 많은 부분들은 과거 유교사상에 따른 가부장제의 영향과 성기 중심적인 생식위주의 성 관념으로 인해 성별에 따른 성의 이중 기준 적용, 결혼제도를 기준으로 한 미혼의 성에 대한 편협한 시각, 왜곡된 순결이데올로기 강조 등 복합적인 문제점들을 함축하고 있다.[50]

변화하는 사회구조에서도 여전히 결혼제도가 여성을 정서적으로나 성적으로 억압하는 상황이기 때문에 여성들의 대다수는 남편과의 성관계가 의무적이고 수동적이라고 인식하고 있고, 이는 사회가 여성에게 부과하고 있는 성규범을 여성이 스스로 내면화하고 있음을 나타내고 있는 측면이기도 하다.

결론적으로 가부장적 결혼제도가 여성의 성을 통제하는 특성을 보이므로 여성들은 별다른 이의 없이 남성의 요구를 수용하며 결혼제도 내에서 수동적으로 자신의 위치를 고수하며 살아간다. 따라서 이런 측면을 분석하여 섹슈얼리티로서의 여성의 성의식과 성행동에 대한 성담론이 활성화 되어야만 우리 사회에 만연해 있는 이중적인 성규범도 바람직하게 바뀌어질 수 있으리라 기대한다.

미주

1 앤서니 기든스, 황정미 · 배은경 역, 『현대사회의 성 사랑 에로티시즘』, 새물결, 1996.

2 조영미, 「한국 페미니즘 성연구의 현황과 전망」, 한국성폭력상담소 편, 『섹슈얼리티 강의』, 동녘, 2001.

3 박수선, 「미혼성인남녀의 섹슈얼리티 형성 과정에 관한 질적 연구」, 『한국가정관리학회지』 27-5, 한국가정관리학회, 2009.

4 강회선, 「한국 대학생의 콘돔사용 설명 모형」, 연세대 박사논문, 2001; 김향숙, 「대학생의 애착, 사랑 유형에 따른 성행동」, 동국대 박사논문, 2001.

5 공미혜, 「성 각본 모델에 의한 여성청소년의 성행위 분석」, 『가족과 문화』 15-3, 한국가족학회, 2003; 남영주, 「삼사십대 기혼남녀의 성의미 유형과 결혼만족」, 서울대 박사논문, 2003; Carpenter, L. M., "From girls into women : Scripts for sexuality and romance in Seventeen Magazine, 1974~1994", *The journal of Sex Research*. 35-2, 1998.

6 박수선, 앞의 글.

7 Weis, D. L., "Conclusion : The State of Sexual Theory", *The Journal of Sex Research* 35-1, 1998.

8 Kinsey, A. C., · Pomeroy, W. B. · Mattin · C. E. · Gebhard, P. H., *Sexual behavior in th human female*, Philadelphia : W. B. Saunders Co., 1953.

9 Masters, W. H. · Johnson, V. E., *Human sexual respons*, Boston : Little, Brown, 1966.

10 남영주 · 옥선화, 「가족학에서의 섹슈얼리티 연구를 위한 접근방법 모색」, 『한국가족관계학회지』 5-1, 한국가족관계학회, 2000.

11 Kelly, G. F., *Sexulity today : The human perspective*, Times Mirror Higher Education Group, INC., 1996.

12 Wulfert, E. W. · Choi, K., "Safer sex intentions and condom use view from a health belief, response action, and social cognitive perspective", *The Journal of Sex Research* 32-4, 1995.

13 Weis, D. L., 앞의 글

14 남영주 · 옥선화, 앞의 글.

15 박수선 · 김명자, 「미혼성인남녀의 섹슈얼리티에 관한 기초연구」, 『대한가정학회지』 42-5, 대한가정학회, 2004.

16 Gagnon, J. H. · Simon, W., *Sexual conduct : the social sources of human sexuality*, Chicago : Aldine, 1973.

17 Oliver, M. B. · Hyde, J. A., "Gender difference in sexuality : A meta-analysis", *Psychological Bulletin* 114-1, 1993.

18 김윤정 · 이창식, 「성규범의 세대차이와 청소년의 성행동」, 『한국가족관계학회지』 10-3, 한국가족관계학회, 2005.

19 충남청소년종합상담실, 「연구보고서」, 1995.

20 이영숙 · 이춘화 · 이정애, 「청소년의 이성교제의 실태에 관한 연구」, 『한국청소년연구』 24, 한국청소년학회, 1995.

21 이창식 · 김윤정, 「청소년의 사랑과 성태도 - 남학생과 여학생의 지각차이를 중심으로」, 『청소년학연구』 10-1, 청소년학회, 2003.

22 김주희 · 송은일 · 강성희, 「성태도 · 성행동과 부모-자녀관계에 관한 연구 - 남녀 대학생을 중심으로」, 『대한가정학회지』 14-1, 대한가정학회, 2003.

23 김신영, 「청소년 성행동 요인 연구」, 『청소년학연구』 12-2, 청소년학회, 2005; 최명숙, 『대학생의 성지식, 성태도, 성경험, 성적 자율성에 관한 연구』, 『여성건강간호학회지』 10-4, 여성건강간호학회, 2004.

24 조아미, 「청소년의 성체 대한 태도유형과 교육적 시사점」, 한국청소년개발원 연구보고(00-R 65), 2001.

25 김혜원, 『남녀청소년들의 성지식, 성태도, 성행동의 현황 및 관계 분석』, 『상담 및 심리치료』 15-2, 한국심리학회, 2003.

26 유가효, 「청소년의 성문화와 성교육 프로그램 방향 모색」, 『과학논총』 23-1, 계명대 생활과학연구소, 1997.

27 송말희 · 배선희 · 송현애 · 전길양 · 천혜정, 「십대 미혼모를 위한 교육프로그램 개발 및 실시」, 『한국가족관계학회지』 7-3, 한국가족관계학회, 2002.

28 천혜정 · 배선희 · 송말희 · 송현애 · 전길양, 「미혼모 보호시설에 거주하는 십대 미혼모의 경험 읽기」, 『한국가정관리학회지』 20-4, 한국가정관리학회, 2002.

29 한국성문화연구소, 「여고생 성의식 및 성실태 조사 연구」, 1997.

30 천혜정 · 배선희 · 송말희 · 송현애 · 전길양, 앞의 글.

31 박수선, 앞의 글.

32 김경신, 「대학생의 성의식 실태분석을 통한 성교육 프로그램 개발」, 『한국가족관계학회지』 6-2, 한국가족관계학회, 2001.

33 위의 글.

34 윤경자, 「대학생들의 데이팅 폭력의 만연성과 만성적 측면 - 피해자를 중심으로」, 『한국가족관계학회지』 12-1, 한국가족학회, 2007.

35 서경현, 「고등학생과 대학생의 가족 폭력 피해와 데이트 폭력간의 관계에 대한 성의 조절 효과」, 『건강』 3-1, 한국심리학회, 2004.

36 유선영, 「여대생의 가정 폭력 피해와 이성교제 폭력 피해간의 매개 요인에 관한 연구」, 연세대 석사논문, 2000.

37 한국성폭력상담소, 「상담소 자료집」, 2002.

38 윤경자, 앞의 글.

39 김연 · 유영주, 「기혼 남녀의 성생활 만족도에 관한 연구」, 『한국가족관계학회지』 7-1, 한국가족관계학회, 2002.

40 Cox, F. D., *Human intimacy, marriage, the family and its meaning* (5th ed.), N.Y. : West Pub. Comp, 1990.

41 Hudson, W. Walter, F. Dianne · Crosscup, C. Paul, "A short form to measure sexual discord in dyadic relationships", *The Journal of Sex Rearch* 17-2, 1981.

42 김연 · 유영주, 앞의 글.

43 Greeley, Andrew, M., "Marital infidelity", *Society* 31-4, 1994.

44 이영자, 『소비자본주의 사회의 여성과 남성』, 나남출판, 2000.

45 위의 글.

46 Weis, D. L., 앞의 글.

47 위의 글.

48 공미혜, 「혼외관계를 경험한 기혼 여성의 성에 대한 인식과 행동」, 『한국가족관계학회지』 7-2, 한국가족관계학회, 2002.

49 강명선 · 양성은, 「여성의 낙태 경험에 관한 현상학적 연구」, 『한국가정관리학회지』 29-4, 한국가정관리학회, 2011.

50 박수선, 앞의 글.

참고문헌

제1장_ 여성의 몸은 출산기계인가

김민곤·천지은,「저출산 정책으로써 출산 장려금의 정책 효과성 연구–서울 25개 자치구들을 중심으로」,『국가정책연구』30-2, 중앙대 국가정책연구소, 2016.

김영미,「출산과 성평등주의 다층분석」,『경제와사회』112, 비판사회학회, 2016.

김희경,『이상한 정상 가족』, 동아시아, 2017.

노병만,「저출산현상의 원인에 대한 개념구조와 정책적 검토」,『대한정치학회보』21-2, 대한정치학회, 2013.

이상은·김희찬,「한국의 낮은 아동빈곤과 저출산의 역설 그리고 정부 가족지출」,『사회보장연구』33-3, 한국사회보장학회, 2017.

이장희,「저출산고령화 사회와 입법적 과제–저출산 문제의 헌법적 이해와 접근 방향」,『고려법학』79, 고려대 법학연구원, 2015.

이지영,「신문사설의 저출산 현상 해결담론에 대한 비판적 담론분석」,『열린유아교육연구』22-2, 한국열린유아교육학회, 2017.

이진숙·김태원,「독일의 저출산 문제와 최근 대응의 변화」,『국제지역연구』18-1, 한국외대 국제지역연구센터, 2014.

전종환,「현대사회의 저출산에 대한 진화적 분석」,『문화 및 사회문제』18-1, 한국심리학회, 2012.

최지현·조삼섭,「한국의 저출산 현상에 대한 기혼 여성들의 인식 및 효과적인 커뮤니케이션 전략 연구」,『홍보학연구』18-2, 한국PR학회, 2014.

홍은주,「저출산고령화가 한국경제에 미치는 영향분석–잠재경제성장률을 중심으로」,『여성경제연구』14-2, 한국여성경제학회, 2017.

저출산고령사회위원회,「제3차 저출산고령사회기본계획–2016~2020」, 2016.

______________,「제1차 저출산고령화포럼 토론회 자료집」, 2018.

통계청, 「2014년 영아사망 · 모성사망 출생전후기사망 통계」, 2015.12.

_____, 「2017년 출생 · 사망통계 잠정 결과」, 2018.2.28.

한국보건사회연구원, 「제13차 인구포럼주요 저출산대책의 성과와 향후 발전 방향」, 2017.2.22.(원종욱, 「결혼시장 측면에서 살펴본 연령계층별 결혼결정요인 분석」, 2017)

행정자치부, 「대한민국 출산지도 홈페이지 문연다」, 2016.12.29.

「결국 사망자가 출생아 추월, 또 하나의 핵폭탄 터지기 시작」, 『조선일보』, 2018.3.1. (http://news.chosun.com/site/data/html_dir/2018/02/28/2018022802597.html)

「누가 저출산이 주범인가?」, 『경향신문』, 2017.3.4. (http://news.khan.co.kr/kh_news/khan_art_view.html?artid=201703041401011&code=940100#csidx949e547c2a1f6ff960134afbf14bd54)

「돈 퍼주기식으론 인구 절벽 못 막는다」, 『중앙일보』, 2018.3.2. (http://news.joins.com/article/22407367)

「롯데마트, 출산서약서 작성하면 한자녀 가구도 '다둥이클럽' 육아용품 할인」, 『국민일보』, 2015.2.22.(http://news.kmib.kr/article/view.asp?arcid=0009165471&code=61141611&sid1=i)

「문 대통령, '다둥이 공무원들 모두 애국자'」, 『한겨레』, 2017.8.31. (http://www.hani.co.kr/arti/politics/polibar/809187.html#csidx8f056b028d9a5bea872a6dd98260cca)

「문재인 정부 저출산 대책이 과거 정부와 달라지려면」, 『민중의소리』, 2017,12.27. (http://www.vop.co.kr/A00001236364.html)

「박능후 복지장관, 저출산 해소 핵심은 비정규직의 정규직화」, 『한겨레』, 2017.8.28. (http://www.hani.co.kr/arti/society/rights/808601.html#csidxf49e96d12efaa97b67acab61ec535ea)

「성평등 관점 담은 저출산대책 나온다」, 『여성신문』, 2017.12.27. (http://www.womennews.co.kr/news/view.asp?num=128760)

「세상 읽기-저출산 · 고령사회 대책에 거는 '조건부 희망'」, 『한겨레』, 2018.2.7. (http://www.hani.co.kr/arti/opinion/column/831274.html#csidxcba405ac8e61a2db61ef84f0ebdd743)

「10년 뒤 성장률 0.4% … 저출산 막는 게 최고의 경기 대책」, 『중앙일보』, 2017.7.7. (http://news.joins.com/article/21736093)

「여성은 이 나라서 '출산도구' '몸뚱어리'에 지나지 않습니까?」, 『여성신문』, 2017.1.2. (http://www.womennews.co.kr/news/110837)

「유엔 인구 전문가의 저출산 해법은 … 미래에 대한 믿음 있어야」, 『중앙일보』, 2017.10.19. (http://news.joins.com/article/22030517)

「이건 대국민 축산정책」, 『한겨레21』, 2015.10.27. (http://h21.hani.co.kr/arti/politics/politics_general/40558.html)

「200조 날리고 실패한 저출산대책 … 정권 명운 걸어야」, 『부산일보』, 2017.12.27. (http://news20.busan.com/controller/newsController.jsp?newsId=20171227000321)

「인권위, 저출산 정책 추진할 때 성 평등 관점 고려해야」, 『중앙일보』, 2017.8.29. (http://news.joins.com/article/21884347)

「일자리 문제 해결 없이 저출산 막을 수 없다」, 『경향신문』, 2018.1.30. (http://news.khan.co.kr/kh_news/khan_art_view.html?artid=201701302058025&code=990101#csidx858c43b3f8da9ee846839e0782bdd8a)

「저출산 대책 근본적으로 뜯어고쳐야」, 『국민일보』, 2018.3.1. (http://news.kmi기원전o.kr/article/view.asp?arcid=0923909879&code=11171111&cp=nv)

「저출산 대책 122조 헛바퀴, 개인 행복해야 자발적 출산 늘어」, 『중앙일보』, 2017.12.13. (http://news.joins.com/article/22199216)

「저출산대책, 아이는 나라가 키운다는 발상으로」, 『동아일보』, 2017.12.27. (http://news.donga.com/home/3/all/20171227/87912845/1#csidxd48fda457b26c53a480d70f6f725cd7)

「저출산 대책에 국운이 달려 있다」, 『경기신문』, 2018.2.28. (http://www.kgnews.co.kr/news/articleView.html?idxno=508028)

「저출산 문제, 접근 방식 바뀌어야」, 『가톨릭평화신문』, 2016.9.4. (http://www.cpbc.co.kr/CMS/newspaper/view_body.php?fid=1437&cat=&cid=650926&path=201608)

「저출산은 문제가 아니라 해결책이다」, 『단비뉴스』, 2017.10.10. (http://www.danbinews.com/news/articleView.html?idxno=9404)

「정부 출산정책 '저출산' 용어 사라지나 … '가족 행복' 개념 강조」, 『여성신문』, 2017.9.7. (http://www.womennews.co.kr/news/view.asp?num=116916)

「정신나간 차정부, 출산 지도 만들어 여성을 도구 취급?」, 『프레시안』, 2016.12.29. (http://m.pressian.com/news/article.html?no=147272)

「장흥배, 을의 경제학-살만한 나라 만들면 저출산은 해결된다」, 『한겨레』, 2017.9.6. (http://www.hani.co.kr/arti/opinion/column/809944.html#csidx53b967a7afc7cb78175654edef7d749)

「'초저출산' 늪에 깊이 빠진 한국, 미래가 두렵다」, 『한겨레』, 2018.2.28. (http://www.hani.co.kr/arti/opinion/editorial/834106.html#csidxd0aad8e9fc569b5999fdb1a23099f2c)

「초저출산, 만혼·비혼 탓 아니라 삶의 질 악화 때문」, 『한겨레』, 2018.2.28. (http://www.hani.co.kr/arti/society/rights/834161.html#csidxb91a9216d81788595cde5dba0b4d856)

「출산율 역대 최저 '1.05 쇼크' … 인구감소 더 빨라진다」, 『중앙일보』, 2018.3.1. (http://news.joins.com/article/22405795)

「최현숙의 말 쓰기-시작이 또 어긋난 '저출산 · 고령화' 대책」, 『한겨레』, 2018.1.28. (http://www.hani.co.kr/arti/opinion/column/829731.html#csidx1c5e9ea0cb3a388852803ea147c70c7)
「황우석 교수님, 진달래꽃 사뿐히 즈려밟고 오세요」, 『참세상』, 2005.12.5. (http://www.newscham.net/news/view.php?board=news&id=34682)
「황우석의 천사가 말하는 난자기증 그후」, 『오마이뉴스』, 2006.4.9. (http://www.ohmynews.com/NWS_Web/View/at_pg.aspx?CNTN_CD=A0000302662)

저출산고령화포럼 블로그 (https://blog.naver.com/futurehope2017/221220377860)

제2장_ 그들은 정말 서로 사랑했을까? - 아동 · 청소년 대상 성범죄 판단에 있어 피해자의 의사 해석문제

김용화, 「강간개념의 재정립 – 폭행, 협박에서 자기 결정으로」, 『성균관법학』 19-2, 성균관대 비교법연구소, 2007.
김한균, 「형법상 의제강간죄의 연령 기준과 아동, 청소년의 성보호」, 『형사법 연구』 25-1, 한국형사법학회, 2013.
류병관, 「미국 강간죄에 있어 저항과 동의에 관한 연구」, 『형사법 연구』 9-2, 한국형사법학회, 2007.
류부곤, 「미성년자 등 간음죄에 있어서 위력의 의미」, 『형사법 연구』 25-1, 한국형사법학회, 2013.
Anne-Marie Macalinden, *'Grooming' and the Sexual Abuse of Children-Institutional, internet, and Familial Dimensions*, Clarendon Studies in Criminology, 2012.
M. Oberrnan, *Turning Girls into Women : Re-Evaluating Modem Statutory Rape Law*, Depaul Journal of Health Care law, 2004.

제3장_ 생명공학 기술과 여성의 몸

권복규 · 김현철, 『생명윤리와 법』(제3판), 이화여대 출판부, 2014.
공병혜, 「여성주의 윤리와 생명윤리」, 『범한철학』 32, 범한철학회, 2004.
김규헌, 「형법 개정안 중 낙태죄 및 간통죄에 관한 검토」, 『법조』 453, 법조협회, 1994.

김민규, 「생식보조의료에 대한 최근의 논의와 그 과제」, 『동아법학』 46, 동아대 법학연구소, 2010.

김은애, 「생명의료과학 기술의 발전에 따른 여성의 재생산권리에 관한 연구 – 생식세포 기증 및 보조생식술에 관한 법과 제도를 중심으로」, 『법학논집』 13-1, 이화여대 법학연구소, 2008.

_____, 「여성의 재생산건강권 보장에 관한 소고 – 보조생식술에서의 배아이식 문제를 중심으로」, 『이화젠더법학』 1, 이화여대 젠더법학연구소, 2010.

김향미, 「비배우자간인공수태술에 대한 의학적 · 법적 문제점」, 『생명윤리지』 8-1, 한국생명윤리학회, 2007.

박은정, 「여성주의와 비판적 법이론」, 한국법철학회 편, 『현대법철학의 흐름』, 박영사, 1997.

_____, 「생명윤리 · 여성주의 · 법」, 『법철학연구』 2, 한국법철학회, 1999.

_____, 『생명 공학 시대의 법과 윤리』, 이화여대 출판부, 2000.

배은경, 『현대 한국의 인간 재생산 – 여성, 모성, 가족계획사업』, 시간여행, 2012.

송윤진, 「자율성 역량 모델의 제안과 그 적용 – 낙태에서 여성의 자기 결정권을 중심으로」, 『아세아여성법학』 19, 아세아여성법학회, 2016.

_____, 「자율성 역량 모델의 법철학적 함의」, 『법철학연구』 20-2, 한국법철학회, 2017.

_____, 「생명공학 기술과 여성의 몸 그리고 권리 – 생명의료윤리에서 관계적 자율성론 소고」, 『젠더법학』 9-2, 한국젠더법학회, 2018.

양현아, 「범죄에서 권리로 – 재생산권으로서 낙태권」, 양현아 편, 『낙태죄에서 재생산권으로』, 서울대 BK21 법학연구단 공익인권법센터, 2005.

오미나, 「불임원인에 따른 남녀의 불임스트레스와 대처」, 연세대 석사논문, 2001.

오정진, 「법에 나타난 낙태문제」, 『여성과 사회』 8, 한국여성연구소, 1997.

_____, 「여성주의철학과 법의 만남」, 『한국여성철학』 7, 한국여성철학회, 2007.

오호철, 「보조생식술을 통해 태어난 자의 친자관계에 관한 소고」, 『법학연구』 33, 한국법학회, 2009.

이혜정, 「생식 윤리학에 있어서의 여성주의 방법론 연구」, 『현대유럽철학연구』 15, 한국하이데거학회, 2007.

조영미, 「출산의 의료화 과정과 여성의 재생산권(reproductive rights)에 관한 연구」, 이화여대 박사논문, 2004.

정인경, 「재생산 기술과 여성의 시민권」, 『OUGHTOPIA』 30-1, 경희대 인류사회재건연구원, 2015.

하정옥, 「한국 생명의료 기술의 전환에 관한 연구 – 재생산 기술로부터 생명공학 기술로」, 서울대 박사논문, 2006.
허라금, 「생명공학 기술과 여성」, 『한국여성철학』 3, 한국여성철학회, 2003.
황나미 · 이수영 · 박승미 · 장인순 · 강아람, 「2015년도 난임부부 지원사업 평가 및 난임원인 분석」, 보건복지부 한국보건사회연구원 정책보고서(2016-31), 2016.
황지성, 「생명공학시대의 장애와 재생산 – '선택권'과 '생명권'을 넘어 재생산의 정치로」, 『페미니즘연구』 14-1, 한국여성연구소, 2014.

제4장_ 가부장적 구조 속에 나타난 타자화된 여성

니콜 아르노-뒤크, 「법의 모순」, 즈느비에브 프레스 · 미셸 페로 편, 권기돈 · 정나원 역, 『여성의 역사』 4 – 프랑스혁명부터 제1차 세계대전까지, 새물결, 1998.
로빈 메이 쇼트, 최라금 · 최성애 역, 『인식과 에로스 – 칸트적 패러다임에 대한 비판』, 이화여대, 1999.
메를로-퐁티, 류의근 역, 『지각의 현상학』, 문학과지성사, 2002.
미켈라 데 조르지오, 「카톨릭 여성 모델」, 즈느비에브 프레스 · 미셸 페로 편, 권기돈 · 정나원 역, 『여성의 역사』 4 – 프랑스대혁명부터 제1차 세계대전까지, 새물결, 1998.
배철영, 「한 여인의 성적 주체(정체성)의 계보학 – 사르트트와 푸코사이에서」, 『대동철학』 15, 대동철학회, 2001.
섀리 엘 서러, 박미경 역, 『어머니의 신화』, 까치, 1977.
시몬느 드 보부아르, 조홍식 역, 『제2의 성』, 을유문화사, 1996.
이성환, 「무엇이 여자를 타자로 만드는가? – 여성 주체성의 기원」, 『젠더를 말한다』, 박이정, 2003.
이혜경, 『영미 및 유럽극에 나타난 모성』, 동인, 2004.
장문정, 「공사영역과 페미니즘 – 육체를 둘러싼 근대 가부장적 관리체계」, 『대동철학』 26, 대동철학회, 2004.
즈느비에브 프레스, 「사명으로부터 운명으로 – 성차의 철학사」, 즈느비에브 프레스 · 미셸 페로 편, 권기돈 · 정나원 역, 『여성의 역사』 4 – 프랑스대혁명부터 제1차 세계대전까지, 새물결, 1998.

高媛,「职场女性生育成本分担模式的重构－从二孩引发的就业歧视问题着眼」,『中国劳动关系学院学报』30-3, 2016.

张玉菡,「中共'二大'『关于妇女运动的决议』探析」,『上海革命史资料与研究』2007-7, 2007.

胡桂香,「中国的计划生育政策与农村妇女－湖南西村历史变迁(1950~1980)」, 华东师范大学博士学位论文, 2014年。

胡桂香,「中国的计划生育政策与农村妇女－湖南西村历史变迁(1950~1980)」, 华东师范大 博士文, 2014.

张琪·张琳,「生育政策变化对女性权益影响的实证分析－基于北京市妇女的调查数据」,『山东女子学院学报』130-6, 2016.

陈晓燕,「警惕'二孩'带来的女性就业歧视」,『工会信息』2017-5, 2017.

孙昊·张炜炜,「二孩政策背景下女性劳动权益的法律保护」,『行政与法』2016-4, 2016.

李芬,「工作母亲的职业新困境及其化解－以单独二孩政策为背景」,『东南大学学报(哲学社会科学版)』17-4, 2015.

张燕·张晓婉,「全面放开二胎政策对女性就业影响的问题研究」,『现代商贸工业』2017-33, 2017.

姜晓盼·刘赕特·申平,「'全面二胎'政策对我国学前教育的影响及分析」,『考试周刊』2018-3, 2018.

康蕊·吕学静,「'全面二孩'政策,生育意愿与女性就业的关系论争综述」,『理论月刊』2016-12, 2016.

庄丽·唐茜,「'全面二孩'背景下职业女性权益保障的调查与建议」,『经营管理人力资源』2016-7, 2016.

朱奕蒙·朱传奇,「二孩生育意愿和就业状况－基于中国劳动力动态调查的证据」,『劳动经济研究』3-5, 2015.

董子畅,「中国总人口2014年末达到13.68亿人」,『中国新闻网』, 2015.7.10. (http://www.chinanews.com/gn/2015/07-10/7397384.shtml)

女权之声,「为何城市白领不要月经假,而女工则近乎绝望呼喊月经假?」,『网易新闻』, 2016.9.2. (http://news.163.com/16/0902/13/BVVADNAG00014SEH.html)

『全国妇联第二期中国妇女社会地位抽样调查数据报告』, 国家统计局, 2001. (http://www.stats.gov.cn/tjsj/tjgb/qttjgb/qgqttjgb/200203/t20020331_30606.html)

第6장_ 한국 고전 대하소설의 강간 모티프 연구

「소현성록」 4권 4책.

「소씨삼대록」 11권 11책(「소현성록」과 합철, 이화여자대 소장).

「현몽쌍룡기」 18권 18책(한국학중앙연구원 소장).

「조씨삼대록」 40권 40책(서강대 소장).

「성현공숙렬기」 25권 25책(서울대 소장).

「임씨삼대록」 40권 40책(한국학중앙연구원 소장).

「유효공선행록」 12권 12책(서울대 소장).

「유씨삼대록」 20권 20책(국립중앙도서관 소장).

「명주보월빙」 100권 100책(한국학중앙연구원 소장, 영인 전10권, 고려서림, 1986).

「윤하정삼문취록」 105권 105책(한국학중앙연구원 소장, 영인 전11권, 고려서림, 1986).

「천수석」 9권 9책(한국학중앙연구원 소장).

「화산선계록」 80권 80책(한국학중앙연구원 소장, 영인 전8권, 고려서림, 1986).

「쌍천기봉」 18권 18책(한국학중앙연구원 소장).

「이씨세대록」 26권 26책(한국학중앙연구원 소장).

김애령, 『여성, 타자의 은유』, 그린비, 2012.

김혜정, 「부부 사이 강간죄의 법리적 · 정책적 쟁점에 관한 소고 – 대법원 2013. 5. 16. 선고 2012도14788 전원합의체 판결을 중심으로」, 『법조』 62-10, 『법조협회』, 2013.

박은정, 「'소운성'을 통해 본 「소현성록」의 성장소설적 성격」, 『어문학』 108, 한국어문학회, 2010.

윤대선, 『레비나스의 타자철학』, 문예출판사, 2009.

장시광, 「대하소설의 호방형 남성주동인물 연구」, 『온지논총』 35, 온지학회, 2013.

_____, 「성현공숙렬기에 나타난 부부 갈등의 성격과 여성 독자」, 『동양고전연구』 27, 동양고전학회, 2007.

_____, 「'호방' 관련 단어와 대하소설 호방형 남성주동인물의 개념」, 『동방학』 26, 한서대 동

양고전연구소, 2013.
_____, 「대하소설 갈등담의 구조 시론」, 『국어국문학』 142, 국어국문학회, 2006.
정선희, 「영웅호걸형 가장의 시원 – 「소현성록」의 소운성」, 『고소설연구』 32, 한국고소설학회, 2011.
조혜란, 「고소설에 나타난 남성섹슈얼리티의 재현 양상」, 『고소설연구』 20, 한국고소설학회, 2005.
최기숙, 「17세기 서사문학을 통해 본 '성'의 문화 기호와 상상 구조」, 『고소설연구』 26, 한국고소설학회, 2008.
한길연, 「대하소설에 나타나는 '남편 폭력담'의 양상과 의미」, 『한국고전여성문학연구』 21, 한국고전여성문학회, 2010.
미셸 푸코, 이규현 역, 『성의 역사』 1, 나남출판사, 1990.
수센 에스트리치, 이난영 역, 『진짜 강간』, 교육과학사, 1993.
시몬느 드 보부아르, 조홍식 역, 『제2의 성』 상, 을유문화사, 1993.
조셉 브리스토우, 이연정 · 공선희 역, 『섹슈얼리티』, 한나래, 2000.
캐서린 맥키넌, 엄용희 역, 「강간 – 강요와 동의에 대하여」, 『여성의 몸, 어떻게 읽을 것인가?』, 한울아카데미, 2001.
한스 페터 뒤르, 최상안 역, 『음란과 폭력』, 한길사, 2003.

로앤비 LAWnB (http://www.lawnb.com/)

제7장_ 팩션 – '세계사 법정'에 선 클레오파트라

셰익스피어, 신정옥 역, 『줄리어스 시이저』, 전예원, 1989.
_____, 『앤토니와 클레오파트라』, 전예원, 1995.
김경혜, 「영국 극작가들의 여성관 연구 – 셰익스피어, 드라이든 그리고 쇼를 중심으로」, 『Shakespeare Review』 44-1, 한국셰익스피어학회, 2008.3.
김경혜, 「『안토니와 클레오파트라』에 나타난 페미니즘 전략과 그 한계」, 『Shakespeare Review』 42-4, 한국셰익스피어학회, 2006.12.
김희주, 「타자가 아닌 주체로서의 클레오파트라」, 『새한영어영문학회 학술발표회 논문집』, 새한영어영문학회, 2014.

박우수, 「셰익스피어 로마극의 재평가 – 『안토니와 클레오파트라』를 중심으로」, 『Shakespeare Review』 40-4, 한국셰익스피어학회, 2004.12.
송일상, 「앤토니와 클레오파트라의 진정한 자아 찾기」, 『The Journal of Mirae English Language and Literature』 9, 미래영어영문학회, 2003.9.
리처드 솅크만, 임웅 역, 『세계사의 전설, 거짓말, 날조된 신화들』, 미래M&B, 2001.
마가렛 조지, 현준만 역, 『클레오파트라』 1 – 이시스의 딸, 미래M&B, 1998.
모리츠 펠러비르트 · 우어스 빌만 편, 육혜원 역, 『영웅본색』, 이지북, 2007.
모토무라 료지, 서영 역, 『로마인의 사랑과 성』, 이지북, 2001.
안나 제임슨, 이노경 역, 『셰익스피어의 여인들』 2, 아모르문디, 2007.
알베르토 안젤라, 김효정 역, 『고대 로마인의 성과 사랑』, 까치, 2014.
주디스 오어, 이장원 역, 『마르크스주의와 여성해방』(제2판), 책갈피, 2017.
피에르 빌루에, 나길래 역, 『푸코 읽기』, 동문선, 2002.
한스 크리스티안 후프, 이민수 역, 『역사의 비밀』, 오늘의 책, 2000.
Julius Caesar, *The Works of Shakespeare* 2, London : Geddes&Grosset, 2007.
Antony · Cleopatra, *The Works of Shakespeare* 2, London : Geddes&Grosset, 2007.

제8장_ 여성의 성性의식, 성性행동 다시보기

강명선 · 양성은, 「여성의 낙태 경험에 관한 현상학적 연구」, 『한국가정관리학회지』 29-4, 한국가정관리학회, 2011.
강희선, 「한국 대학생의 콘돔사용 설명 모형」, 연세대 박사논문, 2001.
경상대 여성연구소, 『대학문화와 성평등 의식 – 경상대 재학생들을 중심으로』, 경상대 출판사, 2013.
공미혜, 「혼외관계를 경험한 기혼 여성의 성에 대한 인식과 행동」, 『한국가족관계학회지』 7-2, 한국가족관계학회, 2002.
공미혜, 「성 각본 모델에 의한 여성청소년의 성행위 분석」, 『가족과 문화』 15-3, 한국가족학회, 2003.
김경신, 「대학생의 성의식 실태분석을 통한 성교육 프로그램 개발」, 『한국가족관계학회지』 6-2, 한국가족관계학회, 2001.
김신영, 「청소년 성행동 요인 연구」, 『청소년학연구』 12-2, 청소년학회, 2005.

김연 · 유영주, 「기혼 남녀의 성생활 만족도에 관한 연구」, 『한국가족관계학회지』 7-1, 한국가족관계학회, 2002.

김윤정 · 이창식, 「성규범의 세대차이와 청소년의 성행동」, 『한국가족관계학회지』 10-3, 한국가족관계학회, 2005.

김주희 · 송은일 · 강성희, 「성태도 · 성행동과 부모-자녀관계에 관한 연구 - 남녀 대학생을 중심으로」, 『대한가정학회지』 14-1, 대한가정학회, 2003.

김향숙, 「대학생의 애착, 사랑 유형에 따른 성행동」, 동국대 박사논문, 2001.

김혜원, 「남녀청소년들의 성지식, 성태도, 성행동의 현황 및 관계 분석」, 『상담 및 심리치료』 15-2, 한국심리학회, 2003.

남영주 · 옥선화, 「가족학에서의 섹슈얼리티 연구를 위한 접근방법 모색」, 『한국가정관계학회지』 5-1, 한국가족관계학회, 2000.

남영주, 「삼사십대 기혼남녀의 성의미 유형과 결혼만족」, 서울대 박사논문, 2003.

박수선, 「미혼성인남녀의 섹슈얼리티 형성 과정에 관한 질적 연구」, 『한국가정관리학회지』 27-5, 한국가정관리학회, 2009.

박수선 · 김명자, 「미혼성인남녀의 섹슈얼리티에 관한 기초연구」, 『대한가정학회지』 42-5, 대한가정학회, 2004.

변화순 · 백경희 · 김현주, 「한국가족의 변화와 여성의 역할 및 지위에 관한 연구」, 한국여성개발원 연구보고서(240-14), 2000.

서경현, 「고등학생과 대학생의 가족 폭력 피해와 데이트 폭력간의 관계에 대한 성의 조절 효과」, 『건강』 3-1, 한국심리학회, 2004.

송말희 · 배선희 · 송현애 · 전길양 · 천혜정, 「십대 미혼모를 위한 교육프로그램 개발 및 실시」, 『한국가족관계학회지』 7-3, 한국가족관계학회, 2002.

유가효, 「청소년의 성분화와 성교육 프로그램 방향 모색」, 『과학논총』 23-1, 계명대 생활과학연구소, 1997.

유선영, 「여대생의 가정 폭력 피해와 이성교제 폭력 피해간의 매개 요인에 관한 연구」, 연세대 석사논문, 2000.

윤경자, 「대학생들의 데이팅 폭력의 만연성과 만성적 측면 - 피해자를 중심으로」, 『한국가족관계학회지』 12-1, 한국가족관계학회, 2007.

이영숙 · 이춘화 · 이정애, 「청소년의 이성교제의 실태에 관한 연구」, 『한국청소년연구』 24, 한국청소년학회, 1995.

이영자, 『소비자본주의 사회의 여성과 남성』, 나남출판, 2000.

이창식 · 김윤정, 「청소년의 사랑과 성태도 – 남학생과 여학생의 지각차이를 중심으로」, 『청소년학연구』 10-1, 청소년학회, 2003.

조아미, 「청소년의 성에 대한 태도유형과 교육적 시사점」, 한국청소년개발원 연구보고(00-R 65), 2001.

조영미, 「한국 페미니즘 성연구의 현황과 전망」, 한국성폭력상담소 편, 『섹슈얼리티 강의』, 동녘, 2001.

천혜정 · 배선희 · 송말희 · 송현애 · 전길양, 「미혼모 보호시설에 거주하는 십대 미혼모의 경험 읽기」, 『한국가정관리학회』 20-4, 한국가정관리학회, 2002.

충남청소년종합상담실, 「연구보고서」, 1995.

최명숙, 「대학생의 성지식, 성태도, 성경험, 성적 자율성에 관한 연구」, 『여성건강간호학회지』 10-4, 여성건강간호학회, 2004.

한국성문화연구소, 「여고생 성의식 및 성실태 조사 연구」, 1997.

한국성폭력상담소, 「상담소 자료집」, 2002.

Anthony, G., 황정미 · 배은경 역, 『현대사회의 성 사랑 에로티시즘』, 새물결, 1996.

Carpenter, L. M., "From girls into women : Scripts for sexuality and romance in Seventeen Magazine, 1974~1994", *The journal of Sex Research* 35-2, 1998.

Cox, F, D, *Human intimacy, marriage, the family and its meaning*(5th ed.), N.Y. : West Pub. Comp, 1990.

Gagnon, J. H · Simon, W., *Sexual conduct: the social sources of human sexuality*, Chicago : Aldine, 1973.

Greeley, Andrew, M., "Marital infidelity", *Society* 31-4, 1994.

Hudson, W. Walter · F. Dianne · Crosscup, C. Paul, "A short form to measure sexual discord in dyadic relationships", *The Journal of Sex Rearch* 172, 1981.

Kinsey, A. C · Pomeroy, W. B · Mattin, C. E · Gebhard, P. H., *Sexual behavior in th human female*, Philadelphia : W. B. Saunders Co., 1953.

Kelly, G. F., *Sexulity today: The human perspective*, Times Mirror Higher Education Group, 1996.

Makepeace, J., "Social factors and victim offender differences in courtship violence", *Family Relations* 36, 1986.

Masters, W. H · Johnson, V. E., *Human sexual respons*, Boston : Little, Brown, 1996.

Oliver, M. B · Hyde, J. A., "Gender difference in sexuality : A meta-analysis", *Psychological*

Bulletin 114-1, 1993.

Weis, D. L., "Conclusion : The State of Sexual Theory", *The Journal of Sex Research* 35-1, 1998.

Wulfert, E. W · Choi, K., "Safer sex intentions and condom use view from a health belief, response action, and social cognitive perspective", *The Journal of Sex Research* 32-4, 1995.

표 및 그림 출처

제1장_ 여성의 몸은 출산기계인가?

〈표 1〉 출생아의 수와 합계출산율 추이 : 통계청, 2018.

〈표 2〉 모성사방비 추이 : 통계청, 2017.

〈표 3〉 연령별 모성사망비 : 통계청, 2014.

〈표 4〉 경제협력개발기구의 국가별 모성사망비 : 통계청, 2014.

〈그림 1〉 〈임산부 배려석〉 : 서울시 홈페이지 통합검색(newsearch.seoul.go.kr).

〈그림 2〉 〈난자기증의사회망자에 준 무궁화〉 : 유영주, 「"황우석 박사님, 진달래꽃 사뿐히 즈려밟고 오세요」, 『참세상』, 2005.12.6.

〈그림 3〉 〈대한민국 출산지도〉 : 대한민국출산지도 홈페이지(http://birth.korea.go.kr).

제2장_ 생명공학 기술과 여성의 몸

〈표 1〉 연도별 난임 관련 진료 실인원 추이(2004~2015) : 국민건강보험 · 건강보험심사평가원, 「건강보험통계연보, 2014~2015」.

〈그림 1〉 〈낙태죄 폐지 시위의 팜플렛 이미지〉 (https://www.facebook.com/femidangdang/posts/1057110474416531:0)

〈그림 2〉 〈체외인공수정술의 방법 개요도〉 : 우경임, 「노벨의학상 수상 英에드워즈 교수 … 1978년 세계 첫 '시험관 아기' 성공」, 『동아일보』, 2010.10.5. (http://news.donga.com/View?gid=31615618&date=20101005)

제4장_ 가부장적 구조 속에 나타난 타자화된 여성

〈그림 1〉 카스파 다비드 프리드리히, 〈안개바다 위의 방랑자〉(함부르크미술관), 1818.

〈그림 2〉 존 윌리엄 워터하우스, 「에코와 나르키소스」(워커미술관), 1903.

제7장_팩션 - '세계사 법정'에 선 클레오파트라

〈그림 1〉 데나리우스 은화 (https://en.wikipedia.org/wiki/Cleopatra)

〈그림 2〉 클레오파트라 두상 : 〈클레오파트라 두상〉(베를린 박물관 소장), B.C. 46~B.C. 44.

제8장_ 여성의 성性의식, 성性행동 다시보기

〈표 1〉 청소년의 성행동 실태 : 김윤정 · 이창식, 「성규범의 세대차이와 청소년의 성행동」, 『한국가족관계학회지』 10-3, 한국가족관계학회, 2005.

〈표 2〉 부모의 청소년자녀의 성행동 허용 정도 : 김윤정 · 이창식, 「성규범의 세대차이와 청소년의 성행동」, 『한국가족관계학회지』 10-3, 한국가족관계학회, 2005.

〈표 3〉 남녀대학생의 성교육 요구도 차이 : 김경신, 「대학생의 성의식 실태분석을 통한 성교육 프로그램 개발」, 『한국가족관계학회지』 6-2, 한국가족관계학회, 2001.

〈표 4〉 한국 여대생의 데이팅 폭력 피해 정도 : 윤경자, 「대학생들의 데이팅 폭력의 만연성과 만성적 측면 - 피해자를 중심으로」, 『한국가족관계학회지』 12-1, 한국가족관계학회, 2007.

〈표 5〉 Hudson 척도로 본 우리나라 도시가족 기혼 여성의 성생활 만족도 : 김연 · 유영주, 「기혼 남녀의 성생활 만족도에 관한 연구」, 『한국가족관계학회지』 7-1, 한국가족관계학회, 2002.

〈그림 1〉 여대생들의 성희롱 · 성폭력 피해 경험 : 경상대 여성연구소, 『대학문화와 성평등 의식 - 경상대 재학생들을 중심으로』, 경상대 출판사, 2013.

〈그림 2〉 성희롱 · 성폭력 발생 시 대처에 대한 인식 : 경상대 여성연구소, 『대학문화와 성평등 의식 - 경상대 재학생들을 중심으로』, 경상대 출판사, 2013.

저자 소개

고영남(高榮男, Ko, Young-Nam) _ 인제대학교 공공인재학부 교수

고려대학교에서 「고전적 계약법이론의 한계에 관한 연구」로 법학박사학위를 받았다. 주로 계약의 실제에 있는 가치의 다양성에 기초하여 계약의 법적 구속력을 비판적으로 다루는 연구를 수행하고 있으며 교육, 인권, 민주주의, 생태 그리고 페미니즘에 관심을 두고 공부와 시민사회 활동을 하고 있다. 지은 책으로는 『민법사례연습』이 있으며 『대학정책, 어떻게 바꿀 것인가』, 『민법총칙』, 『민법학』, 『채권법』, 『지식재산권법의 이해』 등을 공동 저술하였다. 또한 「민법으로 도피한 노동조합법의 해석」, 「대학 민주주의의 교육정치학-강요받은 대학 구조조정」, 「계약규범 재구조화를 위한 가치다양성-민주주의와 인권의 관점에서」, 「통상임금 노사합의의 효력」 등의 논문을 발표하였다.

김선화(金善和, Kim, Seon-Hwa) _ 수원지방법원 판사

서울대학교에서 외교학을 전공하고, 부전공으로 법학을 공부하였다. 서울대학교에서 「포스트식민 한국사회와 일본군'위안부' 문제-관련재판과 2015년 한일합의를 중심으로」로 법사회학 석사학위를 받았다. 현재 수원지방법원에 근무 중이다. 법원 내 커뮤니티인 젠더법연구회에서 활동하고 있고, 소토마요르 대법관 자서전 번역작업에 참여하였다. 「존치와 폐지의 갈림길에서」, 「하급심 판례에서의 성희롱 개념 판단에 관한 검토-성희롱 개념의 외연 확정을 중심으로」, 「자발적 선택과 구조적 강제 담론의 경합을 통해서 본 성매매제도」 등의 논문이 있고, 최근에는 헌법재판소 30주년을 맞이하여 서울대학교 법학연구소 공익인권법센터에서 개최한 학술대회에서 「헌법재판소, 포스트식민주의를 말하다-호주제 헌법불합치 결정과 일본군'위안부' 헌법소원을 중심으로」라는 제목의 글을 발표한 바 있다.

송윤진(宋侖珍, Song, Yoon-Jin) _ 조선대학교 의과대학 간호학과 강사

서울대학교에서 「자율성 역량 모델의 법적 적용가능성에 관한 연구-의료적 의사결정 과정을 중심으로」로 법학박사학위를 받았다. 궁극적으로 '여성주의 법철학'의 정립과 실현을 목표로, 법철학, 여성주의법이론, 생명윤리라는 서로 구별되면서도 중첩된 분야들을 각각 때로는 종합적으로 연구해오고 있다. 주요 연구 논문으로는 「자율성 역량 모델의 법철학적 함의」, 「의료적 의사결정에서 자율성 역량 모델의 의의」, 「생명공학 기술과 여성의 몸 그리고 권리」, 「자율성 역량 모델의 제안과 그 적용-낙태에서 여성의 자기 결정권을 중심으로」 등이 있다.

심귀연(沈貴蓮, Sim, Gui-Yeon) _ 경상대학교 인문대학 철학과 강사

경상대학교에서 「메를로-퐁티의 자유개념」으로 철학박사학위를 받았다. 메를로-퐁티를 중심으로, 포스트휴먼, 장애 관련 연구를 수행하고 있다. 경상대학교, 경남과학기술대학에서 강의를 하고 있으며, 건국대학교 몸문화연구소에서 연구원으로 활동 중이다. 지은 책으로는 『신체와 자유』, 『철학의 문』 등이 있으며, 『지구에는 포스트휴먼이 산다』, 『몸의 미래, 미래의 몸』 등을 공동 저술하였고, 『몸과 살의 철학자, 메를로-퐁티』(가제), 『포스트바디-레고인간이 온다』(2019)가 2018년도에 출간될 예정이다. 또한 「현상학의 근원적 토대로서의 '자연'개념-셸리와 메를로-퐁티의 비교관점에서」, 「메를로-퐁티의 관점에서 본 기술과 몸」, 「인간과 비인간 존재는 어떻게 만나는가」 등의 논문이 있다.

이연(李燕, Li, Yan) _ 시안공정대학교 인문사회과학원 교수

경상대학교에서 「중국법상 법인격부인의 남용에 관한 연구」로 법학박사학위를 받았다. 주로 금융 소비자 보호와 상법기초이론의 연구를 수행하고 있으며, 중국 상황에 맞는 사회주의 법학이론의 구축과 동서양 법학사상의 융합을 위한 연구를 병행하고 있다.

장시광(張時光, Jang, Si-Gwang) _ 경상대학교 인문대학 국어국문학과 교수

서울대학교에서 「대하소설의 여성반동인물 연구」로 문학박사학위를 받았다. 한국 고전 대하소설, 여성영웅소설 등에 나타난 인물의 행위와 그것의 서사적, 사회적 의미를 분석하는 연구를 진행한 바 있다. 현재 고전소설의 현대화 작업을 진행 중이다. 저서로는 『한국 고전소설과 여성인물』이 있고, 역서로는 『목민심서』, 『방한림전』, 『홍계월전』, 『심청전』 등이 있다. 현재 대하소설인 『쌍천기봉』(전 9권)에 대한 번역 및 수석 작업을 하고 있고 일부는 출간하였다. 논문으로는 「여성영웅소설에 나타난 여화위남의 의미」, 「계모형 소설에 나타난 갈등의 양상과 작가의식」, 「대하소설 갈등담의 구조 시론」, 「대하소설의 호방형 남성주동인물 연구」 등이 있다.

차영길(車永吉, Cha, Young-Gil) _ 경상대학교 사범대학 역사교육과 교수

고려대학교에서 「로마 노예의 PECULIUM 연구」로 문학박사학위를 받았다. 주로 서양 고대의 노예 제도와 하층민의 삶 및 역사의 진행 과정에서 각 시대가 당면했던 과제와 해결 방식에 대한 '역사속의 지혜'를 살펴보는 데 연구를 집중하고 있고, 서양의 고전과 역사학을 통한 '인문학적 상상력'을 대중적으로 확산하는 데에도 관심을 기울이고 있다. 지은 책으로는 『사료로 보는 서양고대사』, 『역사이론으로 본 서양고대세계』, 『억눌린 자의 역사』 등이 있으며, 『서양 고전고대의 사상가와 사상사』, 『인물로 보는 서양고대사』, 『서양 고대와 중세의 사회』, 『G세대를 위한 서양의 역사와 문화』 등을 공동 저술하였다. 또한 「그리스의 사랑 '페데라스티아(παιδεραστία)'」, 「지중해는 로마 제국을 새롭게 이해하게 하는가?」 「폴리비우스의 역사해석–'아나키클로시스(ανακύκλωσις)'」 등의 논문을 발표하였다.

최정혜(崔貞惠, Choi, Jeong-Hye) _ 경상대학교 사범대학 유아교육과 교수

성신여자대학교에서 「노부모가 지각하는 성인자녀와의 결속도 및 갈등에 관한 연구」로 이학박사학위를 받았다. 한국의 가족제도와 부모의 역할, 다문화가정 부부에 대해 관심을 가지고 관련된 연구를 꾸준히 진행해 오고 있다. 저서로는 『한국가족의–이해』, 『부모교육』, 『결혼생활 탐구』 등이 있고, 『한국에서 여성으로 살아가기』, 『한국의 중년 여성과 남성』, 『여성의 눈으로 보는 대학사회와 젠더정치』 등의 저서를 공동으로 출간하였다. 「유아기 자녀를 둔 다문화가정 부부의 부모역할 및 부모교육 경험에 관한 연구」 등 다수의 논문이 있다.